東方語言學

第二十二辑

《东方语言学》编委会
上海师范大学语言研究所

上海教育出版社
SHANGHAI EDUCATIONAL
PUBLISHING HOUSE

图书在版编目（CIP）数据

东方语言学. 第二十二辑 /《东方语言学》编委会，上海师范大学语言研究所主编. — 上海：上海教育出版社，2021.12
ISBN 978-7-5720-1262-4

Ⅰ. ①东… Ⅱ. ①东… ②上… Ⅲ. ①语言学 – 文集
Ⅳ. ①H0-53

中国版本图书馆CIP数据核字(2021)第252774号

责任编辑 王 鹂
封面题字 张维佳
封面设计 陆 弦

东方语言学 第二十二辑
《东方语言学》编委会 上海师范大学语言研究所 主编

出版发行 上海教育出版社有限公司
官 网 www.seph.com.cn
地 址 上海市闵行区号景路159弄C座
邮 编 201101
印 刷 上海昌鑫龙印务有限公司
开 本 787×1092 1/16 印张 9.75 插页 2
字 数 237 千字
版 次 2021年12月第1版
印 次 2021年12月第1次印刷
书 号 ISBN 978-7-5720-1262-4/H·0041
定 价 50.00 元

如发现质量问题，读者可向本社调换 电话：021-64373213

目 录

内爆音二三事*

江苏师范大学语言科学与艺术学院　云南民族大学民族文化学院　朱晓农

内容提要　本文梳理了内爆音的发现过程，指出从赵元任、李方桂至今的内爆音研究，一直引领世界。吴语、闽语和壮侗语中很早就发现有内爆音，国内外学界一致认为吴语和闽语的内爆音借自壮侗语。朱晓农、寸熙(2006)挑战这一成见，提出吴语和闽语内爆音为自发产生，引发巨大争议。此后几年作者的研究不断证实自发论，并逐渐为大部分学者所接受。本文详细列举事实理由、语音原理、类型学和演化学原因，确证汉语方言中的内爆音在绝大部分情况下是自然音变的演化结果，并以此作为案例讨论演化论(包括接触)的方法论问题。

关键词　内爆音；自发产生；类型学；演化学；语音原理；逻辑理由

1　引　　言

内爆音的研究，从赵元任(1928)开始，差不多一百年了。20 世纪初，赵元任、刘半农出手不凡，一开始就在声调研究中超越了 Bradley 和丹尼尔·琼斯，这种领先趋势一直保持至今。内爆音研究也是如此，赵元任(1928，1935)和李方桂(1941)的研究奠定了这方面的领先地位。后来停顿了多年。最近读到寸熙博士即将出版的书稿《中国境内内爆音的语音学研究》(以下简称“寸著”)，感觉又回到了前沿。下面结合我自己对内爆音的认识，谈谈内爆音研究中的一些问题以及寸著的前沿之处。

2　内爆音的类型研究

2.1　内爆音分类系统

我先介绍寸熙的一项主要贡献，就是下面这张表。

寸熙调查测量分析了境内五处内爆音：海南闽语、靖西壮语、松江吴语、吴川粤语、潮州闽语。根据口腔压力(Po)，成阻后声带停止振动时长(VTT)，喉头活动方向，爆破前声带振动时长(相当于 VOT 的绝对值)四项参数，把他们分门别类。加上非洲 Lendu 语和美洲 Quichean 语，在前两类中加了两个小类。回辉话内爆音是她后来追加调查的(见寸熙，朱晓农 2017)，其语音性质与海南闽语相似。

---

* 本文最早是为寸熙所著《中国境内内爆音的语音学研究》(高等教育出版社，2019)写的序言，因篇幅和排版原因删去了很多图和表，所以是个简本。本文是未删节的原本。

表 1　内爆音分类系统

<table>
<tr><td>内爆音类型</td><td>1a</td><td>1b</td><td>2a</td><td>2b</td><td>3</td><td>4</td><td>5</td></tr>
<tr><td>Po</td><td colspan="4">Po<−3 cmH₂O</td><td colspan="3">Po>−3 cmH₂O</td></tr>
<tr><td>VTT 时长</td><td colspan="4">>60</td><td><30</td><td>/</td><td>>60</td></tr>
<tr><td>喉头先升再降</td><td colspan="2">−</td><td colspan="2">+</td><td colspan="3">−</td></tr>
<tr><td>爆破前振动时长</td><td>>60</td><td><30</td><td>>60</td><td><30</td><td colspan="2">>60</td><td><30</td></tr>
<tr><td>语言例子</td><td>海南闽语回辉话</td><td>Lendu</td><td>靖西壮语</td><td>Quichean</td><td>松江吴语</td><td>吴川粤语</td><td>潮州闽语</td></tr>
</table>

注：表中 VTT 和爆破前振动时长都按均值分长短两类，单位：ms。

这个分类表还谈不上完善。所谓“完善”，就两个标准：充分而必要。这是一切形式系统（包括分类系统）的基本要求。评判形式系统有三个标准：自洽性、简明性、完备性。如果能做到充分而必要，就满足了这三个标准。充分性表示完备，必要性表示简明，充分而必要则表示无矛盾。表 1 为什么还不能证明充分而必要呢？第一必要性问题：寸熙调查的六处是不是非得分五类，这里面还有两个可进一步探讨处。一是第 3 和第 4 类之间的 VTT 区别还不清楚，而它们在其他三个参数上取值都相同。二是振动时长在 30 和 60 ms 之间是否能截然分开。不过，既然标准明确了，随着更多的调查材料，就能回答这两个问题。第二充分性问题：寸熙自己的一手材料，加上其他材料，分出这五类，是不是穷尽了世界上所有可能的内爆音类别？这也需要更多的材料才能回答。

既然还有那么些问题，那为什么说这是个非常重要的贡献呢？

原因就在于它朝着类型学跨出了第一步，也是最关键的一步。就好像数学家张益唐的工作朝着寻找孪生素数跨出了开创性的第一步，引发了一场竞赛，后续的一系列工作做得比张益唐精细简明优越得多，但这项研究的荣誉却归于张益唐。

什么叫首创，什么是首创的重要性，就体现于此。

2.2　内爆音的清浊

以往讲内爆音，也不是完全没类别，一般是两种情况。一种是一强一弱两类，下一节讲。一种就是本节要谈的一清一浊两类。

国际音标的非肺部气流辅音表中内爆音，正式名字是 voiced implosive，浊内爆音。这个“浊”字是个历史遗留，有点画蛇添足（朱晓农 2010：218—219）。照此命名，鼻音要叫“浊鼻音”，流音要叫“浊流音”，甚至元音都要叫“浊元音”，因为相对来说还有“清鼻音”“清流音”“清化元音”，而且出现率远高于“清内爆音”，所以更有资格添足个“浊”字。说它是历史遗留问题，是因为国际音标 1989 版中曾经有“清内爆音”的符号和位置，与浊内爆音并列，但 1993/96 版把这清内爆音的符号和位置都取消了。“从空气动力和声学材料较完备的 Lendu 语（Demolin 1995）来看，清内爆音不是全然清的，在除阻前唇音和龈音有三四十毫秒的‘浊冠’（pre-voicing），硬腭音的浊冠更是有 60 毫秒左右，而且相应的硬腭浊内爆音在爆发前咽腔气压是正的。这说明 Lendu 语的硬腭浊内爆音不像真正的内爆音，而清内爆音则可看作是一般的浊内爆音”(朱晓农 2010：219)。

寸熙梳理了文献中有关清内爆音的报道(可看寸著第四、第五章和6.5节)，发现不同语言中“清内爆音”的语音性质并不一致。不同语言发音目标不同，有的是为了操控声带状态以作区别，有的则为了启动声带振动。第一种类型即为了与某种形式的浊内爆音形成区别而改变声带状态的包括 Igbo 语的 Wwerri 方言、Seereer-Siin 语、Lendu 语、Hendo 语。这一类型的清内爆音，在口内气压下降的时候声带没有振动，但在接近除阻的时候会有20—30毫秒的声带振动的时间。在刚开始成阻时，发音人有意识地增加声带紧张程度以阻止声带振动。这种变体是内爆音可以与不同发声并存的一种体现。这种变体属于“寸著”提出的类型1b。而另一种类型，可以 Quichean 语里作为喷音变体的内爆音为例。Quichean 语中的内爆音并不是发音目标，真正的目标是为了发喷音时更快地启动声带振动。发音人使用降低口内气压的策略，原本是想在爆破后启动声带振动的，没想到声带振动在除阻前开始了。这种变体在开始时是喷音，因而声门紧闭，口内气压先骤升再骤降，当口内气压下降到一定程度就会自然引起声带振动，从而造成在除阻前30 ms的声带振动现象。这种变体属于“寸著”内爆音类型2b。

大多数语音学家对清内爆音的态度跟我差不多，认为内爆音按照定义就应该是浊的，爆破前声带振动时间的长短并不构成所谓清—浊内爆音的区别。而支持清内爆音概念的人则是看到了内爆音存在的变体及其与音变的关系，例如 Fallon(2002：282)强调清内爆音可以成为内爆音和喷音之间的连接。这就是看到不同但不知究竟区别在哪里，好像茶壶里有饺子却倒不出来这种苦，只能以已知概念如清浊来贴标签。回过头去看表1，就可明白寸熙构建的类型学框架，在区别内爆音变异方面跨出了决定性的一大步。我相信随着新发现的材料，或随着观念改变对原有材料而有新认识，表1也会随之改进，记得我说过的一句话吗——

概念一经确定，证据不招自来！

到那时候寸熙的首创之功就会愈益明显。

2.3 内爆音的强弱

赵元任最早在吴语(1928)中发现了内爆音，当时他把它叫作“阴调真浊音”，因为在浦东和浙南发现的内爆音都来自古不送气清声母，主要是帮端母，这些字都是阴调。吴语里阴阳调对应清浊声母，非常整齐，现在这批阴调字突然很奇怪地发成了浊音，还是“真”的声带振动的浊音，不是吴语里那套“清音浊流”(来自并定等)的“假浊音”，所以给了它一个特别的名字。

赵元任、李方桂后来又在海南话和台语中发现了内爆音。赵元任(1935)将吴语里的内爆音描写为同时伴有声带紧张(stricture of the vocal cords)的浊塞音，记为 ’b，将海南岛东北部文昌一带的内爆音描写为更强的前喉塞浊塞音记为 ʔb。李方桂(Li 1943)也将台语里的内爆音记为 ʔb。赵、李的研究是先驱性的，他们在田野调查中使用气流仪证实了爆破时的气流方向是向内的，还发现除阻前声带收紧，并且口腔容积扩大。

赵元任(1935)根据发音和听感的特征，把内爆音分为强弱两类，强的是指海南闽语中的内爆音，而弱的是上海郊区和浙江南部如永康的内爆音。

2.4 小结

这就是类型学的力量，哪怕是表1那么一个初步分类系统，马上就帮我们理清了思路。国外持续多年的内爆音清浊之争，在表1中都轻松而舒适地找到各自的位置。存在更久的内爆音强弱之分(赵元任 1935),也在表 1 中轻松而舒适地领取了自己的座位号。未来的研究也许会对表 1 有调整有修补,但由此出发,研究内爆音就不再是盲人摸象,各说各理了。

3　汉语内爆音来源

3.1　两个对立观点

3.1.1　学界共同的接触观

中国境内的内爆音,几十年前就发现了有三个分布区,一是从上海浦东到浙南的吴语,二是海南和雷州半岛的闽语,三是从云贵经广西到海南的侗台语。对于吴语和闽语中的内爆音,所有地方的所有领域,包括国内海外的语音学、音韵学、民族语研究、东南亚语研究的所有专家学者一致认为,它们是侗台语底层,或借自侗台语。依据之一是接触语言学的初始或底伏(default)假设:凡有相同必由接触。依据之二是宏大叙事:几千年前从浙江到岭南都是百越的地盘。这两种证据都谈不上过硬。

不过硬归不过硬,我诧异的是,还没看到过有一个未经证实的假设观点这么全世界一致认同的。

3.1.2　我们的清振演化圈

这个全世界公认的观点某一天早上醒来发现给打碎了。寸熙和我十多年前写过一篇文章(2006),吴语和闽语的内爆音是自发演化而成的,并提出了如下一个自然音变的循环圈:

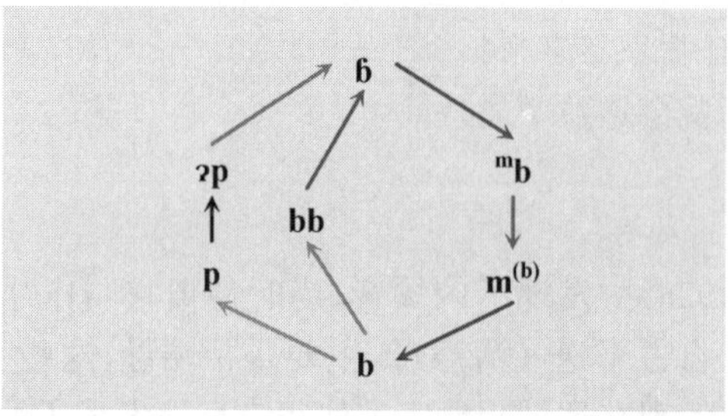

图 1　清振演化圈(引自朱晓农,寸熙 2006)

这篇文章有点惊世骇俗,连我一些老朋友都真的对我很生气。记得有一次坐飞机,后排有人拍拍我肩膀,一看是位学界老友。他问我,为什么否定底层说?我内心的底层在嘀咕,它本来就不是底层啊。看到汉语中一个不常见的音就说是底层现象,这不过是接触语言学的底伏假设,而不是有确凿证据的事实。吴语和闽语内爆音都是侗台底层这个全称命题的假说,至少还需要一些经过严格程序的个案研究来提供支持,而不是光靠底伏假设和宏大叙事。

3.2　音理

3.2.1　内圈的音理

图 1 的清振内爆音变圈是演化音法学概念,是自然音变的路径。这个图左方有两条路,从而构成内外两个圈。从右方的鼻冠音变为(后爆)鼻音,再到振声 b,这右半圈的变化较常

见。然后一般振声沿内圈变为长振声 bb,再变为内爆音,这儿的音理经过奥哈拉(Ohala 1997)解释,大家都已明白,长振声容易清化,要持续振声,要么内爆、要么鼻冠(可参看朱晓农 2006)。内圈变化闽南话里几乎都有,可能就内爆音变鼻冠音一环材料弱一点,不过这个吴语赣语里有。

3.2.2 外圈的音理

关键是图 1 左方的外圈路径,振声 b 变为清不送气 p 很常见(不过注意,汉语史上发生的"浊音清化"不是这种 b>p,而是另一种:气化浊音或"清音浊流"$p^ɦ$ 消气变为清送气 p^h),然后变为前喉塞的硬爆音,这不算多见,但还是有一些我们熟悉的语言都是硬爆音,如吴语、朝韩语、法语,还有闽南话。清爆音 p 经张声爆音 ʔp 再变为内爆音。这条路径较为生僻,很多人不理解,还写了文章反驳。比如寸著第 6 章中提到的陈忠敏(2007),他列出四项理由(见下表 2),从语音学角度否定清塞音变为内爆音的可能。

表 2　陈忠敏比较清塞音和内爆音

		清塞音、清塞擦音	内爆破音
1	声门	*大开	合拢
2	声带肌肉	绷紧	*松弛
3	爆破前声带振动与否	否	是
4	整个喉头状况	*上升	下降

(引自陈忠敏 2007,即寸著表 6.2)

表中的星号是我加的。这四项理由中带星号的 1, 2, 4 三项都错了,以下内容主要引自寸著 6.1 节。

第 1 项声门开闭:除阻前声门大开的是送气爆音(滂透母)。而不送气爆音(帮端母)爆发瞬间声门已经关闭或接近关闭。变为内爆音的是声门关闭的帮端母,不是声门大开的滂透母。

第 2 项声带松紧:发内爆音时,声带可以紧,而且很紧,要不就观察不到伴随的高调。赵元任(1935)曾有如下观察:"这个音一个区别性的声学特征也是发音特征是:在爆破的时候,没有足够多的空气从这个振动同时又收紧的声带溢出,去充满扩大了的口腔,以至于造成瞬间空气吸入,产生一个高频的声音。"当然,发弱内爆音时也可能相对松一点,基频低一点。不过不送气清爆音也可以发得软一点(赵元任 1935),后接元音的起始基频也可以很低,如北京话的第二、第三声,天津话的阴平,广州话的阳平等。寸著第八章用实验数据表明,发内爆音时喉头的升降可以在不会影响声带的松紧状态下进行,内爆音可以在从喉塞、嘎裂声到普通浊声等多种发声态下发出,因此内爆音本身不会影响声调的高低。这就能解释为什么发内爆音时喉头降低却不会压低基频的现象。

第 4 项喉头升降:发普通清爆音时,喉头也许有些微上升。但变为内爆音的是硬、长、强、紧的清爆音。比如像朝韩语的硬清爆音,在除阻前一刹那,喉头下降,口内压力急降并有负气压(Kim 1965)。硬爆音变为内爆音的音理在于,由于声带拉得很紧,起始振动就需要:要么加强喉下气压,要么稍稍降低喉头,增大喉头上下的压力差(Kagaya 1974)。如果采用后一发音策略,发成内爆音是大概率。

从不送气清辅音变为内爆音不但吴闽语中有，奥德里古尔(1959)还提供了越南语(p.84)、侗台语(p.85)的例子。陈文其实引证了奥德里古尔(1959)的华南和东南亚的区域接触观点，但不知为什么看漏了这么重要的事实，反而说清辅音不可能变为内爆音。

3.3 事实理由

3.3.1 讲个小故事

既然图1是个自然音变圈，这些音变就会随时随地出现，只要条件符合。

讲一件跟内爆音有关的田野趣事。有一次，2010年前后吧，我去桂北调查，不是漫无目的的普查，而是有目标的追踪内爆音。30多年前我写过一篇文章，叫《声调笔记五则》(1987)，第五则中预言：桂北的所谓“浊音”，不是英语那种带声[b]，而可能是内爆音或鼻冠音。那次去，资源没发现什么特别的，全州调查了六个点的方言，四个没什么特别，但有两个点，发现了期待已久的内爆音。同行数人都很高兴，其中有两位研究生，小吴是义乌人，她知道浙南有内爆音，也知道自己的方言里有，所以轻而易举地模仿了全州内爆音。另一位小黄是漳州人。海南闽语有内爆音，大家都知道，而且都以为借自黎语、临高语。但厦门漳泉潮汕地区的闽南话有内爆音，那可闻所未闻。所以那位漳州学生小黄怎么都学不像。我那时刚发现汕头和潮州都有内爆音，所以归纳推论一下：闽南话都该有，这就把漳泉方言都归纳预测进来了。

当天晚上，我对小黄说，咱们不学全州话了，咱们录一下你的母语。结果不出所料，漳州话也有内爆音，不过当晚没向小黄透露。第二天早上，我们重听全州内爆音，小吴还是轻而易举地模仿，小黄还是学不会，于是很嫉妒她的义乌同学。我不作预告另放了一段录音，小黄发现了，问：

——换了个发音人？

——对，换了。

——她也有内爆音吧？

——嗯，不错，能听出来。

——啊！啊！啊！那不是我吗！

——可不是你嘛。

——我会发内爆音？我们漳州话里有内爆音?!

——是的，好发现！

人只能听见看见他理解的东西。这话听起来像是理论先于事实，有点先验主观，但谁让科学“事实”是那么难“摆”呢？所谓“摆事实讲道理”，其实应该是“摆材料讲逻辑”(见朱晓农2008)。我们只不过把观察材料摆放进理论框架中的某个空格，要是跟左右上下格子里的材料相安无碍，那就是摆材料暂时摆对了，不是“摆事实”哦，也不是永远摆对了，一个有名的例子就是日母的音值，一百年都没“摆对事实”。要是没有那个理论框架，孤零零的材料就不是什么“科学事实”，而成了类似于飞碟、野人、特异功能一类的奇闻轶事。

3.3.2 事实理由之一

上面这个小故事，就是支持海南闽语内爆音是自生的证据。海南闽语内爆音不是借来的，关键在于漳泉片潮汕片都有。这下证据链完整了，首先是闽南语清爆音是硬爆音，符合变为内爆音的语音学条件，这是李新魁先生(1994)很早就观察到的。这是独立证据，跟内爆音研究无关，所以是很过硬的铁证。然后是漳泉片潮汕片(朱晓农，洪英2010)中都存在内爆音变体。因此可以很有把握地设想，几百年前闽人南迁，把内爆音变体带到海南，一路上还落了些在雷州半岛上。由于海南的侗台语中有强内爆音，这样的环境，促使海南闽语的内爆音音位化。

3.3.3 事实理由之二

还有一个事实上的理由，支持我们关于闽语内爆音自发产生的观点。潮汕、漳泉闽语中的内爆音有的来自清爆音，还有来自浊爆音，这个浊爆音是从明疑等鼻音声母变来的。这是明显的后起自发音变，是中国境内已知的独一无二的音变，就更不是侗台底层，或借自侗台了。

3.3.4 事实理由之三

近几年来，随着演化音法学的进展，在潮汕闽语、漳泉闽语、北部赣语、桂北土话、老湘语湘潭话、连城一带多个难以通话的客家话，以及藻敏瑶语（龙国贻 2009）、新疆维吾尔语（王文敏，陈忠敏 2011）中，都发现了自发新生的内爆音。我甚至在晋语中听到作为音位变体的偶发内爆音——真是，我又要重复这句话了：

理论一经确定，证据不招自来。

不但吴语和闽语，还有那么多南方方言里，甚至北方话、南方和北方的民族语里都有内爆音。无法想象谁还敢继续贯彻接触说，去遥想侗台先人九黎在蚩尤率领下曾逐鹿中原，失败后融入炎黄部落而留下了底层。这是要把底层从百越 2 500 年前提前到九黎 4 600 年前，宏大叙事加倍了。

还有，瑶语中都发现了内爆音（龙国贻 2009），这造成接触说的一大障碍，见下一小节。

3.4 逻辑理由

3.4.1 逻辑理由之一：借乱了

过去我们材料有限，知道得少，加上音理不明，所以看到远方有个相同的音，要么去追溯上古谱系，要么就想象远古底层。比如声调，汉语有，苗瑶侗台藏缅也有，于是最早就设想远古同源。后来接触语言学兴起，就设想后三个语族或语系的声调借自汉语。内爆音也一样，仅仅看到侗台语和吴闽语有，便时空两方面超距联想接触了。现在调查多了，大家知道得多多了，就不能仅就事论事地想象，要联想也得把所有材料放到一起，考虑一个逻辑贯通的联想，或说得科学点，考虑一个假说。

比如，现在知道瑶语也有内爆音，它也是借自侗台语吗？还是借自汉语？为什么不可能它借给侗台语或汉语呢？这就是下面这张表中的问号。根据过去公认的假设，加号表示内爆音是侗台借出汉语借入（+），负号表示非“汉语借出侗台借入（−）”，这么一来，滋生出四个问号的后遗症。我还没把维吾尔语画在表中，实在太远了。

表 3 内爆音借用方向

内爆音	汉语 借入	侗台 借入	苗瑶 借入
汉语 借出		−	?
侗台 借出	+		?
苗瑶 借出	?	?	

一个相关的问题是，汉语、侗台、苗瑶都有声调，最早以为来自同一个原始祖语，后来知道苗瑶侗台跟南亚南岛发生学关系更近，所以就想到了接触。这回是汉语借出，侗台苗瑶借入，见下表（X 表示无关）。不过这个看法是错的，下面会讨论。

表 4　声调借用方向

声调	汉语　借入	侗台　借入	苗瑶　借入
汉语　借出		+	+
侗台　借出	−		X
苗瑶　借出	−	X	

表 5 是个更困难的问题，因为表中全是问号。汉语、苗瑶、侗台都有气声，这回谁借谁？表中六个空格都等着接触派来填写。

表 5　气声借用方向

气声	汉语　借入	侗台　借入	苗瑶　借入
汉语　借出		?	?
侗台　借出	?		?
苗瑶　借出	?	?	

问题不在于回答某个个案，而是为什么声调是汉语借给苗瑶侗台，内爆音却是侗台借给汉语（还有瑶语怎么办），而气声可能是苗语借给汉语？即使我能想出些理由，比如气声在苗语中更普遍更强烈（朱晓农 2010；朱晓农，石德富，韦名应 2012），也无法解释侗台的气声哪儿来的。等一下，还有南亚语系比如佤语也有气声，要加到表里的话，问号就更多了。还有藏缅语也有声调，还没放进表里……这么漫无头绪的东借西贷，显然难以让人满意。

那么，从接触论角度是否可考虑一个区域扩散的解释？现在我们知道，声调在热大陆更容易发生（朱晓农 2019），所以完全可能苗瑶侗台先于汉语有声调。那么表 4 要不要把正负号对调一下？可以调，但还不解决问题：到底是侗台借给汉语的，还是苗瑶借给汉语的？还有侗台和苗瑶，谁借谁了？气声问题一点不比声调小，不但吴语，而且湘语、北部赣语、桂北土话、老湖广话、客家话、闽北方言、粤北粤语、苗语、佤语中都程度不同地都存在气声。也就是说，气化现象连成了片。不但气声，内爆音也快连成片了。要说区域扩散，都会有像声调那样谁借谁的问题。这么多语言和方言，逻辑上几百种可能的借用方向都不止。再说，华南区域扩散还说得通，浦东浙江就勉强了，所以又要回到 2 500 年前的底层了，但问题是 2 500 年前浦东还在海底下。这还没完，因为还没出国呢。气声不但华南有，东南亚更强烈，南亚也有，不但亚洲南部有，非洲中部和西部也有（再接触就得脑洞大开了）。这还只是海上丝绸之路，还没谈到真正丝绸之路上的内爆音。

所以，这不是区域特征，而是全球类型学的问题。在演化论者眼中，上面三个表格都不成问题，都可以从类型学角度，从演化学角度来处理（类型学是演化学的基础）。它们之间都没借用，都是独自自然发生的，见下文 3.4.5 节。

3.4.2 逻辑理由之二：范式

上文为什么敢斩钉截铁下定论，说是自然演化的？不怕错吗？

不怕，这就是理论的力量、范式的力量。你有一个靠谱的理论做依托，下结论很容易，否则就左也不是右也难，只好说些“啥也不绝对、谁也不得罪”的辩证套话。

研究语言变化至今有三个范式：谱系论、波动—接触论、演化论，按我看，各自探索的重点不同，分别是“源”“缘”“因”。用长江水来比喻，如果在崇明岛外发现些什么，谱系论者第一个想到的就是来自源头沱沱河，接触论者第一个想到的则是来自汉水湘江赣水以至黄浦江这些支流，演化论者第一个想到的是长江干流里自然音变的原因。这就是由研究范式决定的初始假设，或底伏假设，如果没有别的证据，谱系论就找源，接触论就找缘。演化论找的则是干流之因，因为(1) 干流管的流域面积最大、流量最多，即演化论是最一般最普遍的理论；(2) 哪怕源头水也好，支流水也好，进了干流就跟着一起自然演化；(3) 科学的终极目标就是找因果关系的因。从方法论来看，“源”“缘”“因”常有交叉重叠，比如在一些领域本源和本因会重合。在语言研究中，由于语言演化不是以实体形式进行，所以缘和因也会交叉，就像支流流入干流后的共同变化，这让我们对演化语言学中的缘和因可能会有新的理解。

近年来，对干流的研究，也就是演化音法学有了扎实的进步，我们开始有办法分离出什么样的水质是干流水，什么是支流水。结果是令人满意的，常常是一条演化规则管一大片音变过程，几条规则管一大半长江水，剩下的分派给支流和源头，干流长就给支流多点，干流短就源头多点。

3.4.3 逻辑理由之三：因还是缘

我在反驳声调借用的研究中曾说，很多人认为声调是最容易产生扩散的特征之一，因此也是最不足以说明同源关系的特征。后半句我同意，前半句则需进一步澄清。国外有学者比如罗仁地认为，羌语南部方言由于和汉语接触而产生声调，并且与汉语接触最多的方言具有最多的调类以及最稳定的声调系统，而北部方言由于不和汉语相邻就没有声调。这种说法有问题，接触导致声调产生从因果关系上来说是错的。接触只是提供了一种机缘，是外因，而不是真正的因果关系的因。这就像产生传染病的原因在于某种病毒，接触提供了传播的机会。又像孵出小鸡的内因是受精卵，而温度提供了外部条件；换成两颗核桃，接触得再来劲也刮不出个鸡脖子来。同样，产生声调的原因在于语言学因素(具体来说是发声态和高响度单音节语素结构)，那才是因果关系的因。接触只是在某些场合提供了触发的机会。

这对内爆音案例同样适用。产生内爆音的语音前提是该语言中存在长振爆音或张声爆音(见图 1)，这是已知的。“寸著”中又辨认出另两个来源：喷音和圆唇—软腭音。另外还可能有些相关因素如存在其他声素。

3.4.4 逻辑理由之四：普遍起因还是个案来源

这个道理其实很简单，如果一定要接触才产生内爆音或声调，那么第一个内爆音或声调是从哪里来的？如果第一个内爆音/声调的产生是出于自然音变，那么第二个、第三个为什么不能？而另一方面的事实是，与汉语长久的深度接触并没让满语和蒙语借用声调，因为阿尔泰语不存在产生声调的音节构词条件和自然条件。

这就是演化音法学的旨趣，它不是单单着眼于某个方言的内爆音个案，它要解决的是全世界内爆音产生的一般性原理。当然，演化论并不排斥接触，而是包容接触，把接触看成是“变异—选择”中的选择机制之一。只要有证据，不是宏观叙事，个案接触个案处理就行。本来接触就是很具体的，接触到你，不用牵扯到他。

3.4.5 逻辑理由之五：类型学考虑

汉语内爆音来自侗台底层的观点，多少跟社会语言学理论还兼容，汉语社会地位更高，所以侗台族转换语码，改说汉语带来原有的特征。但如果把眼光放宽点，可以看到印度也有内爆音。印度语支 Indic 的祖语几千年前来自欧洲，本来没有内爆音，难道是到了南亚后从达罗毗荼语那儿借来的？雅利安人也不会去学达罗毗荼语的内爆音。其实，就算梵语或印地语向达罗毗荼语借了，问题还是没解决，达罗毗荼语的内爆音哪儿来的呢，是否也是从东南亚借来的？

如果眼光再放宽点，可看到中部非洲从西到东都有内爆音。要说是借，谁借谁呢，那得跨海。要说是源头呢，难道是智人七万年前出非洲时带出来的？那就是超远古谱系论，不是接触说了。

幸好后来发现了一个相关性，即内爆音和声调同现。这个相关性还可再扩大到气声，这三者都出现在全球低维度地带。从声素理论（声素包括六大发声类和超发声态如声调和时长，见朱晓农 2014）可知，内爆音是一种发声态！属于张声，是一种声素。声调和气声也都是声素。原来特殊声素都集中出现在“热大陆”地带。这就要从生理和气候因素着手去探讨内爆音（以及气声、声调）的出现原因了（朱晓农 2019）。到了这个地步，侗台底层说根本不值一提了。

再回到上文 3.4.1 节内爆音等三张借用方向表，我否定它们之间的底层或借用，而主张自然演化，原因在于声调发生有赖于特殊发声态：气声以及主要出现于东南亚和中国南方的假声。声调出现于热大陆不是偶然的，是因为气声都出现于热大陆，由气声促发了高低型声调，由气声和假声（再加高响度单音节语素）共同促发了平仄型声调（朱晓农 2007，2009，2019）。而内爆音作为声素的一员，容易和其他声素同现于热大陆。

4　寸著的其他贡献

上文介绍了寸著对类型学贡献，以及一些重要的音理观点，如 3.2.2 节中内爆音分别同清爆音和基频高低的关系。除此之外，还有很多其他贡献，胪列于下。

4.1 分布资料

寸著不仅对中国语音学、方言学和民族语的研究有价值，就是对世界语言范围内的语音类型研究也很有价值。过去由于缺乏实验证据，国外的学者对中国境内内爆音的情况了解很少。Maddieson 1984 年建立 UPSID 和 2008 年绘制世界语言结构地图集（*The World Atlas of Language Structure*）时都没有收录中国境内的内爆音的内容，影响了世界语言地图中内爆音格局的准确性和全面性。其原因倒不是中文资料稀少，而是缺乏系统整理。调查材料以往几十年攒了很多，但水平参差不齐，连术语都很不一致，有“内爆音”“内爆发音”“前喉塞辅音”“先喉塞音”“阴调真浊音”“吸气音”“缩气音”等，所以很难为外人所理解，甚至彼此间也不一定都明白。“寸著”1.2 节整理了中国境内内爆音分布的系统资料，可以弥补这一空缺，为国外语音学同行开眼界。

4.2 内爆音的演化

4.2.1 来历

图 1 指出内爆音的两个语音来历：张声爆音（不送气硬爆音）和长振爆音，寸熙又发现另

两个来源：喷音和圆唇—软腭音。汉语方言中大部分音位性的内爆音是从不送气清爆音演变来的，其语音原理上 Kagaya（1974）以前已指出，寸著用系统的实验数据清楚地加以说明，这对于内爆音研究是个重要推进，它为中国境内的语言中内爆音的来源提供了有说服力的解释。

4.2.2 去向和原因

图 1 还指出内爆音可以变为鼻音或鼻冠音，寸熙还发现可以变为边音。更重要的是她在第九章中阐明了内爆音向同部位的鼻音和边音转变的语音学原因。提出由于鼻腔辐射作用，使得封闭的上声道中的声波透过软腭被辐射出去，产生了浊音杠以及高频区域的共振峰。这是内爆音和鼻音、边音产生混淆的声学基础。并以听感实验证明鼻音和内爆音在自然话语听辨中就可能产生混淆。在增强了软腭—鼻腔辐射的条件下，混淆率会提高。这就从听感和声学实验上揭示了内爆音向鼻边音的演变去向及其机制。

寸熙关于内爆音的来历和去向的实验结果，丰富了图 1 的内爆音输入和输出两环，也为图 1 的音变途径提供了音理解释。

4.3 外因通过内因起作用

寸著第七章讨论产生内爆音的外部原因。从语言接触、音变扩散和区域趋同的角度来解释内爆音在海南岛不同语言中的趋同分布现象。作者提出一个重要观点：基于语音条件的自然音变可以透过语言接触，在具备这样语音条件的语言中扩散。自然音变的跨语言、跨语系扩散会形成区域性的趋同现象。正如内爆音的分布呈现出区域性特征。促成自然音变扩散的外部条件是某一个地理区域中的语言处于“聚变期”（见迪克森 2010），每种语言保持独立却透过双语、多语者进行交往，彼此影响。密度原则和扩散机制可以从微观上解释自然音变扩散的过程。

这个观点能够成立，就是基于上文 3.4.3 节说的因缘关系，语音自然变异是内因，接触是外因，外因通过内因起作用。

4.4 系统描写的模板

以往对内爆音的描写、记录，尤其在国内，一般都是凭听感，偶尔也有一些声学分析，但缺乏内爆音各种语音变体的系统性研究。寸著第五章对中国境内五个语言点的内爆音，从声学属性和空气动力学机制两方面作了详细描写。声学属性包括 VOT、振幅、除阻和共振峰结构特点。空气动力学机制包括口内气压（Po）和成阻后声带停止振动时长（VTT）。另外加上发音生理的观察，如成阻部位、喉头活动方向等，还有发音人差异的观察。所以，尽管调查的语言点不多，加上后续的回辉话，一共六处，但由于做得系统而彻底，所以得到的结论相当可靠。

这可以作为下一步描写内爆音的一个模板。按照同样的参数和程序调查得到的数据就有了可比性，这对理论研究具有无可比拟的重要性。

4.5 统计方法应用上的创新

语音学中经常使用数理统计方法。本书使用的统计方法有自己的创新处。第一，过去使用统计方法是为了去除个体差异，找到共性。本研究更看重差异，使用因子分析、聚类分析等方法来处理不同发音人的差异，从而找出变异的模式，使研究取得了突破性进展。第二，即使过去也使用聚类方法来分析语言亲疏关系，所处理的是音位层面的数据，具有主观性；而寸著处理的是物理测量值,如气压、时长,受到主观因素的影响小,它反映的是一种被物理机制决定的变异或类别,能够更好地呈现语音自然分类的模式。

总之,寸著使用的处理大批量田调数据的统计方法,能够迅速、准确地从中找到变量之间的相关性和变异分化的模式,并能帮助找出语音变体的结构和分化趋势,为预测音变方向提供指引。不过,这样找到的类型特征是语音学上的特征,这是下一节前两小节要进一步谈的问题。

5　进一步的方向

寸著解决了一些重要的事实和理论问题,也引出了一系列需要进一步探讨的问题,优秀的研究都这样。

5.1　语音类型学

从语音性质上来看,寸著辨认出五大类型及两个亚型,再想发现新类型,机会相对而言较小。不过,以寸著的采样点,当然远远不足以做一个经验性的分布类型学。所以很希望看到寸熙或其他感兴趣的青年语音学家的下一步研究,调查几十上百个点,画出分布图来。这项工作听起来庞大,但实际上不难,因为有了图 1 的分类框架,个案鉴定可以做得很快。而且,还有可能丰富或修正图 1,作出理论贡献的机会。

不过,这是语音类型学,更重要的还有第二步类型学,那就是音法类型学。

5.2　音法类型学

"音法类型"或"音型"是音法学和类型学中一个新概念,我们在定义"调型"的时候提出三个标准(朱晓农,阮廷贤 2014),把"调型"改为"音型"就有如下的标准:

1. 每个音型都有自己的声学或感知特征;

2. 一个特定的音型至少在一个语言中与至少一个同类音型对立,或能定义一个演化阶段;

3. 一个普适音型库指的是一组语音特征集,它能充分而必要的描写、定义所有的相关音型。

音法类型学对语言学来说显然比语音类型学更重要,它能帮助确定哪些语音参数具有语言学意义。所以,寸熙和其他感兴趣的青年学者任重而道远。

5.3　认识论基础和演化地图

寸著辨认出内爆音的来历去路,丰富了图 1 的清振演化图,所以下一步的重要任务是要画出更详细更精密的演化链和演化环。

我在使用演化比较法探讨声调演化时(2018),指出其认识论基础是:(1) 语音演化有自然之理(语音原理),因而有(2) 普遍之型(类型共性),(3) 共同的变异形式(潜在的音变之源),(4) 普遍之道(演变规律),(5) 最重要的是:凡自然音变,均有音理可循,都会形成演化链甚至环。

这也是对下一步演化音法学的期待:画出完善的演化地图。

5.4 内爆音和发声态

还有一个更高的要求。寸著没有把内爆音和喷音作为发声态处理，否则就很容易理解内爆音和喷音之间的关系。不过，这需要依托一个全新的声素系统（朱晓农 2014），内爆音和喷音在这系统中同属张声（这么近的关系，怪不得容易转化）。内爆音有发声属性，国外赖福吉等（Ladefoged & Maddieson 1996：372）非直接地提到过，该书表 11.4 中有“喉头活动”参数，其中“升”应该指喷音，“降”指内爆音，不过他们没明说。可能是因为那要重新调整系统，现在内爆音和喷音都是在气流机制中处理的。其他研究内爆音的专家都没想到这一层，所以寸熙现有的研究结果能跟国外的研究相比较，这也是个现实优点，否则就要另起炉灶，能不能出书都成问题了。不过我想，如果想要在类型学和演化学方面推进研究，内爆音以后不可避免地会被放进声素系统和其他声素作统一考察。

6 尾　　声

最近几年演化音法学兴起，语音学也就多出了好多事情。从寸熙这本书来说，它考察的是中国境内的内爆音，其意义却不限于中国语音学，它对内爆音的类型学研究贡献了重要的理论意义。这项研究立足于实验方法，却不局限于共时语音学，它对汉语方言和民族语中内爆音的历时音变做了深入探讨。也就是说，语音学一方面要对类型学作出贡献，另一方面要对演化学作出贡献。其实，类型学本身也有一项功用，就是为演化学提供经验基础，不过这个类型学不是过去有点一锅煮的语音类型学，而是有三项标准的音法类型学（见 5.2 节）。那么，演化学为什么那么重要呢？这可以分主客两方面来说。关于客体，太阳底下没有不演化的，太阳之上也一样。关于主体观念，上次在华师大一个会上说，音法学要回答那个终极哲学问题：语音是什么？它从哪里来？它往哪儿去？

参考文献

奥德里古尔.历史和地理怎样可以解释某些语音上的发展[J].语言研究，1959(4)：81—86. 北京：科学出版社.

陈忠敏.语言的底层理论与底层分析方法[J].语言科学，2007(6)：44—53.

寸熙，朱晓农.回辉话的内爆音：对音法类型学和演化音法学的意义[J].民族语文，2017(5)：27—42.

迪克森.语言兴衰论[M].朱晓农，等译.北京：北京大学出版社，2010.

李新魁.广东的方言[M].广州：广东人民教育出版社，1994.

龙国贻.瑶语中的内爆音[J].民族语文，2009(5)：35—39.

王文敏，陈忠敏.维吾尔语的内爆音[J].民族语文，2011(6)：63—68.

赵元任.现代吴语的研究[M].北京：清华学校，1928.

赵元任.中国方言当中爆发音的种类[M].史语所集刊(五本四分)，1935.

朱晓农.方法：科学的灵魂[M].北京：北京大学出版社，2008.

朱晓农.内爆音[J].方言，2006(1)：16—21.

朱晓农.声调笔记五则[M]//“文字与文化”丛书(2). 北京：光明日报出版社，1987：117—124.(收入《音韵研究》145—154，北京：商务印书馆，2006.)

朱晓农.声调发生的五项前提[J].语言科学,2019(6)：581—600.

朱晓农.声调类型学大要[J].方言,2014(3)：193—205.

朱晓农.声调起因于发声[M]//语言研究集刊(第6辑),2009：1—29.

朱晓农.演化比较法：如何研究声调演化？[J].语言科学,2018(17.2)：113—132.

朱晓农.语音学[M].北京：商务印书馆,2010.

朱晓农.证早期上声带假声[J].中国语文,2007(2)：160—168.（收于《音法演化》426—444）

朱晓农,寸熙.清浊音变圈：兼论吴闽语内爆音非出于侗台底层[J].民族语文,2006(3)：3—13. 又《历史层次与方言研究》,上海教育出版社,2007. 初稿提交汉语历史层次问题国际学术研讨会.上海,2004.8.2—4.

朱晓农,关英伟.全州土话音节的四分发声活动：兼论自发内爆音[J].方言,2010(4)：289—300.

朱晓农,洪英.潮州话中来自清爆音的内爆音[J].中国语音学报,2010(2):103—107.

朱晓农,阮廷贤.越南语三域八调：语音性质和音法类型[J].民族语文,2014(6)：3—17.

朱晓农,石德富,韦名应.鱼粮苗语六平调和三域六度标调制[J].民族语文,2012(4)：1—1.

Fallon, P. The Synchronic and Diachronic Phonology of Ejectives [M]. London and New York: Routledge, 2002.

Kagaya, Ryohei. A fiberscopic and acoustic study of the Korean stops, affricates and fricatives[J]. Journal of Phonetics, 1974, 2: 161 - 180.

Kim, Cin-Woo. On the autonomy of the tensity feature in stop classification with special reference to Korean stops[J]. Word, 1965, 21: 339 - 435.

Ladefoged, Peter & Maddieson, Ian. The sounds of the world's languages [M]. Cambridge, MA: Blackwells, 1996.

Li, Fang-kuei. The hypothesis of a pre-glottalized series of consonants in primitive Tai[J]. Bulletin of the Institute of History and Philology, 1943: 11.

Ohala, John. "The relation between phonetics and phonology"[M]// W. J. Hardcastle and J. Laver. The Handbook of Phonetic Sciences. Oxford: Blackwell, 1997: 674 - 694.

声调产生的解剖生理机制*

复旦大学　陈忠敏

内容提要　本文从六个方面详细阐述声调产生和感知的解剖生理机制。1. 言语产生的声源＋滤波理论；2. 声带振动的空气动力学说；3. 喉结构、喉肌运动与基频；4. 发声态与基频；5. 基频分析和 Praat 参数设定；6. 基频的感知问题。

关键词　基频；声调；发声态；喉肌；感知

1. 言语产生的声源＋滤波(source-filter)理论

讲声调必须要讲言语产生的大致情况。20 世纪 50 年代，方特(Gunnar Fant)，一位很有名的工程师和语音学家，以及他的弟子 Kenneth Stevens 等，提出了声源＋滤波(source-filter)理论(Fant 1960，Stevens 1961)，其中 source 是声源，filter 是共鸣的滤波器，相当于修饰器、改造器。我们能听到的声音大致可以说是这二者的叠加。这是对言语工程和声学分析相当有用的一个模型(model)。声源是声音产生的来源。任何声音产生于振动，没有振动就没有声源，换句话说，振动就是声源。有两种不同的声源。第一种声源是周期性的(periodic)振动产生周期性的脉冲波(impulses)。声带(vocal fold，vocal cord)的振动虽然不能完全说是周期性的，但是可以说是准周期性的，我们为了简便起见，可以认为它是一个周期性的脉冲振动(见图 1.0)。任何的带音(voice)都是来自声带的振动。所以，声带振动对我们来讲是一个很重要的声源。第二种声源是非周期性的(aperiodic)振动。非周期性的振动就是噪声(noise)。比如擦音(fricatives)产生的白噪音(white noise，见图 1.0)，它可以延续，但听起来就是一个刺耳的杂音。还有塞音(stops)，虽然听起来很弱，但也是一个非周期性的音，塞音的除阻会有一个很短暂的爆破(burst)，这个爆破不可能是反复重复，做周期性的爆破，所以也是非周期性的。这是声源的三种不同类型。滤波器(filter，见图 1.0)就是声音从声源发出来以后，前面有一个腔体来修饰这个声音。这个修饰体就是共鸣腔。根据声源＋滤波理论，我们听到的语音简单来说就是声源发出来的声音经过滤波器修饰、放大后出来的音响。肺部的气流通过声带的振荡产生周期性的声音，然后周期性的声音经过声腔发出来，就是我们所听到的声音。还有一种是肺部的气流通过声带的振动，进入共鸣腔，在某个收紧点里产生一个不是周期性的噪音，然后通过前面声腔的修饰。前面的声腔也起到修饰作用，不同发音部位的擦音就是因为收紧点前面的声腔的不同(如图 1.0 所示)。

---

*　本文写作受国家社科基金重大项目“上海城市方言现状与历史研究及数据库建设”(批准号 19ZDA303)的资助，特此鸣谢。

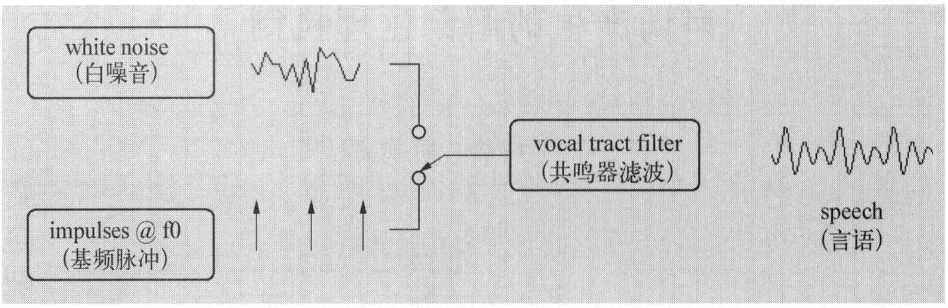

图 1.0　声源 + 滤波理论示意图

我这里要讲的主要是声带所产生的声音。不讲元音和辅音，而是讲声带振动，因为声带振动和基频以及声调的高低很有关系。由于声带振动产生了准周期性的振动。我们来看基频(F0)对声调的感知产生怎么样的影响。声门一张一合所产生的气流形成声门波，这个波高高低低，而且有棱角，所以它不是单纯波(sine wave)，而是一个复合波，是好几个音的叠加。叠加之后可以分析出一个频谱，就是声门波频谱。其中有一个特点，最低频率的波的振幅最大。频率越高的波振幅越小，随着频率的升高，谐波的能量依次会减弱(见图 5.2)。声带波的二维频谱图形可以很直观显示这些特点。仅仅由声带所发出的声音是很弱的，需要共鸣腔把它修饰和放大。共鸣腔的作用就相当于一个喇叭。腔体不一样发出来的声音也是不一样的。所以就会有[a][i][u]的区别。这也就是滤波器的功效。任何物体都有自己的固有频率。就比如两个杯子，材料大小形状都不一样，用相同的频率敲这两个杯子所发出的声音也不一样。声源 + 滤波理论是研究声调产生和语音音色的重要理论。

2. 声带振动的空气动力学说

人类有三个腔体，其他动物只有两个腔体，一个鼻腔一个口腔，没有咽腔。而咽腔是一个很重要的发音器官，元音舌位图倒三角图的形成有赖于咽腔(见图 2.1)(以下解剖图均来自 David H. McFarland 2006. Netter's atlas of anatomy for speech, swallowing, and hearing, Mosby Elsevier)。

声调产生或声带振动的一个很重要的理论就是空气动力学说。急促的气流从肺部经过气管，通过很窄的由两片声带组成的声道，会使声道间的压力变小，从而产生相向的力量，使得两片声带接触振动，这就是常说的伯努利效应(Bernoulli Effect)。声带振动发声有两个条件，缺一不可，一个是气流足够急，另一个是通道足够窄，声带合拢到一定程度才可能产生伯努利效应。后来这一学说又增加了一点，就是合适的位置(suitable position)足以产生伯努利效应的位置。其实声带振动要有两个力，一个是空气动力，另一个是肌肉本身的回弹力。这两者结合在一起才可以完美解释声带振动的原理。喉头解剖结构截面见图 2.2。

图 2.2 里可以看出会厌(epiglottis)在喉结构截面解剖图的上方。声带(vocal folds)是两片较厚的韧带，它的上方是假声带(false vocal folds)，它的下方连接气管(trachea)。声带大致可以分为三层，由外向内分别是上皮层(epithelium)、固有层(lamina propria)和体层(又称肌层或声带肌，vocalis muscle)。其中，固有层可以再细分为三层，即固有层浅层、固有层中层和固有层深层(见图 2.3)。

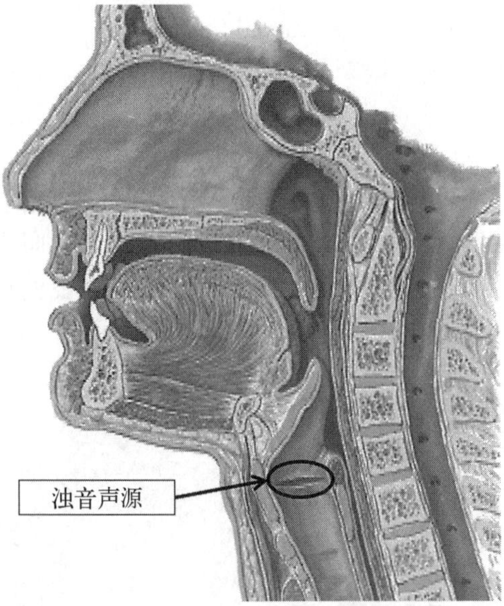

图 2.1 浊音声源、共鸣腔图

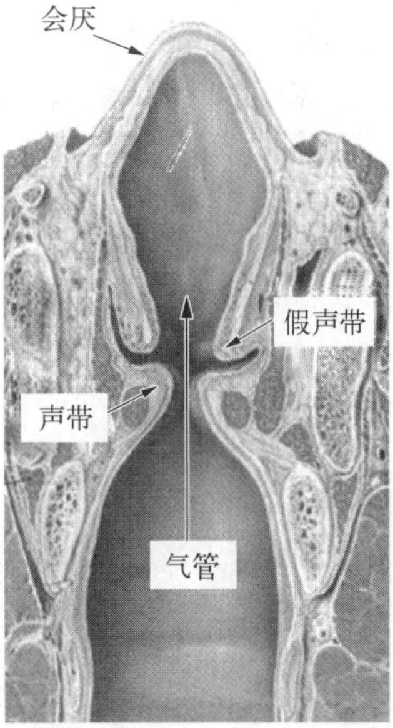

图 2.2 喉头解剖结构截面图

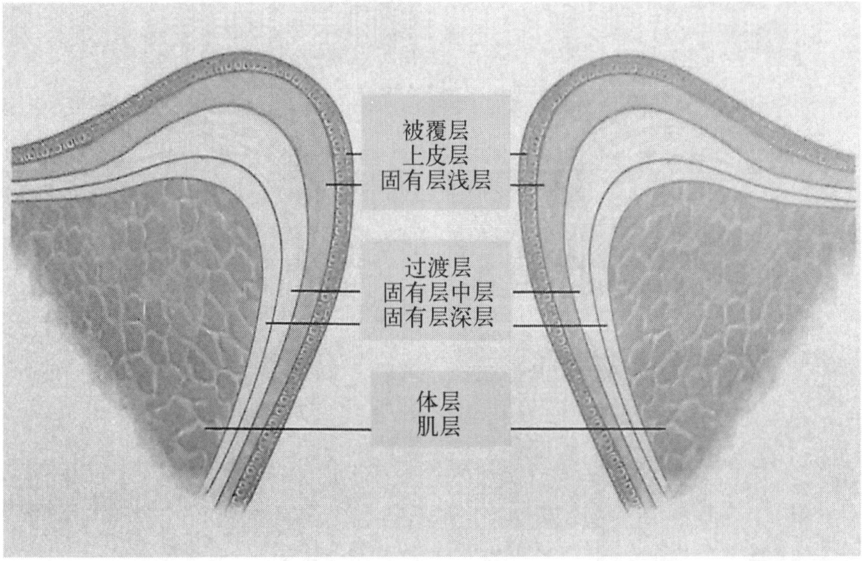

图 2.3 声带的分层图

图 2.4、图 2.5、图 2.6、图 2.7 都是通过软管纤维内窥喉镜观察到的声带不同发声态的俯视摄像照片(笔者自己发声,2000 年摄像于加州大学旧金山校区)。平时呼吸或声带不振动发清音如图 2.4 状态,此时声门呈三角状。声带三角的顶端(前部)在甲状软骨(thyroid cartilage)喉突后面。两片声带的后部是杓状软骨声门突。三角声门下就是气管。声带振动时上皮层、固有层和体层三层并非同步。体层,即声带肌收缩收紧会使声带变得厚重,这种状态下振动,

频率较低，发出的音就是低音（low voice），比如普通话三声中间的拐点嘎裂发声（creaky voice）就是如此（如图 2.5 所示）。常态发声（normal voice, modal voice）不是声带收紧时振动发出的声音，常态发声声带是比较长的，一般作全长振动，看不到声带中间的空隙，声门下气流撞击声带的能量充足（见图 2.6）。还有一种发声的状态是声带靠甲状软骨处的那部分作闭合振动，靠杓状软骨处的声带留有小的缝隙或小洞，声门下的气流撞击声带前部做振动的同时，一部分气流通过声带的缝隙或小洞逸出，产生噪音，所以此时声带发出的声音既有准周期的声带波，同时也有急促的气流通过缝隙或小洞产生的噪音，通常这种声源我们叫作气嗓音发声（breathy voice）（见图 2.7 气声发声）。嘎裂发声、常态发声和气声发声是我们常说的三种声带振动的模式。

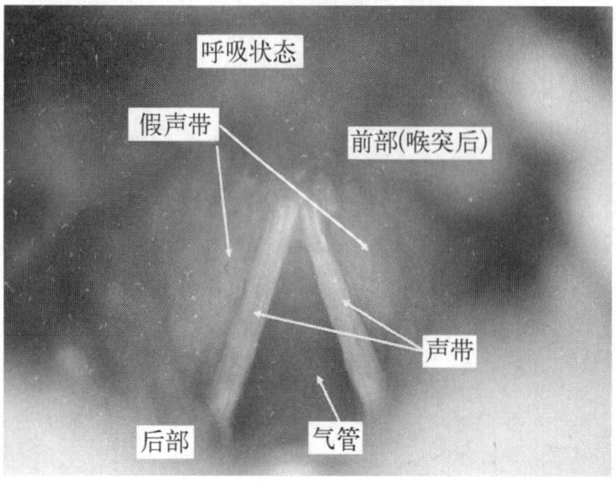

图 2.4　平时呼吸

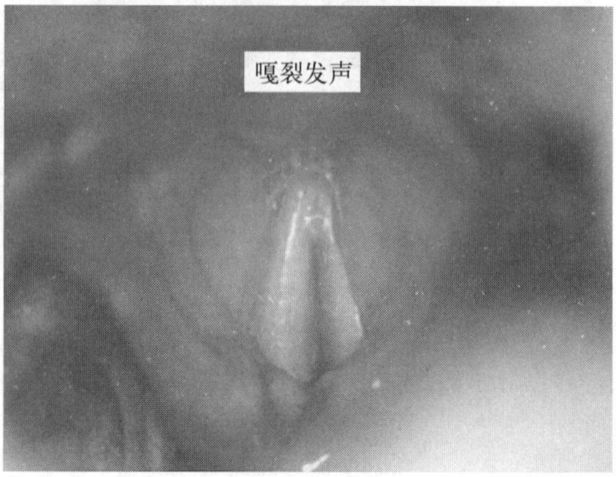

图 2.5　嘎裂发声

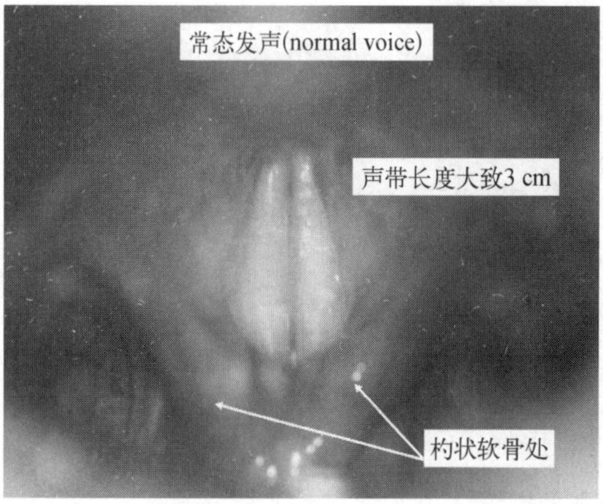

图 2.6　常态发声

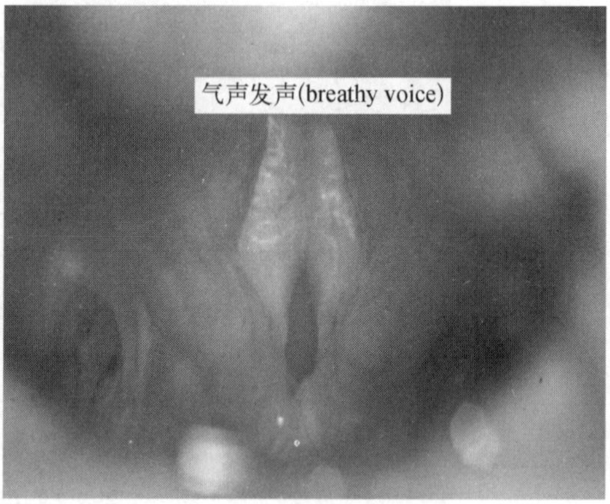

图 2.7　气声发声

3. 喉结构、喉肌运动与基频

声调的高低与声调振动的频率（基频 F0）有密切关系，而要了解声调振动的状况就必须要对喉解剖系统有个了解(见图 3.1)。从上往下看,最顶部舌板状的会厌(epiglottis)软骨从舌骨(hyoid)处露出,舌骨通过韧带与甲状软骨(thyroid cartilage)相连,环状软骨(cricoid cartilage)则是在甲状软骨的下面,它是环状的,前面窄后面宽的软骨,环状软骨下连气管(见图 3.2)。

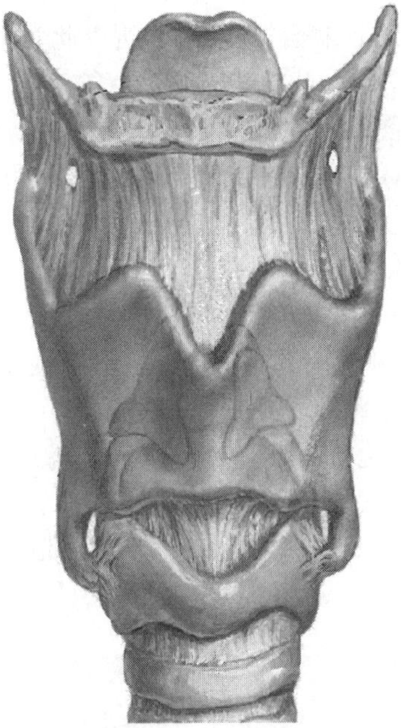

图 3.1 喉结构正面图

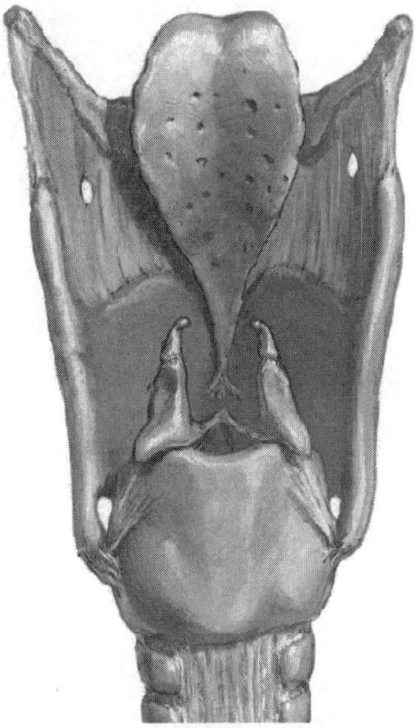

图 3.2 喉结构后背图

从背后可以看清会厌的形状,特别是可以看清环状软骨后面宽的部位叠架着两块杓状软骨(arytenoid cartilage),杓状软骨往里的部分叫声带突,声带就是起始于声带突终止于甲状软骨的韧带(见图 3.3)。

喉结构侧面图可以清楚看到杓状软骨骑在环状软骨的后面(宽的部分),声带是从杓状软骨的声带突引向甲状软骨的。

喉的肌肉分两部分,一部分叫喉内肌,另外一部分叫喉外肌。两部分的功能不同。外肌的作用主要是固定喉的位置以及控制喉上下的适度运动。至于喉里头关节如何扭曲,声带如何振动,如何拉长,这是内肌的作用。内肌很重要,因为各种发声态的状况由内肌来决定。声带本身有肌肉,可以收紧,如果收紧的话,就会使声带厚重,振动起来就会慢,前面所讲的嘎裂发声就是这种发声状况。声带肌因为既连接甲状软骨,又连接杓状软骨,所以又叫甲杓肌(thyroarytenoid muscle)。杓状软骨之间的肌肉

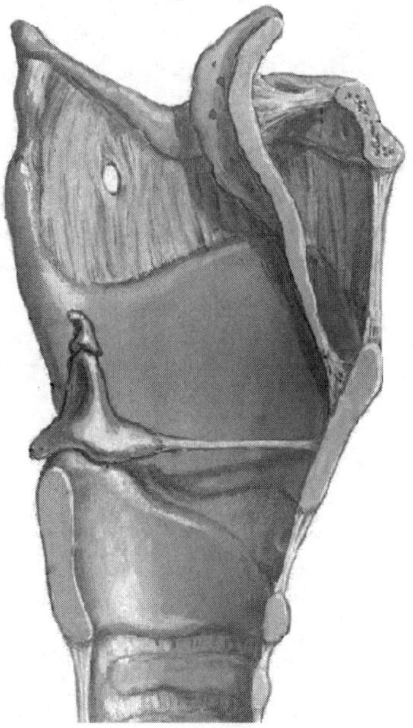

图 3.3 喉结构侧面截面图

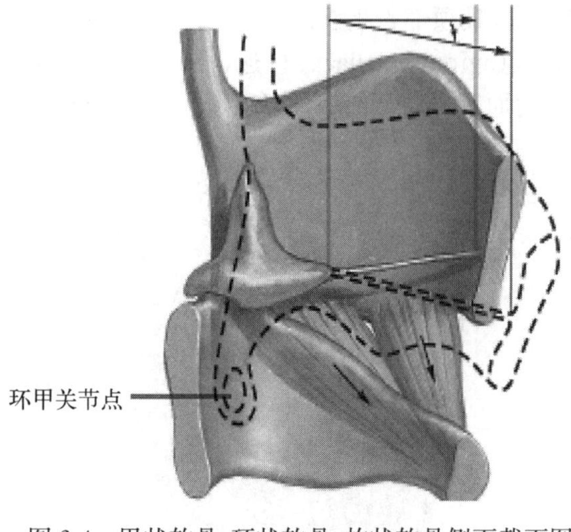

图 3.4　甲状软骨、环状软骨、杓状软骨侧面截面图

叫杓间肌（interarytenoid muscle）。CT（cricothyroid muscle）代表环甲肌，LCA 代表环杓侧肌（lateral cricoarytenoid muscle）。CT 与 F0 具有一致相关性。图 3.4 甲状软骨、环状软骨、杓状软骨侧面截面图里两股扇形的环甲肌收缩会拉长声带，所以此时声带绷紧振动，振动的频率（F0）就会高。

图 3.5 通过喉肌电（electromyography of laryngeal muscles）实验来说明环甲肌在基频上升时的作用（Ohala 1978）。三句句子（Bev bombed Bob. Bev bombed Bob. Did Bev bomb Bob?）中第一句是一般陈述句，第二句是首词重读，第三句是疑问句。图 3.5 从上到下分别是基频（F0）变化、声门下压力（Ps）变化、环甲肌（cricothyroid muscle）放电变化以及麦克风收集的声波信号。在第二句首词重读基频升高，对应的环甲肌放电，在第三句问句句末基频升高，环甲肌也放电。其他情况下环甲肌并没有明显的放电现象。说明基频升高与环甲肌活动成正相关。

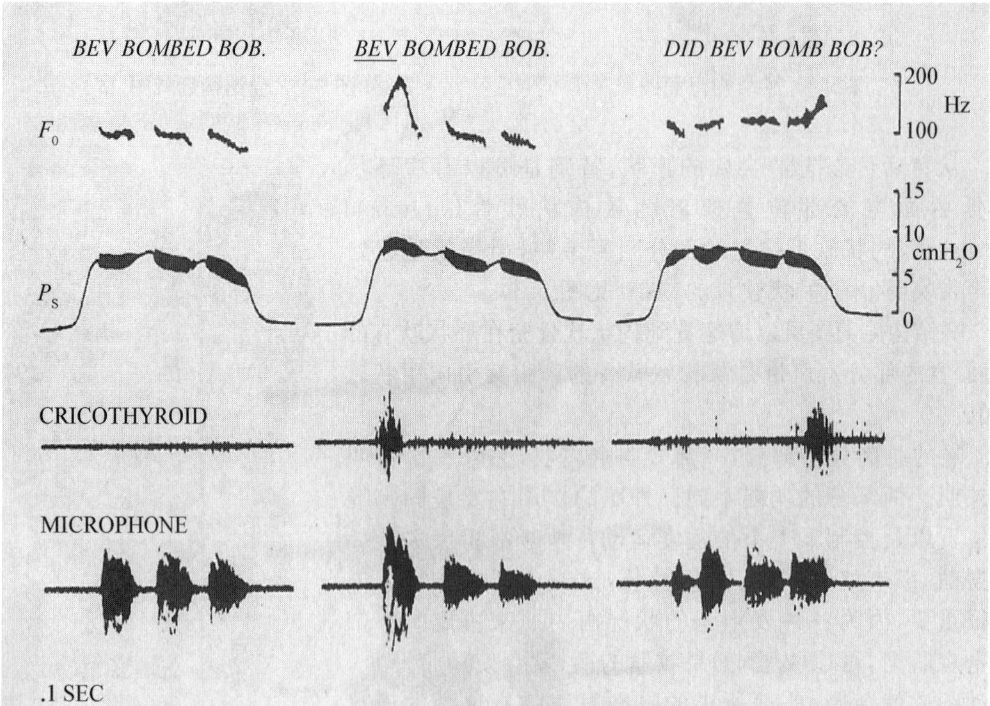

图 3.5　不同基频下的环甲肌放电变化

除了环甲肌对声带振动的频率高低有作用外，其他喉内肌对声带振动的状态、频率也有作用。下面几个俯视图来说明其他喉内肌对声带振动的状态、频率等作用。图 3.6 是环杓后肌（posterior cricoarytenoid muscle），它收缩就会使声门打开。

环杓侧肌（lateral cricoarytenoid muscle）收缩则使声带前部靠拢，但在杓状软骨处留有空隙（见图 3.7）。

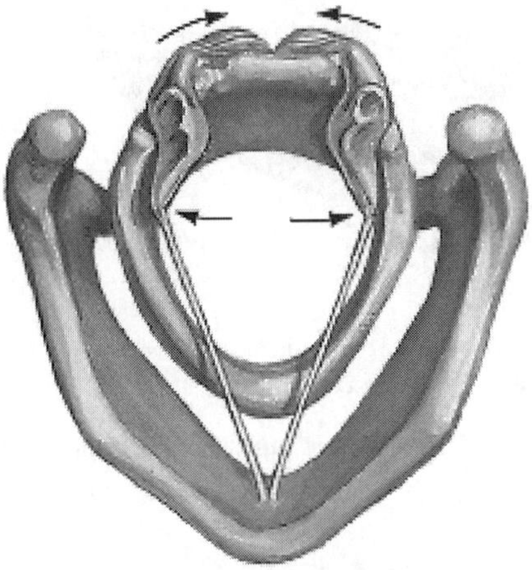

图 3.6 环杓后肌

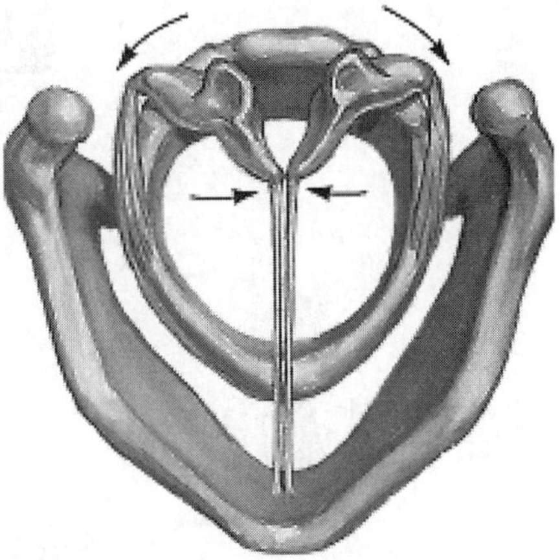

图 3.7 环杓侧肌

声带全部合拢还得靠杓间肌（interarytenoid muscle）收缩（见图 3.8）。

图 3.9 中间的是甲杓肌（thyroarytenoid muscle），两侧的是环甲肌。甲杓肌收缩的作用是收缩声带的长度。

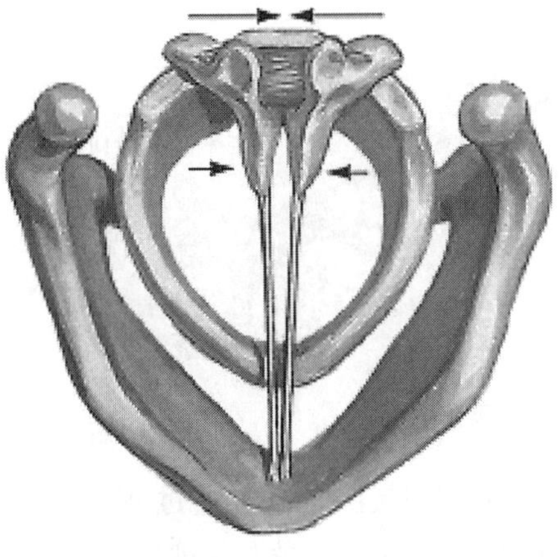

图 3.8 杓间肌

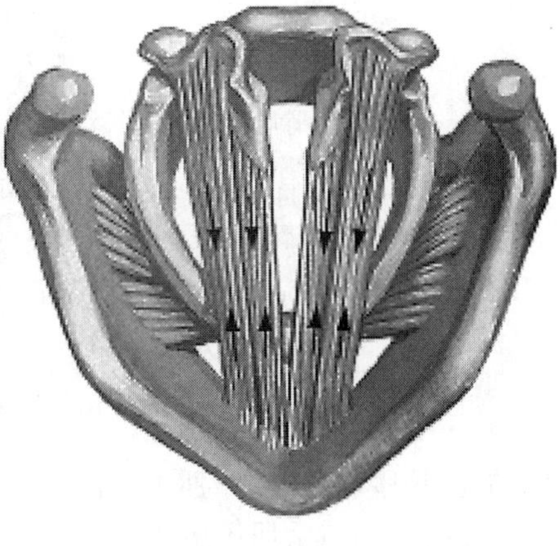

图 3.9 甲杓肌

与声带振动的基频有关的除了喉内肌外，还有喉外肌（见图 3.10）。喉外肌的主要作用是固定喉的上下平衡，一旦上下拉力失衡，喉头就会上下移动。使喉向上的力量主要通过这样几股喉外肌的收缩，向上方移动主要是茎突舌骨肌（stylohyoid muscle）、二腹肌的后腹[digastric muscle（posterior belly）]、颌骨舌骨肌（mylohyoid muscle）、颏舌骨肌（geniohyoid muscle)、二腹肌的前腹[digastric muscle(anterior belly)],以及图中没有标明的舌骨舌肌(hyoglossus muscle)的收紧作用。舌骨通过韧带及甲骨舌骨肌(thyrohyoid muscle)连着喉头,所以拉动舌骨往上,也会使得整个喉头间接地向上移动。使喉结构向下移动的力量主要是胸骨舌骨肌(stemohyoid muscle)、胸骨甲骨肌(stemothyroid muscle)以及肩胛舌骨肌前腹[omohyoid muscle(interior belly)]的收缩作用。

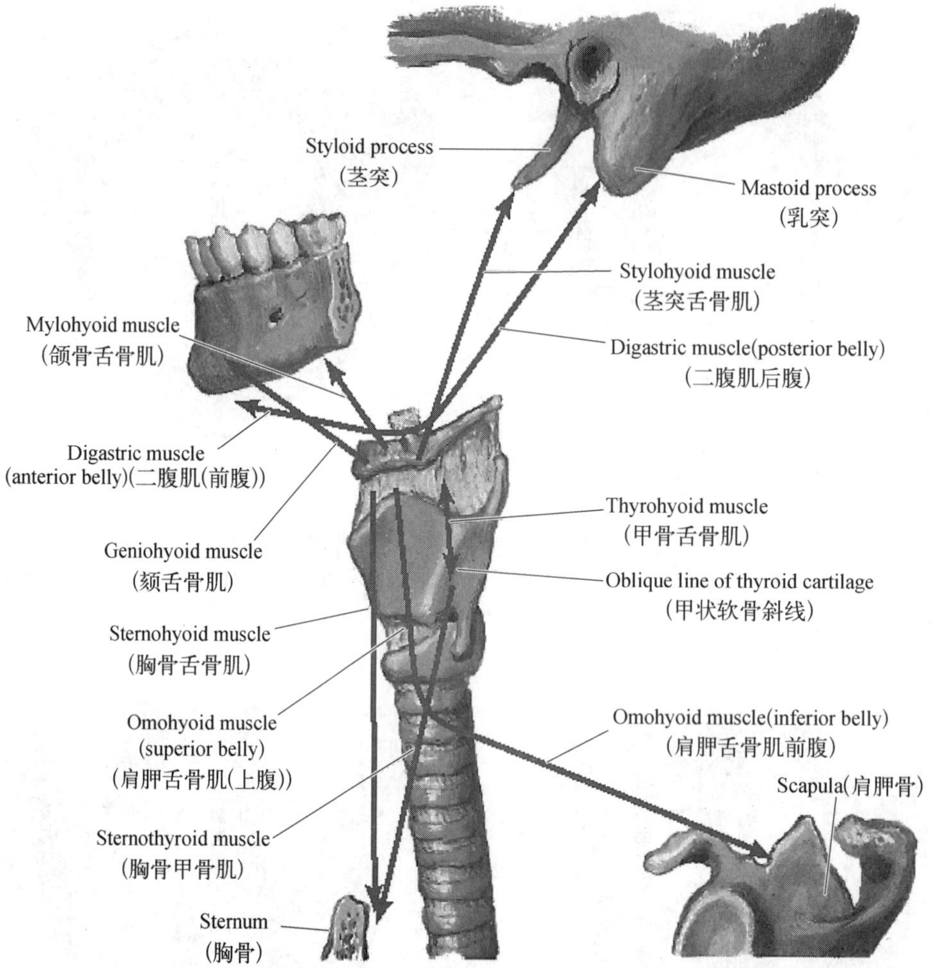

图 3.10　喉外肌与喉结构示意图

可见喉的上下移动由喉外肌控制。舌的提高也会使舌骨上提。这个过程中舌颚肌(palatoglossus)、舌骨舌肌等多块肌肉起作用。所以说软腭也跟舌体是有关联的。舌面往上走贴近软腭发高元音。舌体升高,通过舌骨舌肌提升舌骨,间接使得喉头上移,从而拉长声带,声带振动频率相对升高。声调语言里同样是高调(high tone),高元音的基频也比低元音高;同理,低调(low tone)里,高元音的基频也比低元音高。这是高低元音的本能音高(intrinsic pitch)差异。表 3.1 是非洲 Shona 语,班图语的一种,高调、低调男女五个元音的平均基频值(单位为 Hz)(Gonzales 2009)。

表 3.1

发音人	声调	/i/	/u/	/e/	/o/	/a/
1(女性)	高调	215.5(7.3)	214.6(10.6)	214.0(9.1)	206.9(6.6)	198.0(5.2)
2(男性)		121.5(2.7)	129.6(5.3)	105.7(3.0)	120.6(2.8)	105.5(2.4)
1(女性)	低调	179.4(3.6)	172.7(3.2)	163.7(4.4)	158.7(2.6)	155.8(3.6)
2(男性)		105.5(0.9)	106.8(1.6)	105.9(2.5)	104.0(2.5)	106.5(1.2)

不管是男性还是女性，是高调(H)还是低调(L)，高元音的基频都略高于低元音的。即使在非声调语言里，高低元音也有本能基频的差异。有人做过在英语里七个元音的平均基频/i/是183 Hz，/u/是 182 Hz，/e/是 169 Hz，/o/是 170 Hz，/ə/是 164 Hz，/æ/是 162 Hz，/ɑ/是163 Hz (Lehiste & Peterson 1961)，高元音与低元音大致相差 20 Hz。这就告诉我们，在做语音实验时千万不要用不同的元音来比较基频，要避免由于不同元音本能音高造成的差异。特别是做声学分析时，要用相同的元音。如果比较音高，最好是相同的元音，如果是高元音，全都是高元音，如果是低元音，全都是低元音。

喉头下降，对基频也有影响，图 3.11 从上到下是基频(F0)、胸骨舌骨肌(sternohyoid)肌电活动，以及声波信号对照图，整个时长是 1 秒(Ohala 1978)基频下降跟胸骨舌骨肌的收缩放电有相关性。

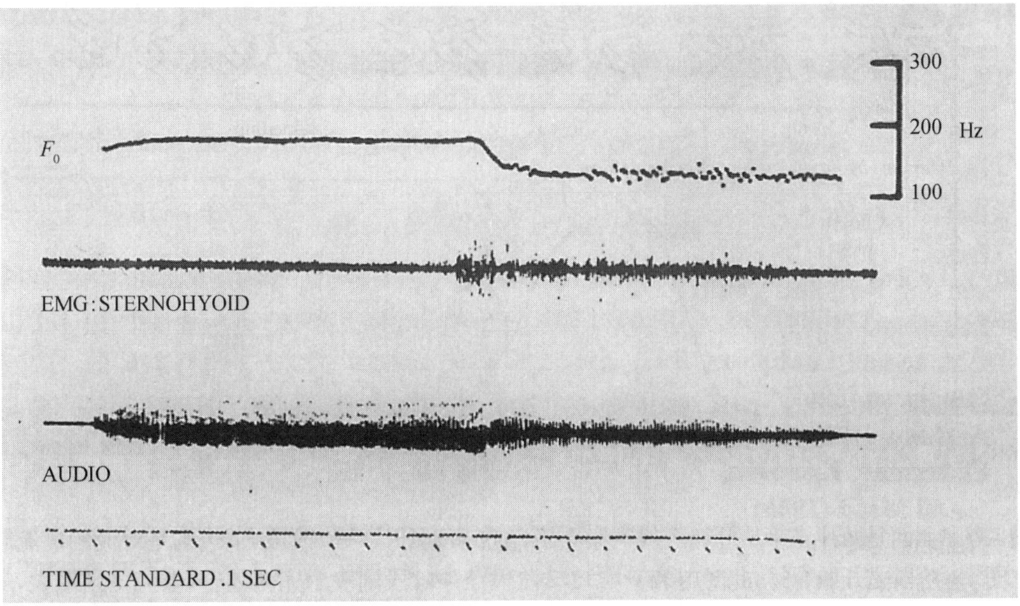

图 3.11 基频下降时的胸骨舌骨肌电活动与声波信号对照图

当然声带振动频率的高低并不是跟固定的肌肉有必定相关性，制约声带振动频率高低的因素有很多，只能说某些肌肉活动会起到降低基频或升高基频的作用，并不能说升高或降低基频就是某块肌肉的收缩活动。

4. 发声态与基频

气流量是一个很重要的参数。发声态的不同在语音学上是有意义的，对语音的发声、感知都产生影响。从声门波和声门频谱来看，发声态的不同在于声门波各频率能量大小不同。如果发声态类型不一样，声门波的形状也会不一样。下面看不同类型的发声态。一般的常态发声(modal voice)的声调比较高。气声发声(breathy voice)和嘎裂发声的声调比较低，在发气声时声门打开的大小也有所不同，可以通过气流量和EGG信号测量出来。声门的关闭也不是突然就关闭的，而是渐进式的，也可以通过气流量掌握关闭的情况。一般来讲，三种发声类型中常态发声的开商(open quotient)和闭商(closed quotient)大小相差不大。嘎裂发声一般是闭商大于开商，也就是声门闭合的时间大于声门打开的时间，而气声发声恰恰相反，开商大于闭商，也就是声门打开的时间大于声门关闭的时间。开商与闭商的信息可以通过电子声门仪(EGG)采集声门阻抗信号来间接观察声带振动的类型。电子声门仪的原理是在喉头两边各放一个电极，以高频电流通过喉头，当声门全长闭合，两片声带接触面积最多，电阻最小，通过的电流量也就最大；声门不完全闭合，接触面积不大，电阻就增大，通过的电流量也相对减少；声门开启到最大，两片声带分开，则电阻也最大，电流就最小。图4.1把声带从合拢到开启一周期分为6个阶段及6个阶段对应的喉电图。

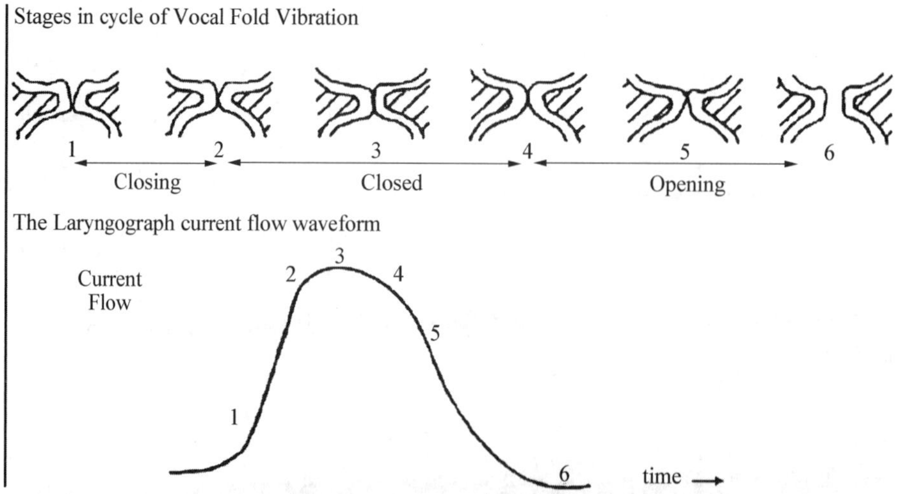

图4.1 声带开合不同阶段的喉电图

图4.1中上面是两片声带从开始合拢到完全闭合再逐渐分开1—6阶段，下边则是对应的电流起伏图。1阶段是开始合拢，此时电流量增大，2阶段至4阶段则表示完全闭合，电流量则最大，从4开始声带逐渐松开，电流量也逐渐降低，到6阶段则完全分开，电流量最小。由于声带合拢松开的过程是逐渐的，学界通常用喉电图推导函数(derivative electroglottography，简称DEGG)的峰谷来确定喉电图中的声带开相(open phase)和闭相(closed phase)的界限。图4.2上面是喉电图(EGG)信号，下面是对应的喉电图的推导函数(DEGG)信号。DEGG的峰点(closing peak)是表示此点声带合拢面变化速率最快，通常以此点作为闭相的开始；DEGG的谷底(opening peak)是表示此点声带分开面变化速率最快，通常也以此点作为开相的始端。喉电图一个周期波分为开相和闭相两段。

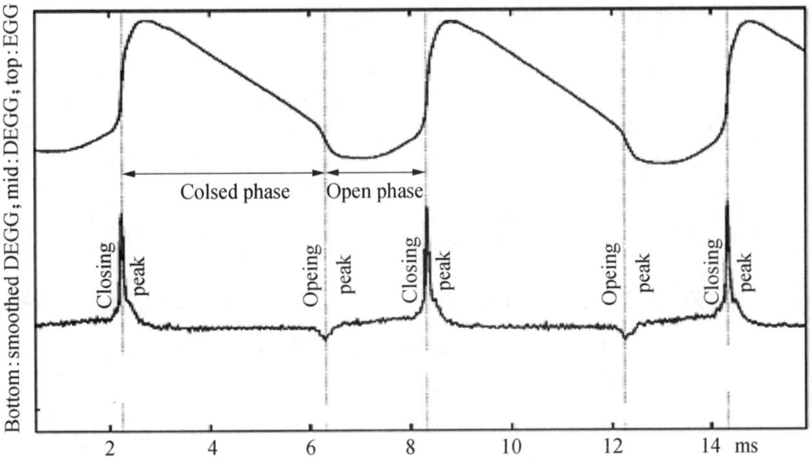

Example of EGG and DEGG signals, with indication of glottis closurc and opcning

图 4.2 声带开合时的 EGG 与 DEGG 信号

在 EGG 信号里常用开商(open quotient)这个量来区别常态、气声、嘎裂三类发声态。开墒是一个声门波里声门打开时长(period of glottis opened)比整个声门波时长(period of voicing cycle)气声发声态开墒大，嘎裂发声态开墒小，而常态发声态介于两者之间。也有用闭相(closed phase，声门关闭时间)与开相(open phase，声门打开时间)来研究发声态的。一般来说，常态发声开相与闭相的时长大致是相同的，而气声发声闭相时长小于开相时长，换言之，常态发声闭相与开相之比的数值往往要大于对应的气声发声的。即：

常态发声　　　　气声发声
闭相/开相　>　闭相/开相

表 4.1 是三种发声态 EGG 信号、气流(airflow)、频谱(spectrum)斜率特点的几个参数。

表 4.1

	常态发声	气声发声	嘎裂发声
EGG 信号	开相＝50%	开相>常态发声	开相<常态发声
气流	X mmH_2O	>X	<X
频谱斜率特点	12 dB/octave	>12 dB/octave	<12 dB/octave

常态发声开相和闭相之比是 1/1，也就是开相大致等于 50% 的周期，气声发声的开相就要大于常态发声的，而嘎裂发声开相则要小于常态发声的。气流量跟开相的长短是成正比的，常态发声如果是 X，那么气声发声就是大于 X，而嘎裂发声则小于 X。频谱斜率的特点可

见图 5.2 说明。

三种发声态无论是 EGG 信号还是声波语图都有明显的区别。图 4.3 是笔者常态发声[a]时的 EGG 信号图,图 4.4 则是气声发声[a]的 EGG 信号图。两者比较气声发声态开和闭的时间较为平衡,常态发声则闭的时间很快,开的时间则较慢。

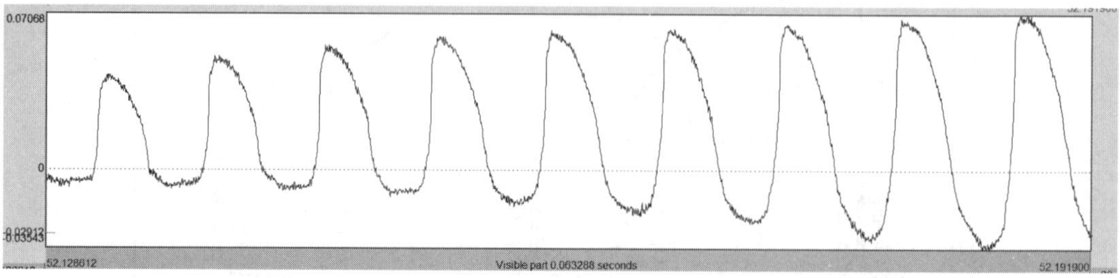

图 4.3　常态发声[a]时的 EGG 信号图

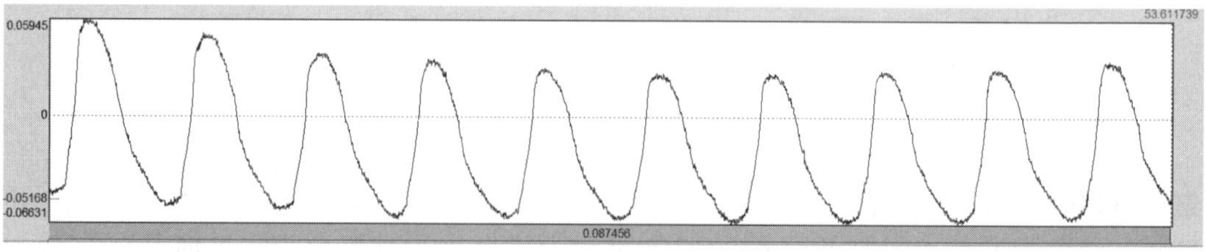

图 4.4　气声发声[a]时的 EGG 信号图

再看它们的声波和对应的频谱,差距就更明显。图 4.5 是[a](前者)、[a]的声波和对应的动态语图。

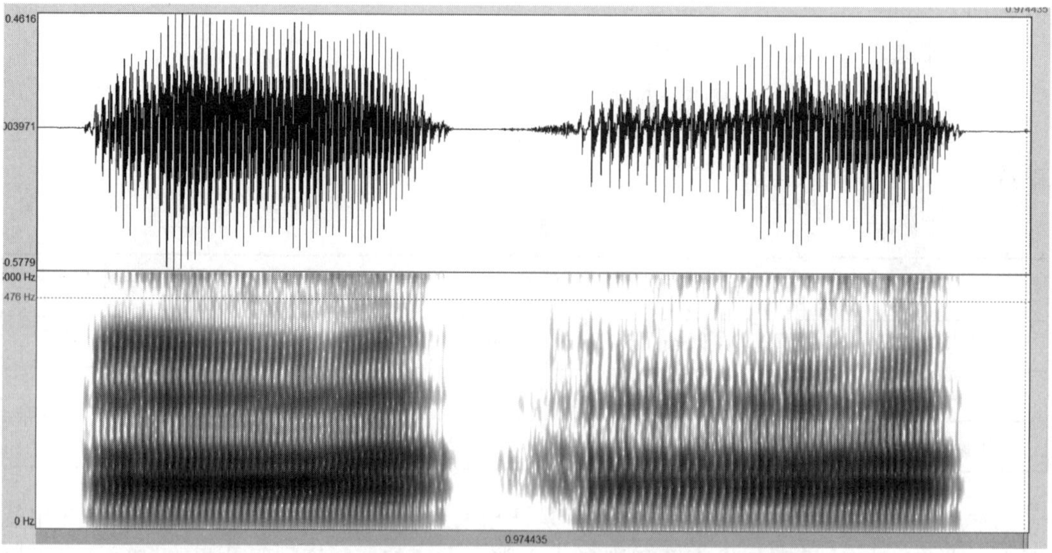

图 4.5　常态发声[a]与气态发声[a]的声波和对应语图

相比于常态发声的[a]，气声发声态的[a]声波前面段略有点喉部摩擦音，紧接着的元音声波的振幅不是很大，这是气声发声的特点。部分气流从闭合不全的后部小缝隙流失了（见图 2.7），撞击声带振动的力量就弱了，所以声波的振幅就小。另外，由于急速的气流从小缝隙穿过，产生了较为高频的湍流噪音，所以对应的频谱图上这些湍流噪音会打乱共振峰，使得气声发声的[a]前半部分语图较高的共振峰不很清晰。

嘎裂发声的 EGG 信号最不规范，波与波时长的不规则（Jitter）较多，波与波振幅的不规则（shimmer）也较多。图 4.6 嘎裂发声出现的 Jitter 现象。

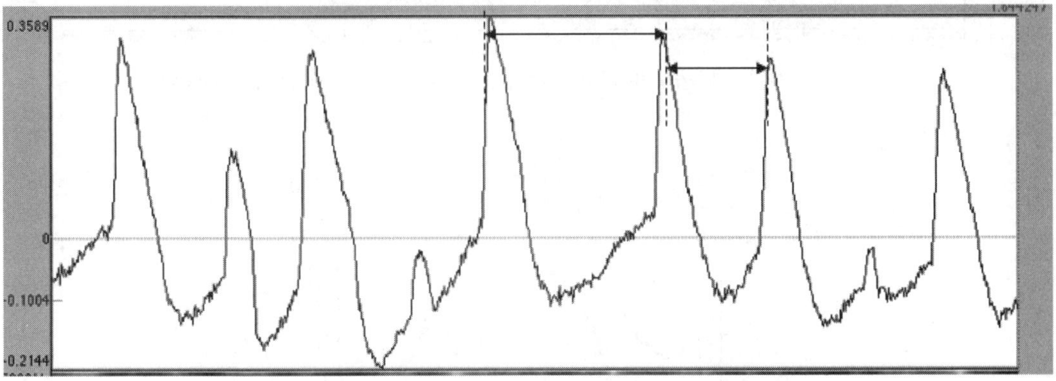

图 4.6 嘎裂发声时的 Jitter 现象

同时也可以看出嘎裂发声时常会出现不规则小波，这样波与波振幅的不规则现象也十分明显，如图 4.7 所示。

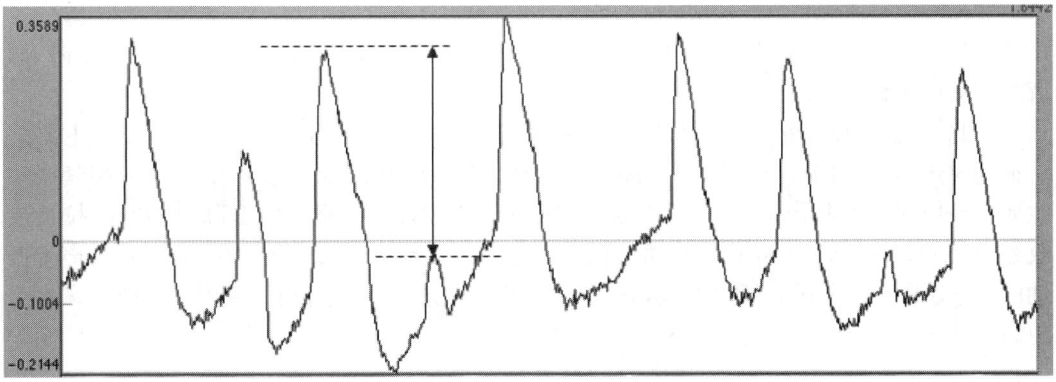

图 4.7 嘎裂声呈现的双层脉冲现象

由于有这些不规则的小波出现，在动态语图上声带振动波往往会出现双层脉冲（double pulse）效果。图 4.8 是成年男性发普通话“马”[ma214]时基频降到最低时出现嘎裂声呈现的双层脉冲现象。双脉冲间的时长较长，所以频率就很低。

声带振动的频率还跟声门下压力有关系。在其他不变的情况下，声门上下气压差越大，基频也越高。图 4.9 是基频与声门下压力同步升高下降示意图。这是突然推击发音人胸部，

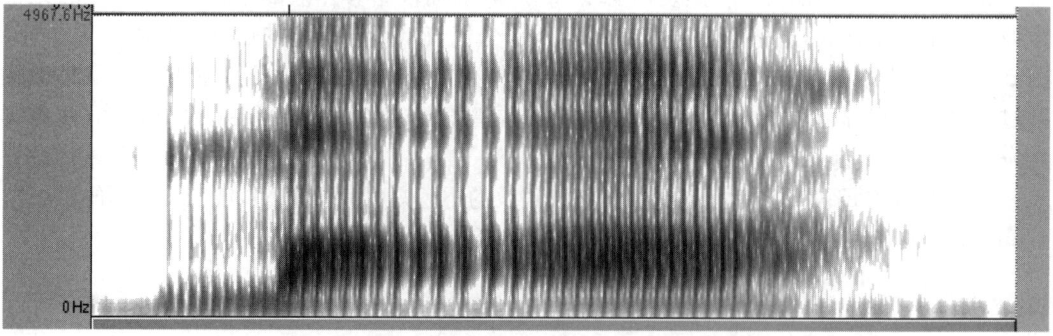

图 4.8　普通话"马"发音时基频降到最低出现嘎裂声呈现的双脉冲现象

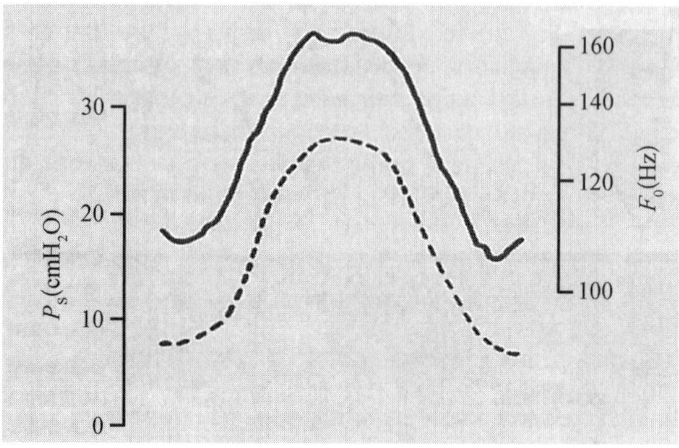

图 4.9　基频与声门下压力同步升高下降示意图

增加声门下压力，气压又马上下降的情形。可以看出声带振动频率也是同步上升和下降，两者之间呈正相关(Öhman & Lindqvist 1966)。

至此，我们可以总结影响声带振动频率高低的因素。声带振动频率(基频，F0)主要是看振动时声带长度的松紧，松则振动频率低，紧则振动频率高；而拉长声带使声带绷紧振动主要由环甲肌收缩起作用，甲杓肌的收缩则使声带变得厚重。喉头的升降也能间接拉长或收缩声带的长度，从而影响声带振动的频率。这些主要是由于喉外肌的作用。另外，声带振动的频率还跟声门下压力(Ps)有关，在其他不变的情况下，声门下压力越大，振动频率也会越高。

5. 基频分析和 Praat 参数设定

一般的语图是振幅和频率随着时间的变化而变化的图。这样的语图是三维的，时间、振幅、频率。而声门波所反映的瞬时频谱图没有时间维度，也就是去掉时间维度后的一个二维图，横轴表示振幅，纵轴表示频率，换句话说是反映某一时间点的频率和振幅信息。声门波(见图 5.1)比一个简单的复合波要复杂得多，可以通过傅里叶换算将谐波一个一个分解出来。在这种图里，各谐波的频率都是整数倍的关系，各相邻两个谐波的频率差是相等的，越到高

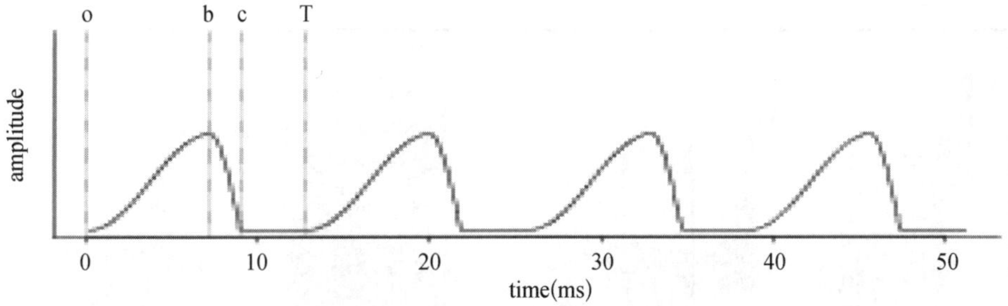

图 5.1 声门波

频,能量越弱。图 5.2 所示三种发声态谐波的斜率,从高到低依次为嘎裂发声态、常态发声态和气声发声态。一般来说,嘎裂发声斜率比较平坦,谐波的频率每上升一个倍频程,能量下降 6 dB;常态发声居中,谐波频率每上升一个倍频程,能量下降 12 dB;气声发声斜率最大,谐波频率每上升一个倍频程,能量下降 18 dB。

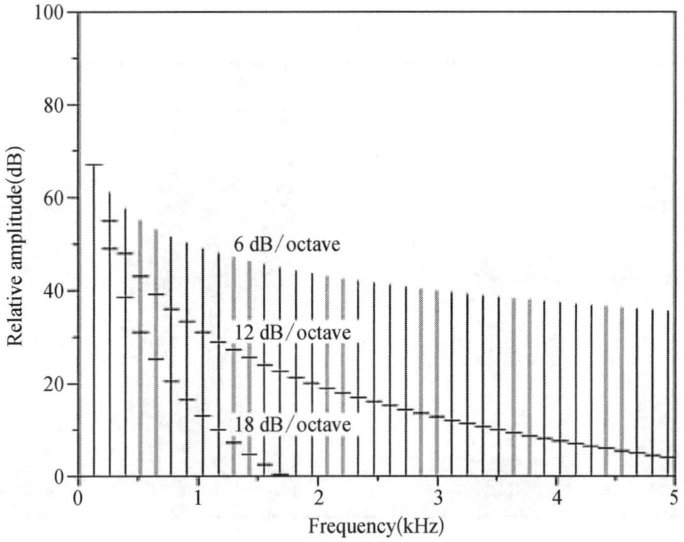

图 5.2 三种发声态的谐波及能量下降率

Praat 软件测量声调最低的频率设定在 50 赫兹,这个设定跟窄带滤波器的带宽是较为一致的,一般来说窄带的带宽是 45 赫兹,带宽小于任何谐波频率的差值,所以它可以捕捉声调的细微变化,换句话说通过窄带带宽滤波器的"扫描",可以清楚看清每个时间段谐波有还是无。由于赫兹与时长有倒数关系,所以我们用时间的设定来控制带宽的窄和宽,测量成年男性的声调,一般把分析窗口的时间设为 30 毫秒,成年女性可以设定为 25 毫秒。图 5.3 是一位男性发音人上海话"排头[pa̤$^{-22}$ dɤ$^{-44}$]、派头[p^{h}a^{-33} dɤ$^{-55}$]"宽带语图(图 5.2,时间窗口是 0.005秒)和窄带语图(图 5.3,时间窗口是 0.03 秒)。

宽带语图时间短,看不清每个谐波的频率,但是时间分辨率高,可以看清语音信号随时间的变化,也即共振峰随时间的变化;窄带语图时间较长,能看清每个谐波频率的变化。通常我们上数某一时间点的第十谐波的频率再除以 10,就能得出这一时间点的基频值。观察某一时

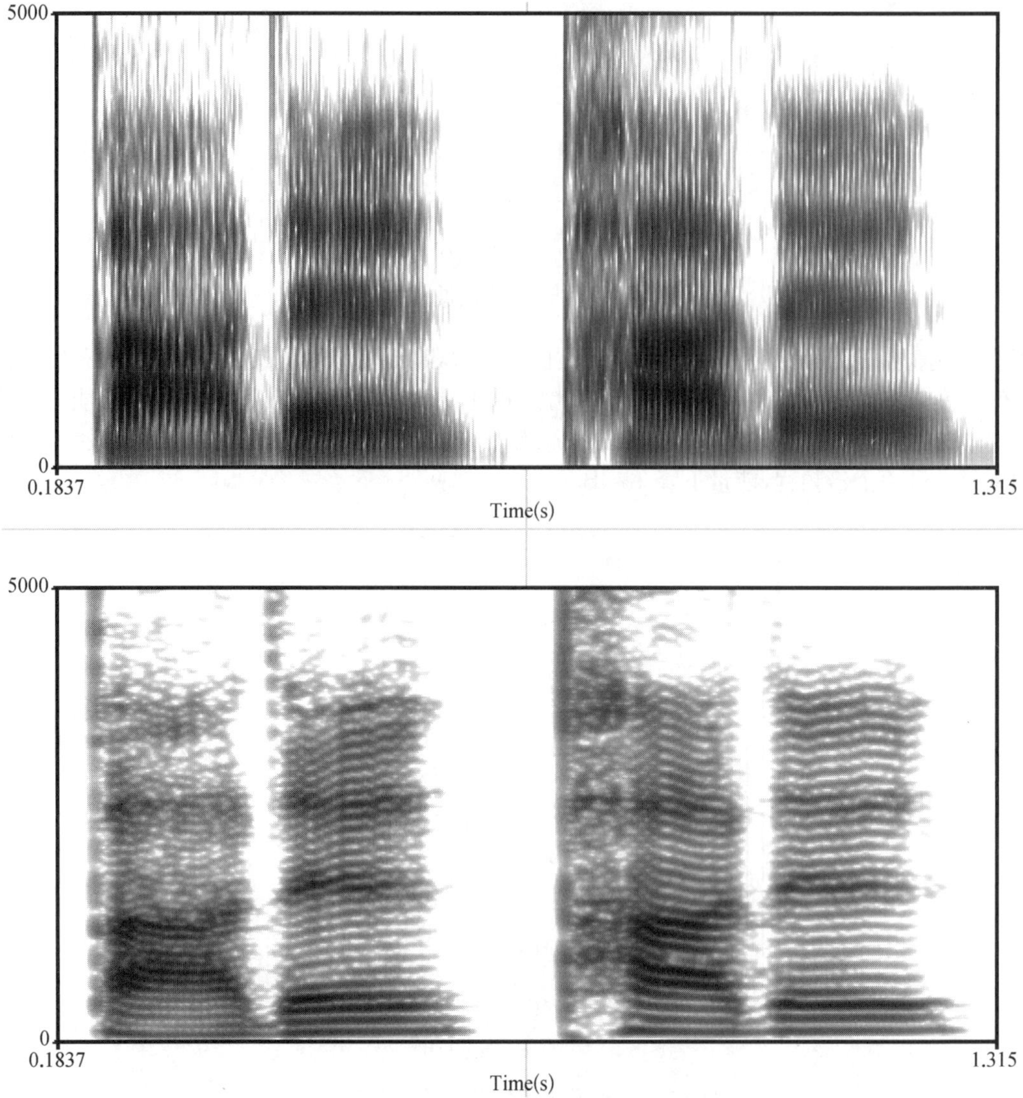

图 5.3　上海话“排头、派头”的宽、窄带语图

间点的基频还可以在 Praat 做窄带谐波分析，图 5.4 是女性发音人普通话“闸”[tʂa³⁵]元音段中点某一时间点的瞬间谐波，设定分析窗口的时间为 0.025 秒。其中第十谐波的数值是 1 583 Hz，那么它的基频就是 1 583/10 = 158.3 Hz。

6. 基频的感知问题

基频（fundamental frequency）是一个物理量，指周期性复合波中的最低频率。音高（pitch）是一种感知量，指人对周期性复合声波所产生的一种感知。周期性的复合波里每个谐波（harmonic）与基频有整数倍关系。人类的音高感知是对复合波整合后的感知，而不是对每

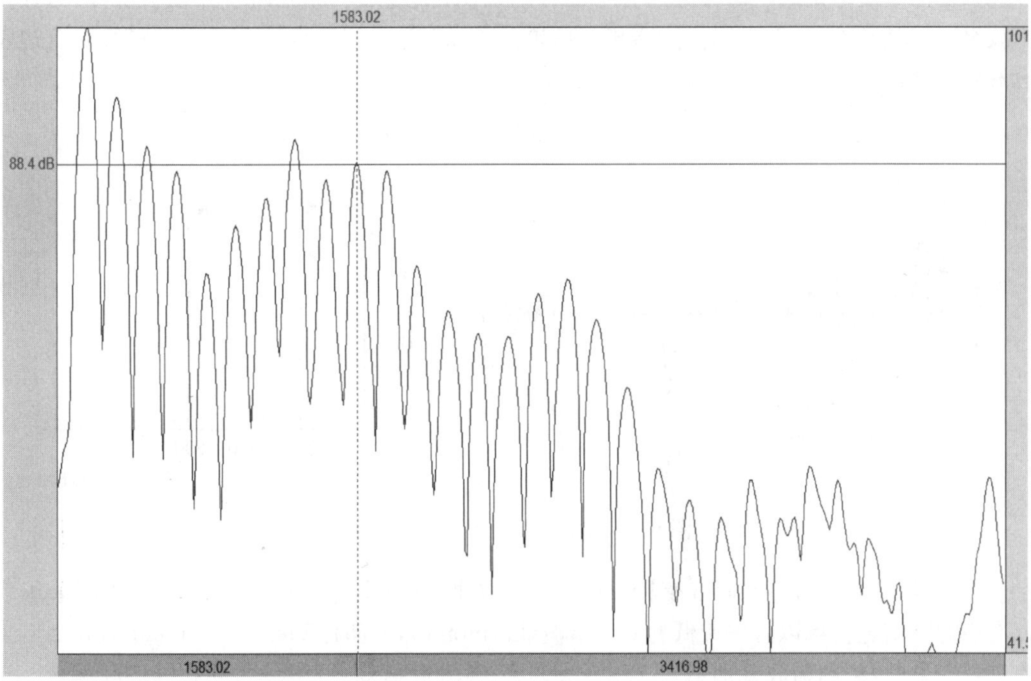

图 5.4　普通话“闸”元音段中点某一时间点的瞬间谐波

个谐波分离感知。比如图 6.1a、6.1b 是两列谐波数不等的复合波，但是最长的波长都是 5 毫秒(ms)振动一次，其频率，也叫做基频，就都是 200 赫兹(=1/0.005 秒)。

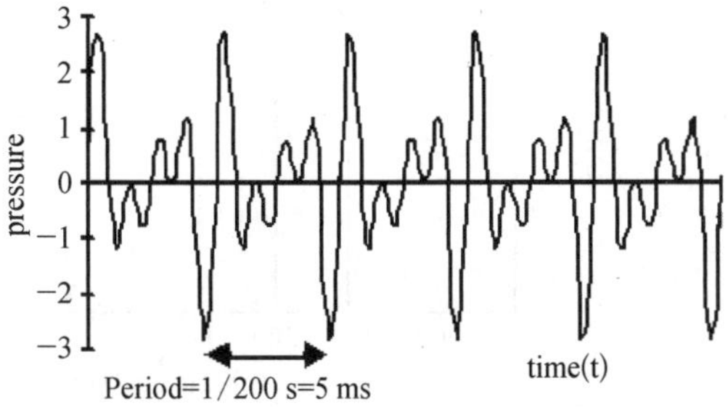

图 6.1a　复合波

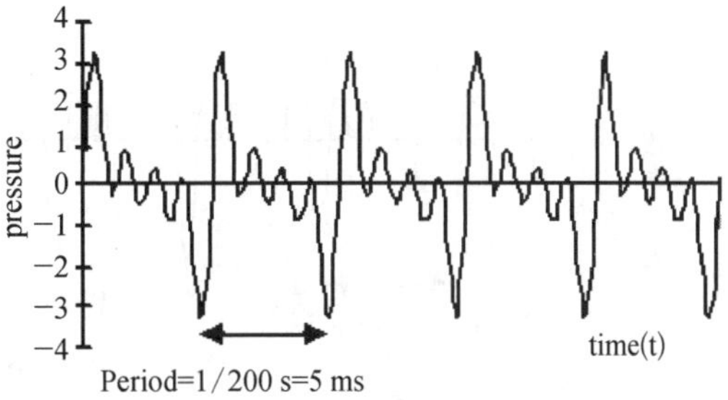

图 6.1b　复合波

尽管波形不同，但是基频一致，都是 200 赫兹，人们认为它们有相同的音高，所以基频与音高有十分密切的关系。在语言里音高的变化和不同有十分重要的意义。说话者的音高不同可以辨别童声、女声、男声等；音高也负载语调、重音等语言信息；在声调语言里音高的不同可以区别词义。

长期以来音高的感知生理机制有两种理论，一种是基底膜位置(Place representation)理论，一种是放电时间(Temporal representation)理论。基底膜位置理论其实还分两部分内容。第一部分内容是说不同频率引起基底膜的不同位置的运动，由此激发此处听觉神经兴奋。第二部分内容是由第一部分内容推导得出的，即：基频也是引起基底膜的运动从而激发此处听神经兴奋。位置理论第一部分的内容早已得到证明,不过第二部分内容存在争议,因为在复合波里即使基频不存在,人们仍能感知到基频。图 6.2 是一列复合波,左边是波形图,右边是它的谐波分析。

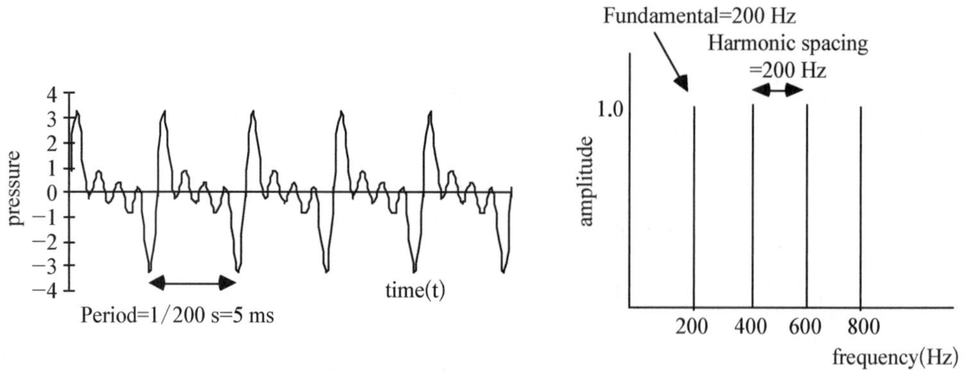

图 6.2　有 200 赫兹基频的复合波

可以看出,这列波是每隔 5 毫秒(ms)做一次大振动,大振动中有很多频率高的小振动,所以右边的频谱分析可以看出最低的一个谐波(harmonic),又叫作基频(fundamental)是 200 赫兹,第二、第三、第四谐波分别是 400 赫兹、600 赫兹、800 赫兹等,谐波之间相隔 200 赫兹。这列波我们可以感知到 200 赫兹的音高。在图 6.3 里,在上述复合波里滤掉 200 赫兹的基频,但是人们仍能感知到 200 赫兹的音高。

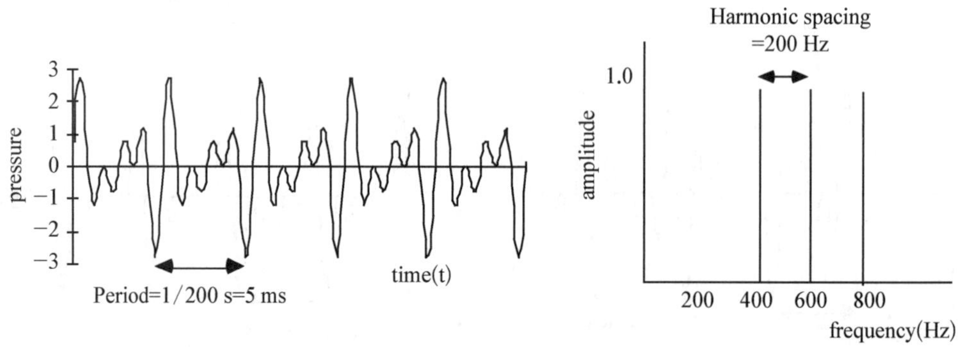

图 6.3　无 200 赫兹基频的复合波

这种现象叫作基频丢失(missing fundamental)现象。虽然基频丢失,但是人们仍能感知这个丢失的基频。事实上如果用滤波抹去这个声音的所有谐波,只保留 1 400 赫兹、1 600 赫兹、1 800 赫兹、2 000 赫兹中段谐波,人们仍然能感知到 200 赫兹的音高。显然音高的感知并不是基频引起基底膜的运动激发此处听神经兴奋,于是放电时间理论就应运而生。放电时间理论基于以下假设:音高的感知与引起神经兴奋的模式,也与时间有关。神经兴奋往往出现在基底膜运动的特定相位(锁相,phase locking)上,神经兴奋连续发放的时间间隔就是波形周期的整数倍,人们就是根据这个整数倍来换算出基频的,从而再感知为特定的音高。图 6.4 是英国伦敦大学学院所设计的内耳基底膜振动模型。

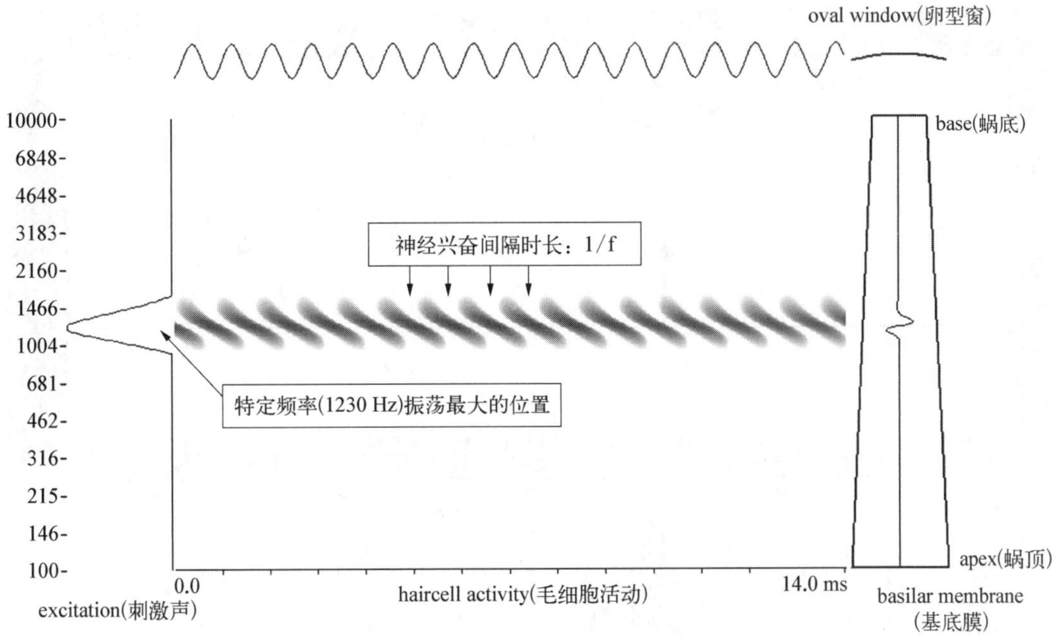

图 6.4 内耳振动模型

在基底膜 1 230 赫兹位置上做最大振动的正弦波其神经兴奋每次间隔时长都是 1/1 230 秒，在 14 毫秒的时长里可以清晰看出有这样 16 个间隔，人们就是根据神经兴奋的间隔时间来换算出基频的。根据连续神经兴奋间隔来换算基频必须要有一段时间，如果时间不够，换算就会不正确，时间与频率成反比关系，时长长频率就低，反之则频率高，所以这种换算一般是发生在低中频段(50—4 000 赫兹)。人们对音高感知的灵敏度有两个因素决定，一个是频率，另一个是时长。频率因素是由基底膜作最大振动位置所决定；而时长因素是指在基底膜的特定位置上引起神经兴奋的时间。要有最佳的音高感知，最好是 2 000 赫兹以下，特别是在 1 000 赫兹至 2 000 赫兹的位置上引起神经兴奋，且这种神经兴奋具有一定的时长。

复合波音高的感知主要由分辨谐波（resolved harmonics）范围内神经兴奋的时间间隔决定。这也是人类语言音高感知最为重要的音征。根据语音音高对应的基频范围以及基底膜带宽的特性，能分辨基频的谐波大致是第四到第八谐波范围内。图 6.5 是基频 200 赫兹的复合波在基底膜里引起的振动。

根据基底膜带宽的特性，到第八谐波（= 1 600 赫兹）都是分辨的谐波，所以每个谐波通过基底膜带宽滤波后的结果就是产生右下角的 200 赫兹正弦波。这就是所说的能分辨基频的谐波。第八谐波后由于基底膜的带宽变粗以至于无法分辨单个 200 赫兹的谐波，图 6.5 左下方看到的通过每个滤波带宽出来的结果就不是一个个谐波，而是一群谐波，所以叫做不能分辨谐波（unresolved harmonics）。如果成人男性的平均基频是 125 赫兹，第四谐波到第八谐波的范围就是 500 赫兹到 1 000 赫兹；成人女性的平均基频大概是 250 赫兹，那么第四谐波到第八谐波的范围就是 1 000 赫兹到 2 000 赫兹。所以内耳基底膜 500 赫兹到 2 000 赫兹是人类语言音高的最为重要的分辨区。500—2 000 赫兹的范围其实是语言绝大部分元音第一、第二共振峰的范围。共振峰就是提升此处频率的能量，看来音高的感知还跟能量的提高有关。在真

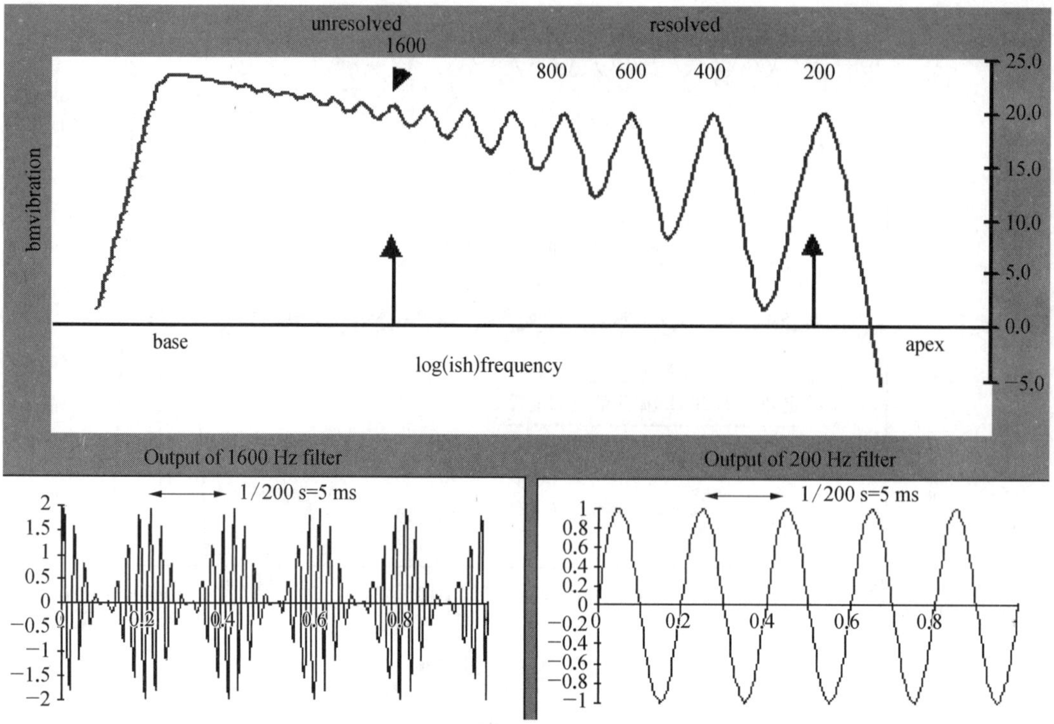

图 6.5　分辨谐波与不能分辨谐波

实的言语交际环境里，低频噪音往往会遮蔽基频，但是人们仍能感知音高，人们的音高感知主要是靠在 500—2 000 赫兹频段内的神经兴奋时间间隔来获取。如果 500—2 000 赫兹区域外毛细胞或内毛细胞受损必将对音高的感知产生非常不利的后果。

参考文献

Fant, G. Acoustic theory of speech production[M]. The Hague: Mouton and Co., 1960. (2nd edition 1970)

Gonzales, Ashleigh. Intrinsic F0 in Shona vowels: a descriptive study[M]// Selected Proceedings of the 39th Annual Conference on African Linguistics. Akinloye Ojo and Lioba Moshi. Somerville, MA: Cascadilla Proceedings Project, 2009: 145 - 155.

Lehiste, I. and G. E. Peterson. Some basic considerations in the analysis of intonation[J]. Journal of the Acoustical Society of America 33, 1961: 419 - 425.

McFarland, David H. Netter's atlas of anatomy for speech, swallowing, and hearing [M]. Mosby Elsevier, 2006.

Ohala, J. J. Production of tone[M]// Tone: A linguistic survey. V. A. Fromkin. New York: Academic Press, 1978.

Öhman, S., & Lindqvist, J. Analysis-by-synthesis of prosodic pitch contours[M]// Quarterly Progress and Status Reports, Speech Transmission Laboratory. Stockholm, 1965, 4: 1 - 6.

Stevens, K. N. and House, A. S. An acoustical theory of vowel production and some of its implications. J. Speech Hear. Res, 1961, 4: 303 - 320.

元音分析的框架

暨南大学　刘新中

内容提要　已有的元音的分析对于以舌面元音为核心的分析描述而言，问题不大，但是，对于汉语方言中极具特色的舌尖元音等一系列非舌面元音，就会遇到很多问题。本文从元音定性的框架、高本汉—赵元任的汉语元音的描写系统、基于现代语音学的元音的区别特征出发，通过磁共振等手段，对元音声腔进行观察，希望从元音发音声腔的角度，对主要元音做一些观察和归类，希望解决一些中间状态的非舌面元音的特征概括问题。

关键词　元音；分析框架

随着科技的日新月异，语音学的研究可以依靠许多新的科技手段，这使得语音研究成为现代科技最大的受益者之一。语言研究者也因此要在掌握核心语言学理论、知识、技能的基础上，充分利用现代科技提供的便利，为语音学、语言学的研究和应用提供新的手段、新的知识和新的理论。本文希望结合经典的元音研究的框架，梳理一下元音研究的主要框架，以便更好地服务于语言的研究和应用。

1　元音的定性的框架

目前通用的元音分析系统，我们首先想到的是国际语音学会的国际音标表中的元音梯形四边图。这个系统中，对元音的分类与描写主要包括三个方面：舌位的高低、舌位的前后、唇形的圆展。这个框架和系统已经使用超过了 160 多年。1886 年国际语音学会成立之后，一直沿用了这个分析系统。《国际语音学会手册》说，手册编辑的目的是“提供一套被普遍接受的用于标记各种语言声音的国际音标”。国际音标（IPA）元音，就是一个二维的梯形四边形，将人类语言中可能出现的元音，分别放置在这个四边形的不同位置上，来表示不同的元音。见图 1。

图 1 是目前分析世界上语言中的元音的最主要的参照框架，这个框架要从亚历山大・麦维尔・贝尔（Alexander Melville Bell）的描写说起。他在 1867 年出版了一本叫《可视语言》[①] 的书，做了几项具有开创意义的工作，首先是模拟了人的发音器官（见图 2）。

---

① Alexander Melville Bell, Visible Speech—The Science Of Universal Alphabetics, London: Simpkin & Marshall, 1867.

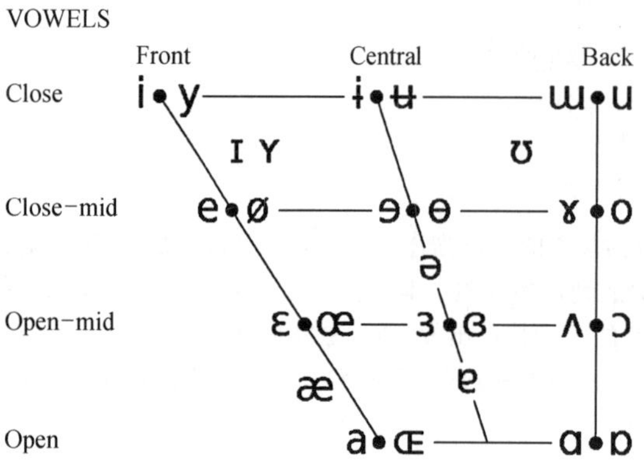

图 1　国际语音学会的元音表(2020)①

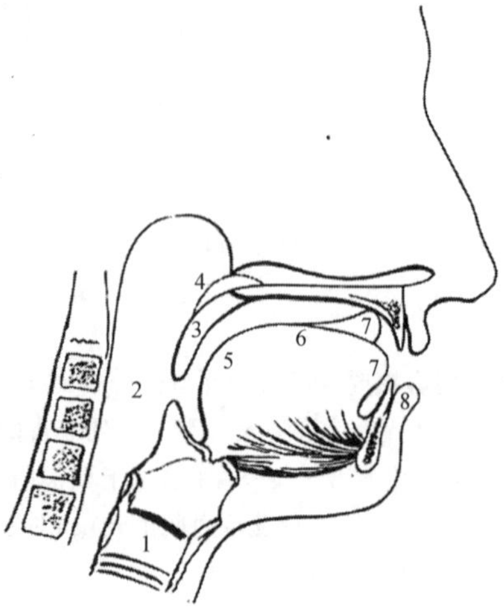

图 2　A.M.贝尔的发音器官示意图

其次，他用二维九点的空间分布来定位每一个元音的位置。这九个点具体如下：

	后	混	前
高	a	d	g
中	b	e	h
低	c	f	i

他根据这九个点的设计，做了这九个点位置的舌位与口腔的发音示意图，见图 3。

他用了他所说的可视化的言语符号，来形象化地代表不同元音的空间分布的位置。图 3 的“1”是 ɾ，是现在的前高元音 i，“2”是ʗ，大约是现在 ɛ；“3”是ɩ，相当于现在的 a；“4”是ϒ，是现在的 ɨ；“5”是ʅ，相当于现在的 ə；“6”是⅃，“7”是ɿ，相当于现在的 u 或 ɯ；“8”是Ɔ，相当于现在的 ʌ；“9”是 J，相当于现在的 ɑ。这个可视化的表示发音的符号，非常像中国古代的指事字，比如“本”，在“树木”的“木”下面画一短横，变成“本”，用这个关键的指示点，指出这个字的关键意义是指树木的根部。巧合的是，贝尔就是用指事字的办法，用特征性的部位来表示我们的舌位的高、低、前、后，当然我们不知道他知不知道“六书”的造字法，但是实质上是一样的思维取向。

第三，在他的这个二维九点系统中，区分了宽窄，这就是现在通常说的松紧元音。“紧元音需要较长的持续时间来表现它是最清楚、最合格的元音；松元音比起紧元音来，无论在数量上和质量上都降低了。它是不清楚的，它偏离对立的紧元音而倾向于中性共振峰模式。”②

贝尔的分析系统几乎被全盘接受，只是在术语、精度上有了不同的调整，但是不影响分析

① 具体见：THE INTERNATIONAL PHONETIC ALPHABET (revised to 2020)，https：//www.internationalphoneticassociation.org/IPAcharts/IPA_chart_orig/pdfs/IPA_Kiel_2020_full.pdf。

② 雅各布森、哈勒，《松和紧》，1961 年 3 月写于加州斯坦福，为《琼斯纪念文集》(伦敦，1962)撰稿。

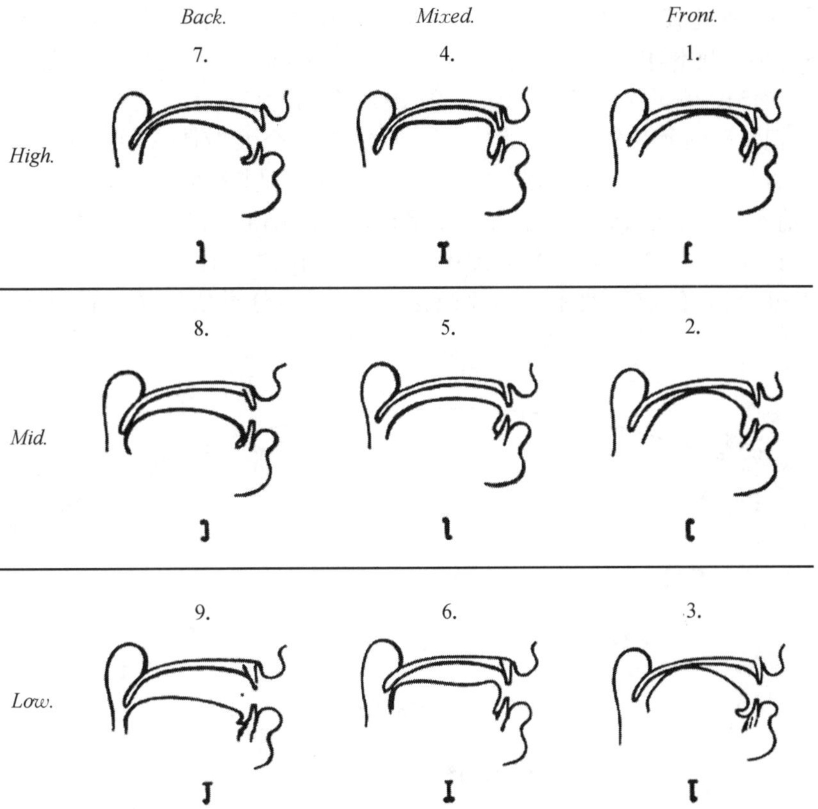

图 3　A.M.贝尔的不同元音所形成的舌位与上颚收紧部分示意图

的框架。比如,“斯威特一般总是采用贝尔的术语,以为那是‘令人惊叹地明确而简要’,但是对于紧元音,他却喜欢用‘窄’这个术语来指称,以代替 1867 年贝尔(Alexander Melville Bell)的《可见的语言》一书中提出的‘主要’这个字眼。① 不过,斯威特(Henry Sweet)在术语上这个建议反而模糊了。贝尔的命名中表达得非常明确的一个事实,即正是紧元音构成了‘主要’的,因而是最合格的元音模式,而松元音则代表次要的,削减了的元音模式。”②

这就是 BELL - SWEET 的系统的主要内容,它奠定了现代语音学元音分析的主要框架。后来就是丹尼尔·琼斯(Daniel Jones)的进一步提炼,直到目前,国际语音学会的元音分析系统,仍然采用的是这个大的框架。

2　高本汉—赵元任的系统:汉语元音的描写

高本汉的元音描写,主要反映在他的《中国音韵学研究》中。高本汉的《中国音韵学研究》,原著为法文,1915—1926 年出版,1941 年北京有重印版;中文版 1948 年由商务印书馆出版,为赵元任、罗常培、李方桂三位语言学大师联合翻译,丁声树先生编校,被誉为“译本超过

① *Handbook*, xi.

② 雅各布森、哈勒的《松和紧》,1961 年 3 月写于加州斯坦福,为琼斯纪念文集(伦敦,1962)撰稿。

原著的典范”；现在比较通行的中文版本是 1948 年(民国三十七年)出版的，另有 1940、1966、1994、2003 等多个版本，内容都保持了三位语言学家翻译的原貌。这是一部翻译升华了原著的旷世经典，深刻影响了汉语音韵学、方言学、语言学的研究。

高本汉把汉语的元音分为 2 个大类 5 个小类，第一个大类是 A，主要是指“舌尖元音”，就是我们一直沿用的 ɿ、ʅ、ʮ、ʯ 等；第二个大类是 B，主要是指“舌面元音”，又包括 4 个小类，分别是① 前元音，比如 i、y、e、ɛ 等；② 央元音，比如 ə、ɯ 等；③ 后元音，比如 u、o、ɔ 等；④ 类元音，比如 a、ʌ、ɑ 等。这四种分类中，“类元音”说法没有在后来的研究中应用，它们可以在口腔开合、舌位前后两个方面反映出来；前三种分类依然是现在元音分析主要的参照。①

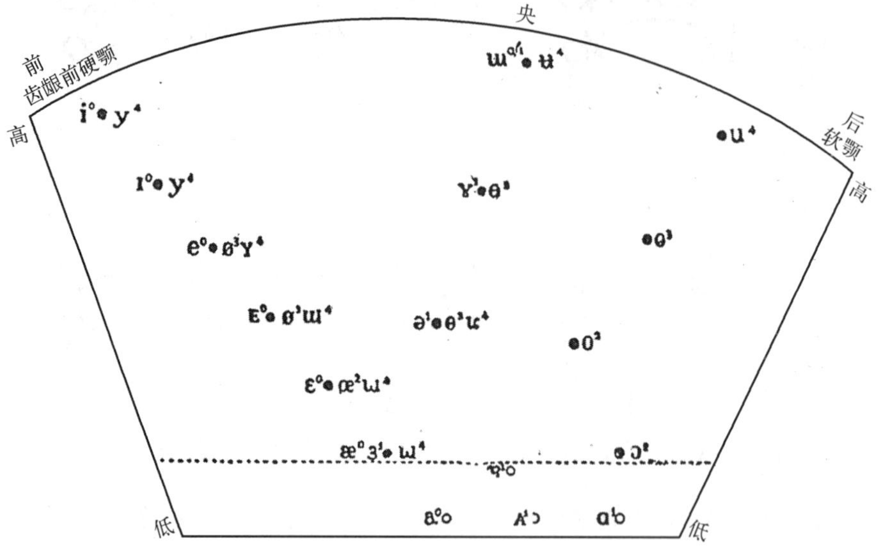

图 4　高本汉的元音图②

高本汉的元音分类(见表 1)与现在的国际音标比较，高低分类多了三层，前后的元音，后高、半高的不圆唇元音，前移，低元音的中文普通话中的 a、ʌ、ɑ 三分格局，一直到目前都是我们分析汉语元音/a/的变体形式。他没有把舌尖元音放入其中，与国际音标通常的元音舌位图类似。高本汉的元音分类及其描写，奠定了现代汉语语音描写的基础和框架。

赵元任先生的元音分类，反映在他的第一部应用现代语言学理论方法调查研究吴方言的著作《现代吴语的研究》。这是现代汉语方言学真正兴起的标志，是“汉语方言学史上重要的里程碑”的著作。

全书两部六章外加附录：第一部：吴音，下面有四章：第一章，吴语的声母。凡例、第一表：声母表、声母的讨论；第二章，吴语的韵母。凡例、第二表：平上去韵母表、第三表：入声韵母表、韵母的讨论；第三章，吴语的声调。凡例、第四表：声调表、声调的讨论；第四章，声韵调

---

① 高本汉：《中国音韵学研究》，原著为法文，Upsala，1915—1926 年出版；中文版民国三十七年，商务印书馆出版，由赵元任、罗常培、李方桂联合翻译，丁声树先生编校，有 1940、1994、2003 等多个版本。

② 高本汉.中国音韵学研究(中文版)[M].北京：商务印书馆出版，1948 年(民国三十七年)：47.

总讨论。各地的特点、吴语全部的公共点。第二部：吴语，包括两章的内容：第五章，词汇。凡例跟索引、第五表：30 处 75 词的词汇、特别词；第六章，语助词。凡例跟举例、第六表：22 处 56 用的语助词。还有附录苏州话“北风跟太阳”的故事。

赵元任先生是中国现代语言学的开山者，他对汉语方言的调查系统而全面，赵元任先生几次重要的方言调查如下：

(1) 1927(民国十六年)吴语

(2) 1928—1929(民国十七年—十八年)两广

(3) 1933(民国二十二年)陕南

(4) 1934(民国二十三年)徽州

(5) 1935 春(民国二十四年春)江西方言

(6) 1935 秋(民国二十四年秋)湖南方言

(7) 1936 春(民国二十五年春)湖北方言

《现代吴语的研究》的出版时间是 1928 年，即民国十七年六月，调查时间：1927 年 10—12 月，他的语言分类为汉语方言的语音研究奠定了坚实的框架基础。

表 1 《现代吴语的研究》的元音描写系统乙表：元音音标表

生阻处 / 前后 / 唇圆度 / 高低		舌尖元音					舌面元音														
		前		混或后			前					混					后				
		不圆	圆	不圆	略圆	圆	特开	中性	略圆	圆	最圆	特开	中性	略圆	圆	最圆	特开	中性	略圆	圆	最圆
高	最高	ɿ	ʮ	ʅ	ʮʅ	ʮ	i				y		ɨ			ʉ		ɯ			u
	次高						ɪ			ʏ						ʊ					ʊ
中	高中						e			ø			ɘ		ɵ			ɤ		o	
	半中			ər			E						ə						or		
	低中						ɛ		œ				ɜ	ɞ				ʌ	ɔ		
低	次低			ɐr			æ						ɐ						ɒ		
	最低						a					A						ɑ			

3 较为通行的元音描写

在中国，从语音学研究到现代汉语语音介绍，大都以罗常培、王均两位先生的元音分类①为基础，他们主要分析了六类元音：第一类是舌面元音，第二类是舌尖元音，第三类是鼻化元音，第四类是卷舌元音，第五类是长元音和短元音，第六类是紧元音和松元音。

罗、王二位先生从三个方面对舌面元音进行分类，具体如下：

---

① 罗常培，王均.普通语音学纲要[M].北京：商务印书馆，1981：60—75.

(一) 依据口腔的开闭或舌头的降升

(1) 闭元音或高元音

(2) 半闭元音或次高元音

(3) 半开元音或次低元音

(4) 开元音或低元音

(5) 中元音

(二) 依舌头部位的前后

(1) 前元音

(2) 后元音

(3) 混元音(央元音)

(三) 依据口腔的开闭或舌头的降升

(1) 圆唇元音

(2) 不圆唇后元音

罗常培、王均两位先生的元音体系,是结合当时元音研究的情况,同时全面继承了高本汉的描写系统(具体见表 2)。

表 2　罗常培、王均的元音系统

类别 / 前后 / 圆唇度 / 舌位高低 / 口腔开闭		舌尖元音					舌面元音														
		前		央或后			前					央					后				
		不圆	圆	不圆	略圆	圆	特开	中性	略圆	圆	最圆	特开	中性	略圆	圆	最圆	特开	中性	略圆	圆	最圆
		0	4	0	2	4	0	1	2	3	4	0	1	2	3	4	0	1	2	3	4
高(闭)	最高	ɿ	ʮ	ʅ	ʯ	ʮ	i				y		ɨ			ʉ		ɯ			u
	次高						ɪ			Y					ü					ʊ	
中(中)	中高						e			ø			ɘ		ɵ			ɤ			
	正中			əʳ			E							ə						o̧	
	低中						ɛ		œ					ɜ	ɞ			ʌ	ɔ		
低(开)	次低			ɐʳ			æ							ɐ					ɒ		
	最低						a							A				ɑ			

罗、王两位先生的元音分析,将依据舌位调整的舌面元音作为重点来描写,其他的单列,对于舌尖元音,他们特别注明"这里所用的符号是借用瑞典方言字母,不是国际音标的 ɿ ʅ ʮ ʯ"(罗常培、王均 1981)。

在国外,元音的分析,主要是以国际语音学会及赖福吉(Peter Ladefoged)的分类,他们主要框架还是贝尔—琼斯的系统。赖福吉在他的《语音学教程》中,把元音分为"元音"和"类元音",他继承了琼斯的"正则元音"(cardinal vowel)的术语,他的元音分析包括正则元音、次正则元音、咽腔元音(ATR)、卷舌元音、鼻化元音、半元音等,他的正则元音和次正则元音就是目前国际语音学会元音表中的 1 到 16 号的标准元音①。

“正则元音”中的“正则”是刘半农先生翻译保尔·巴西《比较语音学概要》中的“正则母音”的术语，张维佳、田飞洋把它们翻译为“定位元音”，通常叫作“标准元音”。其实，叫作“基本元音”也是一个不错的选择。名称术语可以反映研究者的框架思想。“正则元音”“标准元音”和“定位元音”是一个参照系，“基本元音”则是对音系元音角色的认定。术语既有约定俗成的一面，也应该反映研究的框架和层级，这些年我们有很多的术语混乱，折射出的是我们对一些问题的认识还不够清晰。

4　基于元音声腔形状的观察和归类

我们根据磁共振所反映的元音声腔的形状，将元音分为四类，具体如下：

4.1　依据前腔的开闭：低元音+后元音

（1）开元音或低元音，如国际音标元音表中的 4 号元音 a，5 号元音 ɑ；

（2）半开元音或次低元音，如国际音标中 6 号元音 ɔ；

（3）半闭元音或次高元音，如国际音标元音表中的 7 号元音 o，15 号元音 ɤ；

（4）闭元音或高元音，如国际音标元音表中的 8 号元音 u；

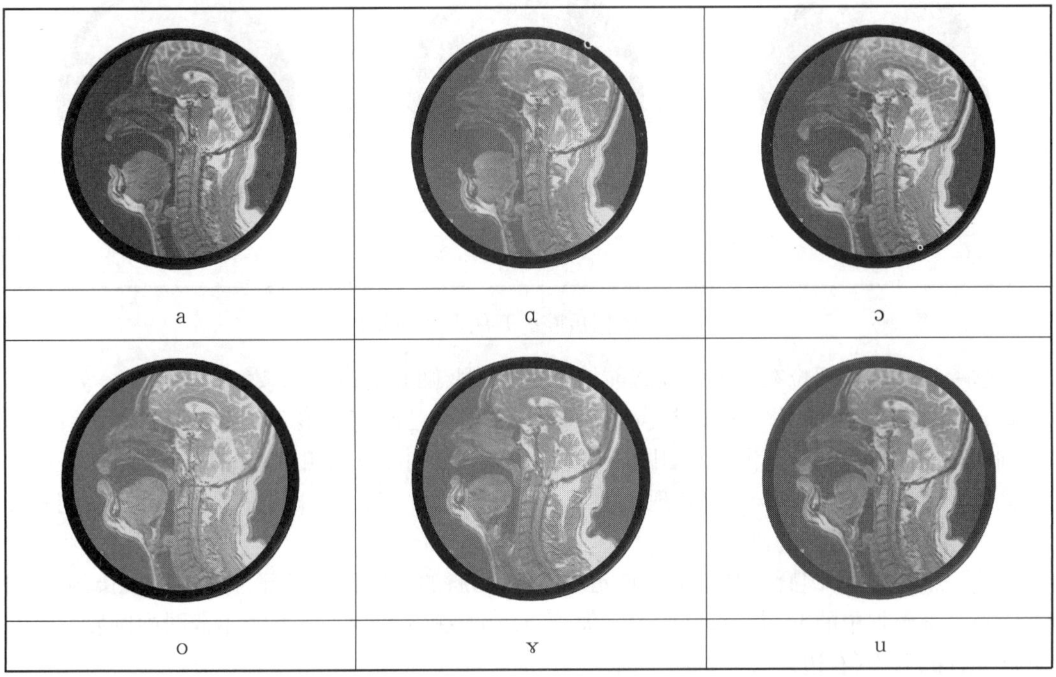

图 5　依据前腔的开闭调节的元音

① Peter Ladefoged and Keith Johnson, A Course in Phonetics(7th Edition), Cengage Learning, 2015, p227 - 252. 中文版：张维佳、田飞洋译，由北京大学出版社 2018 年出版，225—249。

这一组的共同特点是收紧部位的位置在口咽腔的上部和软腭这一段，咽腔因为舌根后缩而相对变窄；不同之处是双唇到收紧部位位置这一区间的上下唇、舌面与上颚之间的距离，双唇之间的距离和舌面与上颚之间的距离大的是开元音，小的是闭元音。

4.2　依据后腔的宽窄：前元音

（1）闭元音或高元音，如国际音标元音表中的 1 号元音 i、9 号元音 y；

（2）半闭元音或次高元音，如国际音标元音表中的 2 号元音 e、10 号元音 ø；

（3）半开元音或次低元音，如国际音标元音表中的 3 号元音 ε；

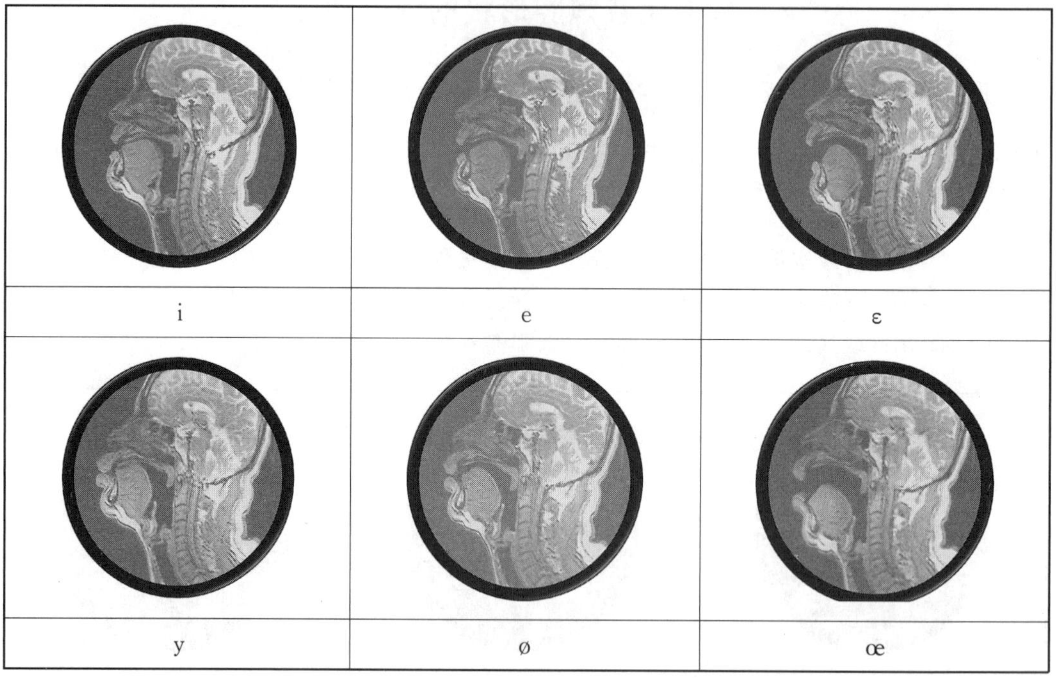

图 6　依据后腔的开闭调节的元音

这一组的收紧部位在齿龈—硬腭前的位置，软腭、咽腔的声道都较宽，尤其是 i—y、e—ø；元音 ε 虽然声道相对的狭窄处还是齿龈—硬腭前，但是已经宽了很多。这一组从 i、e 到 ε，双唇到硬腭前的口腔空间逐渐增大，咽部则是由大逐渐变小；与此相对应的是这一组元音的第一共振峰 F1 虽然相对较小，但表现出的特点是由小逐渐变大。口腔前部小则咽部空间就相对大，是一种协同发音的机制。

这一组音中间，圆唇音对应于展唇元音而言，圆唇的双唇到收紧部位的位置略长，咽腔略宽。与声学数据中的 F2 相对，圆唇的略大于对应的展唇的元音，在声学元音图中圆唇元音在展唇元音的后面（右边）。

4.3　依据口腔舌颚声腔的宽窄：舌尖元音和央元音系列

（1）半高央元音，如汉语普通话中的舌尖元音 ʅ 和 ɿ；

（2）半高后元音，如国际音标元音表中的 16 号元音 ɯ；

(3) 中央元音，如国际音标元音表中的 322 号元音 ə、14 号元音 ʌ；

(4) 半低、低央元音，如国际音标元音表中的 11 号元音 œ、324 号元音 ɐ、12 号元音 ɶ。

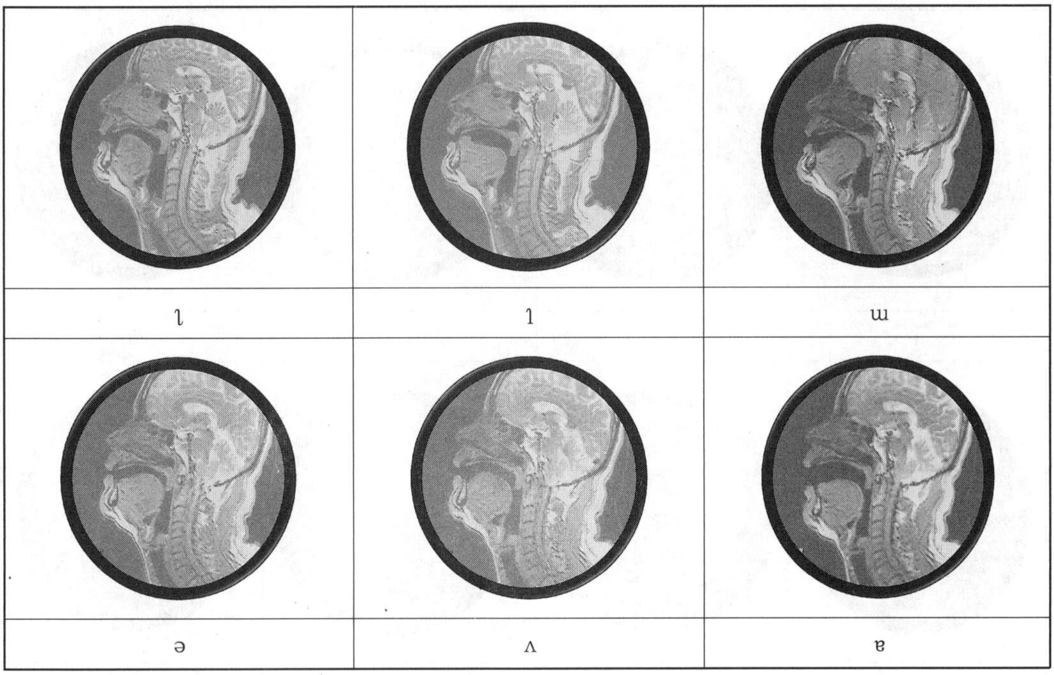

图 7　依据舌颚声腔的开闭调节的元音

假如我们观察收紧位置就会看到：ɿ 的收紧部位在上齿背，ʅ 的收紧部位在齿龈和龈后，ɯ 的收紧部位则是在软腭到硬腭中；ʅ 和 ɿ 除了前面收紧部位的区别之外，咽腔的空间不同，ɿ 的软腭、咽腔的空间都小于 ʅ；ɿ 似乎有两个收紧部位上齿背和软腭—上咽腔，但是起主导作用的是与上齿背相关的部位。ʅ 则只有一个在齿龈到龈后。

ɯ 的收紧部位在软腭到硬腭中，收紧处声道变窄，咽腔与 ɿ、ʅ 类似，在声学上的表现是第一共振峰较低。ə、ʌ、ɐ 这三个元音，从软腭到硬腭中，与 ə 相对，ʌ 的声道逐渐增大，咽腔稍作调整，舌颚空间明显增大；ɐ 的舌颚空间在这 3 个元音中最大，咽腔较小；这三个都属于"央元音"的范畴，表现在舌颚空间上，保持了相对均衡的宽度。声学上的数据，这三个元音的 F1 比 ɿ、ʅ 高，比 a 低；F2 比 i 小，比 u 大。

上面是我们根据元音的构音声腔的改变，对元音分析的一些认识；这里还有一个比较重要的问题就是圆唇元音的问题。见下面的讨论。

4.4　依据口腔中唇与收紧部位空间的大小：圆唇—不圆唇

(1) 圆唇元音，如 y、ø、œ、ɶ、ɒ、ɔ、o、u

(2) 不圆唇元音，如 i、e、ɛ、a、ɑ、ʌ、ɤ、ɯ

语言中多数的情况是前元音系列以不圆唇为主，后元音系列以圆唇元音为主；国际音标中的 8 个标准元音，前系列的全部是不圆唇的，后系列的有一个后低元音不圆唇，其他的 3 个，从半低、半高、高 3 个，都是圆唇元音。普通话中，舌面元音有 7 个前系列，有 3 个不圆唇元音 i、ε、a，一个圆唇元音 y；后系列有一个不圆唇 ɤ，2 个圆唇元音 o 和 u。

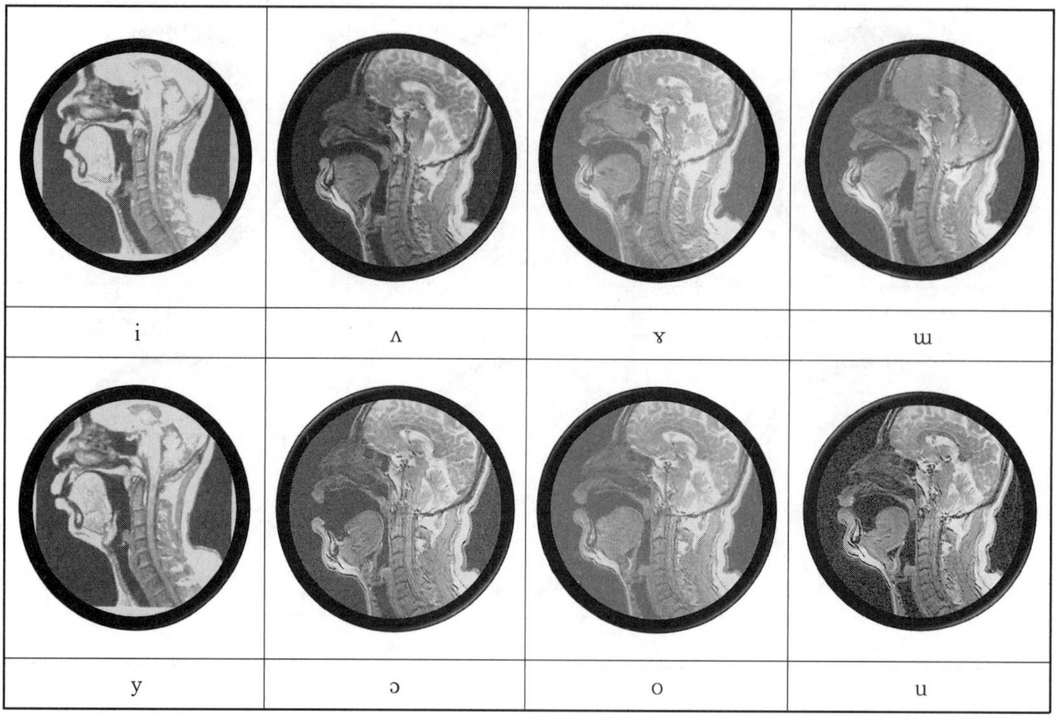

图 8　依据双唇与收紧部位空间的大小：圆唇元音(1)

为了比较，这里的 i、y 用了孔江平先生的《实验语音学基础教程》中 p72—73MRI 影像图①。圆唇的圆展是在前三种基本声道构音的基础上，通过聚拢、前伸双唇拉长收紧部位前后的声道造成的圆唇元音；理论上，所有的元音都有圆唇—展唇的对立，但是，具体到每种语言，没有看到哪个语言有八组圆展对立的元音②。

并非简单的圆展，而是发音声道的调整，i 和 y 都是舌体与齿到硬腭前的空间为收紧部位，不同之处是双唇到收紧部位的距离，y 略长于 i，反映在共振峰的特点是，i 的 F2 大于 y 的，声学元音图上，y 位于 i 的后边(右边)。ɔ 与 ʌ、u 与 ɯ，前者的前腔明显大于后者，ʌ、ɯ 的 F2，明显大于 ɔ、u。

元音的共鸣腔的改变，是形成不同口元音的关键。我们看一下图 9，是前系列的圆唇元音的 MRI，从 y 到 œ 双唇间的距离、舌腭空间都是由小到大；下咽腔则是由大变小。圆唇之间的区别，咽腔起了关键作用，咽腔小，F1 大，如 œ；咽腔大，F1 大，如 y。

① 孔江平：《实验语音学基础教程》，北京：北京大学出版社，2015 年，第 60—97 页。

② The international phonetic association, handbook of the international phonetic association, UK: Cambridge university press, 1999, p41 - 156. 侯精一主编《汉语方言音库》，上海教育出版社、上海教育声像出版社，2002 年 10 月。

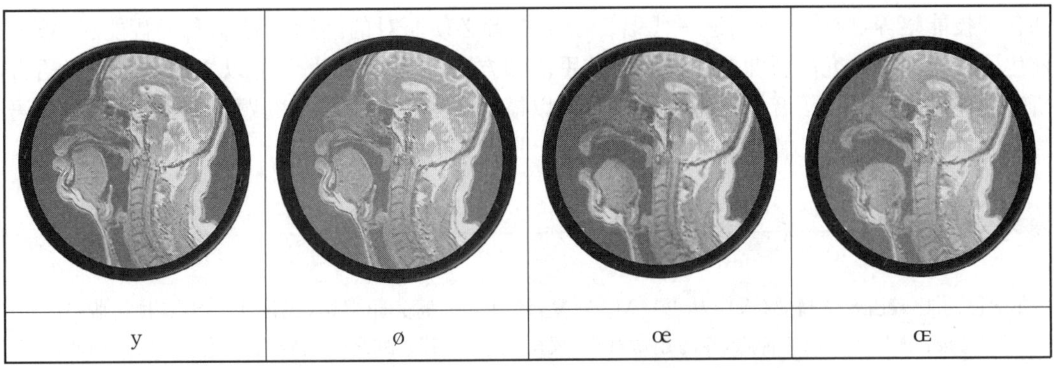

图 9　依据双唇与收紧部位空间的大小：圆唇元音(2)

5 小　　结

我们依据磁共振所呈现的元音的发音声腔，将它们和已有的声学数据对照，希望对于汉语中特色鲜明的舌尖元音等做一些特点上的概括和归类；这里不涉及一些有争议的观点，希望声腔形状和相应的声学数据对应，有一些简单明了的反映元音空间关系的办法，也更希望能找到一些元音生理机制和声学产出的规律。

比如我们对于汉语方言中常见的舌尖元音，按照舌颚声腔的宽窄来判断的舌尖元音和央元音系列，在声学元音图上是有它们的范围的(见图 10)。

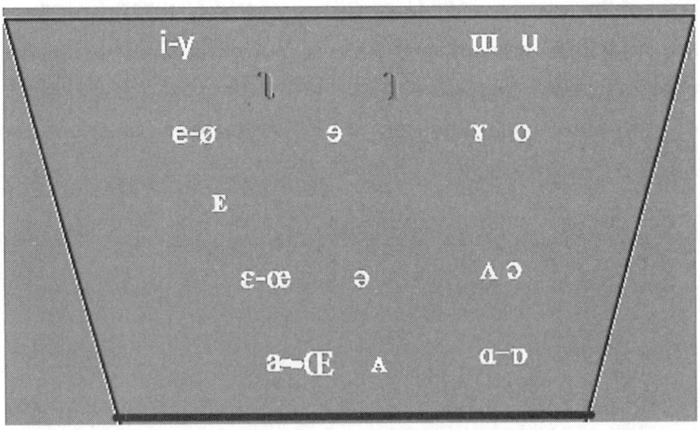

图 10　加入汉语的 2 个比较常见的舌尖元音的元音图

图 10 中可以加入汉语的 2 个比较常见的舌尖元音，隐去汉语不常用的 ɨ 和 ʉ，舌尖元音的圆唇也可以根据需要，将它们的数据添加进去，这样对于汉语语音分析中的元音，大都有了一个可参照的空间分布格局。目前所呈现的结果，只是一个初步的观察，希望今后进一步扩大数据，找到更为合理的分析元音的系统。这些都离不开现代方言学、语音学以及现代科技的结合。

善用现代语音学研究的主要工具来分析研究语音问题，已经是一种共识。问题是我们怎么样才能更为科学、有效地利用现代科技提供的这些硬件、软件、模式进行语言学的知识理论储备和技能培养，应该是我们这一代语言学工作者必须面对的问题。目前人工智能、大数据催生了许多语言研究的新课题。新的科技手段和方法，在很大程度上可以便利地服务于语言研究和应用，反过来，语音学的基础研究也可以搭上高科技和大数据的顺风车，更好地服务语言教学、言语康复、人工智能。

参考文献

保尔·巴西.比较语音学概要（大学丛书）[M].刘复，译.上海：商务印书馆，民国十九年二月初版：191—201.【按：人民东方出版传媒、东方出版社以“民国大学丛书”系列之一出版，把原作者写为“帕西，P.”，不妥；把赵元任先生的序的时间，原书为“一九二五，四，一九”，改为“民国十四年四月一九日”，是故弄玄虚、弄巧成拙的败笔。】

高本汉.中国音韵学研究[M].赵元任，罗常培，李方桂，译.上海：商务印书馆，1940，1948，1994，2003：197—200.原著信息如下：Bernhard Karlgren，1915 - 1925，Etudes sur la Phonologie Chinoise，Archives D'Etudes Orientales，Publiées Par J. A. Lundell，Vol. 15，Levde，E. J. Brill，Stockholm，M. P. A. Norstedt & Söner，Cotembourg，Elanders Boktrvckeri A - B，p294 - 297.

胡方.元音研究[M].北京：外语教学与研究出版社，2020.

孔江平.实验语音学基础教程[M].北京：北京大学出版社，2015.

Alexander Melville Bell. Visible Speech—The Science Of Universal Alphabetics [M]. London：Simpkin & Marshall，1867：72 - 74.

Daniel Jones. An Outline of English Phonetics，Ninth Edition [M]. Cambridge：Cambridge University Press，1972：29 - 41.

Henry Sweet. Handbook of Phonetics[M]. Oxford：Clarendon Press，1877：10 - 25.

Kenneth N. Stevens. Acoustic Phonetics，Chapter 6 Vowels：Acoustic Events with a Relatively Open Vocal Tract[M]. Boston：MIT press，1998：257 - 322.

The international phonetic association. handbook of the international phonetic association [M]. UK：Cambridge university press，1999：ix and 21 - 22.

英语重音易错词偏误规律的声学研究*

河南师范大学　张锐锋

内容提要　如果一个单词中有一个非重读音节，其元音音长基本等于或大大长于重读音节元音的音长，则学生念该词时就常会出现重音错误，因为他们很难将音长不占优势的重读音节凸显出来。这类词即重音易错词。为了探究学生读这类词时的策略偏误，我们对78名学生和3名英美人进行录音，并得到了4 546个声音样本用于声学分析。研究结果如下。英美人常通过音高手段来凸显重读音节。当遇到重音易错词时，他们就进一步大幅提高重读音节元音的音高以凸显之，但并不加大其音强。因此，英美人念的易错词听起来轻松舒畅。而中国学生遇到重音易错词时常出现两种偏误。有35.8%的学生是念错重音位置，把元音音长胜过重读音节的那个非重读音节念成重读音节。因为他们没有有效提高重读音节元音的音高，反而还降低了其音强，从而使其更难凸显。还有30.8%的学生没有念错重音位置，但采用"用力读"的策略来凸显重读音节，不但提高其音高，还明显加大其音强。所以，他们念的易错词听起来僵硬、费力。

关键词　重音易错词；音高比；音强比；音长比

1　引　　言

在语音教学中，我们发现，中国学生在念较长的单词时常出现重音位置错误，并且这种错误常发生在某类词上。比如，他们会把 airtight/ˈeətaɪt/读成/eəˈtaɪt/，把 agriculture /ˈægrɪkʌltʃə/读成/ægrɪˈkʌltʃə/，把 exercise/ˈeksəsaɪz/读成/eksəˈsaɪz/。中学生与大学生都不由自主地犯这种错误。但是像 cloudy/ˈklaʊdɪ/和 carpet/ˈkɑːpɪt/等词，他们一般不会把重音位置念错。

通过观察，我们发现了这些重音易错词的共同特征，即，它们都包含了一个特殊的非重读音节，该音节元音的音长都等于或者长于该词重读音节元音的音长。我们知道，在相同的语境下，英语长元音的长度约为短元音的二倍，英语双元音基本上与长元音等长（何善芬，1997）；另外，英语双元音不同于汉语双元音，其发音必须饱满，还要体现出从第一部分向第二部分滑动（glide）的过程（赵德梅，1995）。airtight 一词中有两个音节，第一个音节含有双元音/eə/，第二个含有双元音/aɪ/。也即该词中两元音的音长都很长，这就使得该词的两个音节本身在凸显度（prominence）上基本相等、旗鼓相当。但是根据构词法，其第一个音节重读，第二个音节非重读，必须前重后轻，即必须使前音节的凸显度大于后音节。这种音长与构词法的冲突往往使学生感到棘手，他们常不自觉地把该词读为前轻后重。这种有一个非重读音节

＊　基金项目：国家社会科学基金项目"普通话情感语音的发声及其合成与感知研究"（16BYY144）；河南师范大学博士启动课题（qd17155）。

与重读音节元音音长基本相同的词，我们称为重音易错词壹。还有一些单词，它含有一个元音音长比重读音节还要长的非重读音节。比如 hitchhiker /ˈhɪtʃhaɪkə/一词，其非重读音节元音/aɪ/的长度基本上是重读音节元音/ɪ/的两倍，学生往往将它念成/hɪtʃˈhaɪkə/。这类词音长与构词法的矛盾更突出，因此也更容易读错，我们称之为重音易错词贰。如果一个词重读音节元音的音长比所有非重读音节的都长，也即构词法与音长不矛盾，那么它的重音位置就不容易被念错，我们称之为重音不易错词(见表 1)。

表 1　录音词表

重音不易错词	Asia [ˈeɪʃə]	carpet [ˈkɑːpɪt]	cloudy [ˈklaʊdɪ]	deceive [dɪˈsiːv]	prestige [preˈstiːʒ]
	oyster [ˈɔɪstə]	October [ɒkˈtəʊbə]	procedure [prəˈsiːdʒə]	society [səˈsaɪətɪ]	
重音易错词壹	airtight [ˈeətaɪt]	agriculture [ˈægrɪkʌltʃə]	airport [ˈeəpɔːt]	beautify [ˈbjuːtɪfaɪ]	criticism [ˈkrɪtɪsɪzəm]
	simplistic [sɪmˈplɪstɪk]	integrity [ɪnˈtegrətɪ]	idea [aɪˈdɪə]	opposite [ˈɒpəzɪt]	extra [ˈekstrə]
重音易错词贰	attitude [ˈætɪtjuːd]	cyclicity [saɪˈklɪsɪtɪ]	educate [ˈedʒʊkeɪt]	export [ˈekspɔːt]	fragile [ˈfrædʒaɪl]
	idiot [ˈɪdɪət]	hitchhiker [ˈhɪtʃhaɪkə]	ultrasound [ˈʌltrəsaʊnd]	exercise [ˈeksəsaɪz]	expert [ˈekspɜːt]

Ladefoged 和 Johnson(2015)的词重音描写体系，也对元音不弱化的非重读音节进行了分析，从中可以更清楚地看到音长与构词法的矛盾，见表 2。其第三行表示：单词在单念(citation form)时会不自觉地带上语调，调核常落在该词的最后一个重读音节上，使其凸显度额外加大；这一效应称为 tonic accent，携带该效应的音节标为"＋"号，不携带该效应的音节标为"－"号。第四行：携带重音的音节标为"＋"号，否则标为"－"号。第五行：元音弱化为/ɪ/或/ə/的音节标为"－"号，元音不弱化且发音完整(full vowel)的音节标为"＋"号。Ladefoged 认为，这一体系也可以通过以下方式转化成多级重音体系(multilevel stress system)：用数字 4 逐个去减表 2 中每一列所含"＋"号的个数，即可得到一个单词中各个音节的相对凸显级别数；共有四级，1 级表示最凸显，2 级次之，3 级再次之，4 级表示最轻。比如 exploitation 的第二个音节-ploi-虽然属于非重读音节，必须念得轻些，但是，其元音并没有弱化为/ɪ/或/ə/，仍然要读作完整的/ɔɪ/，音长与重读音节中/eɪ/的音长相当。如果用多级重音体系表示该词，则为：e^{2}xploi^{3}ta^{1}tio^{4}n，-ploi-的凸显级别为 4－1＝3。可见该词的主重音为 1 级，而其第二个音节为 3 级，前者比后者高两级，但两者的元音音长基本相等。因此，该词中元音音长与构词法有着突出的矛盾。hi^{1}tchhi^{3}ker^{4}一词也可以按同理分析：其第一个音节(重读，1 级)比第二个音节(非重读，3 级)高两级，但后者的音长却是前者的二倍，矛盾更加突出。这些词读起来拗口，正是由于这种矛盾的存在。

表 2 Ladefoged 的英语词重音描写体系

Words	Explain	Explanation	Exploit	Exploitation
Segments	ɪksˈpleɪn	ˌɛkspləˈneɪʃən	ɪksˈplɔɪt	ˌɛksplɔɪˈteɪʃən
Tonicaccent	− +	− − + −	− +	− − + −
Stress	− +	+ − + −	− +	+ − + −
Fullvowel	− +	+ − + −	− +	+ + + −

已有不少学者在关注中国学生的英语重音习得问题，关注范围涉及单词重音（陈晓湘，郭兴荣 2017）、短语重音（陈桦，王馨敏 2015）和语句重音（陈桦 2008）等，研究方法包括声学分析、感知实验和音系学分析等。但是，还没有学者专门研究这种含有特殊非重读音节的重音易错词。本文采集了 81 名被试的声音样本，通过声学参数提取和 SPSS 统计分析，探究了学习者在念这类词时的重音偏误规律，以期引起语音教师的重视。

2 研究设计

2.1 录音词表

表 1 中有 29 个单词，均选自王琼等（2016）编写的语音教材，选词原则如下。第一，要涵盖重音易错词壹、重音易错词贰，还要有重音不易错词，以便做对比、找规律。第二，在每个词中，待测音节与相邻音节之间必须有阻塞音（obstruent）隔开，这样便于在语图上判断待测音节的边界，易于参数提取。依照此二原则我们共得到重音不易错词 9 个，重音易错词壹 10 个，重音易错词贰 10 个。每个词都包含两个待测音节：一个携带主重音，另一个是它的一个非重读音节。正是此二待测音节元音段音长的对比关系决定了各个词究竟是三类词中的哪一类。我们用下加圆点的方法在表 1 中标示出了各个待测音节的元音段，该段是音节的主体部分，因此我们要测的就是该段的音高（pitch）、音强（intensity）和音长（duration）数据。

2.2 被试

我们共请到 78 名学生作为被试，他们都符合以下要求。第一，均为英语专业一本的学生，能基本准确发 48 个英文音标。这样就可以排除不良发音的干扰，把注意力完全集中在单词重音上。第二，来自不同的省份或地区，能讲较好的普通话。第三，在录音时都身体状况良好，没有感冒或喉痛等症状。78 名学生的年龄在 17 到 20 岁之间，平均年龄 18.46 岁，都学过 4 至 11 年英语，40 人来自农村，38 人来自城市，共 4 男 74 女。我们还请到了 3 名英语本族语者，将其英语作为标准发音与学习者英语作比照。本族语者 1：女，56 岁，来自英国伦敦附近，职业为工程师。本族语者 2：女，55 岁，来自英国伦敦附近，职业为小学教师。本族语者 3：男，31 岁，来自美国得克萨斯州，语言学硕士。

81 位被试的录音皆完成于河南师范大学外国语学院录音室，该录音室经过了专业声学处理，室内本底噪音为 30 dB。录音设备包括外置声卡（Creative Labs Model No.sb1095）、调音台(Behringer XENYX502)、高保真麦克风(Shure SM58)、手提电脑(Lenovo, x220i)和录音软件(Cool Edit pro 2.1)等。要求被试双唇与麦克风之间的距离始终保持在 15 厘米左右,用响亮饱满、自然舒适的声音逐个念表 1 中的词,每个词重复两遍。所录音频保存成 wav 格式,共得到 29×2×81 = 4 698 个声音样本,去除录音质量较差的,最终共有 4 546 个样本进入声学测量。

3　声 学 测 量

3.1　提取音高、音强、音长数据

我们用 praat 软件来提取各待测音节元音段的音高、音强、音长数据。对于每个声音样本,都采用相同的 praat 设置:音高设置(pitch settings)中的 pitch range 设为 60 Hz—500 Hz,最小值 60 Hz 一定要始终不变,否则会引起分析窗长的改变,音高分析采用交叉相关算法(cross-correlation);高级音高设置(advanced pitch settings)中的 voicing threshold 由 0.45降到 0.3,以便克服背景噪音并更好地检测浊音段,其他选项保持默认设置;音强设置(intensity settings)保持默认状态,可见音强范围(view range)为 50 dB—100 dB。

对于各个待测音节,我们都按照同一标准来确定其元音段的起点和终点。起点从其波形图上第一个有明显共鸣的脉冲算起,终点以其波形图上最后一个有明显共鸣的脉冲结束。图 1 是一名被试所念的 educate 一词的首音节 e-的波形图(上部)和三维语图(下部)。可以看到,该音节波形图的开头和结尾处(即两条竖线以外的部分)都有一个或几个振幅很小、口腔共鸣又不明显的脉冲,它们对音节的感知不起作用。第一个有明显共鸣的脉冲开始在形状上与其后面的脉冲基本相似;最后一个有明显共鸣的脉冲,在形状上,与其前面的脉冲基本相同,与其后面的脉冲则差别很大;两条竖线之间的部分对该音节的感知至关重要,我们提取的就是这一段的音高、音强、音长数据。该标准的确定参考了朱晓农(2010: 281—282)和孔江平(2015: 60)的论述,与他们的做法效果基本相同,即如图 1 下所示,三维语图上能量很弱、高次共振峰不明显的部分删除不用。

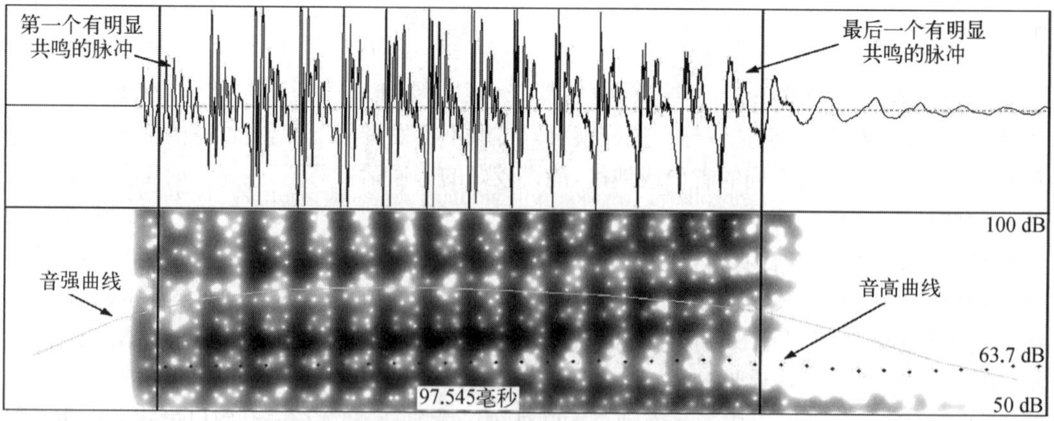

图 1　待测音节浊音段起止点的确定

3.2 计算音高比、音强比和音长比

对于每个有效声音样本，我们都计算出了其重读待测音节与其非重读待测音节之间的音长比、音高比和音强比。音长比最好算，直接用前者的音长除以后者的音长即可。对于音高和音强数据，我们分两步进行。首先对它们作时间归一化处理(孔江平，2015：62)：先将音高或音强数据做插值，之后按相等的时间间隔抽取出 20 个音高或音强值来。第二步，用重读待测音节 20 个音高值之和除以非重读待测音节 20 个音高值之和，即得到音高比(如图 2 所示)；音强比也按同理得到。我们知道，从重读与非重读待测音节提取出来的音高及音强数据中本身包含了此二音节之间的音长差异，因此必须先做时间归一化处理再求比值，如此算得的音高比和音强比可以消除时长因素的影响，仅表示两类音节在音高或音强上的不同。参数的提取与计算是通过我们自编的 praat 脚本和 matlab 程序实现的。最终，共得到音高比、音强比和音长比的值各 4 546 个。

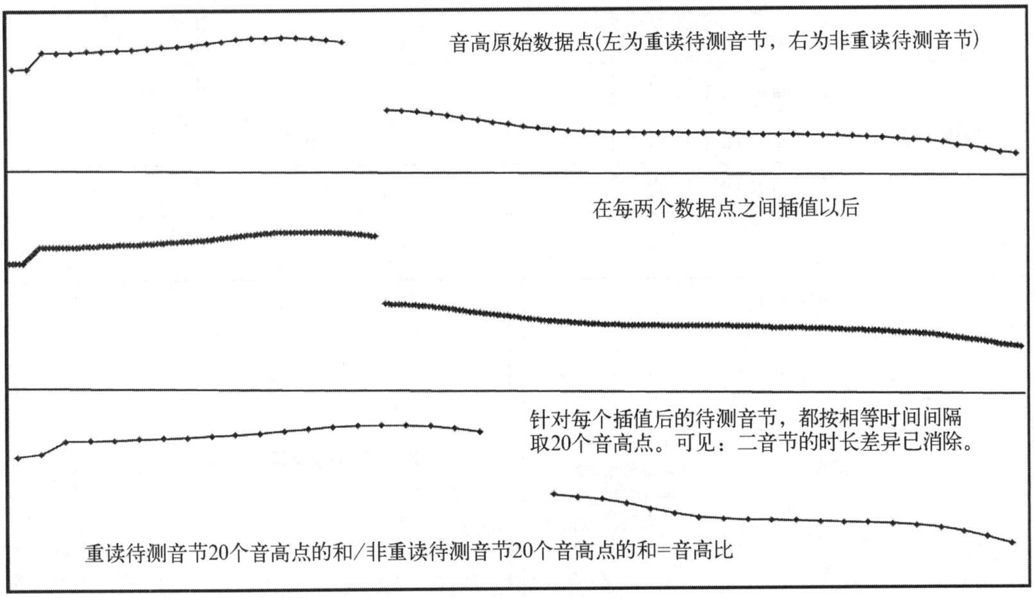

图 2　音高比的计算过程

4　统 计 分 析

4.1　英语本族语者处理重音易错词的策略

我们的被试中共有三名英语本族语者，他们的重音不易错词、重音易错词壹、重音易错词贰的音高比、音强比和音长比的平均值如表 3 所示。再看图 3，我们还用 Excel 2010 将表 3 中的平均值做成了折线图，以便更直观地显示三类词在三类比值上的差异。所有折线图横坐标上的 1 都表示重音不易错词，2 都表示重音易错词壹，3 都表示重音易错词贰。音高比均值折线图与音强比均值折线图的纵坐标刻度完全相同，以便两者比较。对于每一条折线，我们都

求出其线性拟合线，拟合线的一元一次函数式也同时给出。在函数式中，x 的系数表示拟合线的斜率，斜率为正值时拟合线呈上升趋势，为负值时拟合线呈下降趋势，斜率的绝对值越大，则拟合线的倾斜程度也越大，反之亦然。

表 3　本族语者所念三类词的音高比、音强比和音长比的平均值

		重音不易错词	重音易错词壹	重音易错词贰
本族语者 1	音高比平均值	1.468	1.559	1.747
	音强比平均值	1.038	1.021	1.019
	音长比平均值	2.705	0.871	0.346
本族语者 2	音高比平均值	1.188	1.300	1.398
	音强比平均值	1.096	1.103	1.108
	音长比平均值	3.021	0.925	0.409
本族语者 3	音高比平均值	1.139	1.202	1.262
	音强比平均值	1.017	1.071	1.061
	音长比平均值	2.953	0.869	0.445

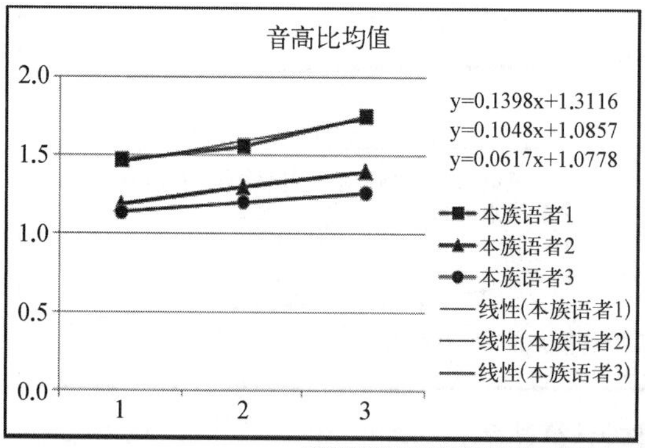

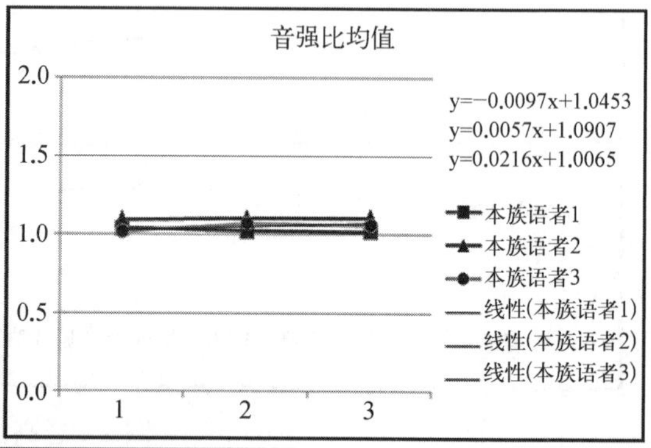

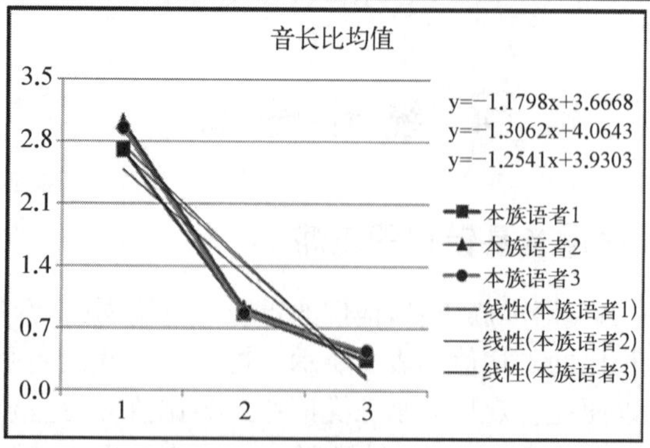

图 3　本族语者所念三类词的音高比均值折线图、音强比均值折线图和音长比均值折线图

表 3 与图 3 显示两点。第一，每一位本族语者的音高比平均值都按照不易错词—易错词壹—易错词贰的顺序逐步增大。本族语者 1：1.468 - 1.559 - 1.747，拟合线斜率为 0.139 8；本族语者 2：1.188 - 1.3 - 1.398，拟合线斜率为 0.104 8；本族语者 3：1.139 - 1.202 - 1.262，拟合线斜率为 0.061 7。而其音长比平均值却按照该顺序逐步减小。本族语者 1：2.705 - 0.871 - 0.346，拟合线斜率为 - 1.179 8；本族语者 2：3.021 - 0.925 - 0.409，拟合线斜率为 - 1.306 2；本族语者 3：2.953 - 0.869 - 0.445，拟合线斜率为 - 1.254 1。可是，其音强比平均值却基本上呈持平的状态。本族语者 1：1.038 - 1.021 - 1.019，拟合线斜率为 0.009 7；本族语者 2：1.096 - 1.103- 1.108，拟合线斜率为 0.005 7；本族语者 3：1. 017 - 1.071 - 1.061，拟合线斜率为0.021 6。总之从不易错词，到易错词壹，再到易错词贰，音长比均值逐步下降、音高比均值逐步上升，二者呈现出明显的反比例关系。然而，音强比均值却基本保持不变。

已知，在重音不易错词中，重读待测音节的元音大大长于非重读待测音节的元音；在重音易错词壹中，重读待测音节的元音与非重读待测音节的元音基本等长；在重音易错词贰中，重读待测音节的元音大大短于非重读待测音节的元音；这就使得三类词的音长比（重读待测音节音长除以非重读待测音节音长）一个比一个小。重读音节的音长不长于、甚至还远远短于非重读音节的音长，这势必会造成重读音节难以被凸显出来。英语本族语者解决这一问题的方法是，大幅度提高易错词中重读音节的音高，其音长越短，则其音高就提高得越多，以抵消其音长太短的缺陷，从而使其听起来绝对像重读音节。总之，音高对音长起着补偿作用。但是，本族语者并不通过加大易错词重读音节的音强来达此目的。

第二，不管是不易错词，还是两类易错词，三位本族语者的九个音高比均值都比 1 大得多，即在所有词中，重读待测音节的音高都明显大于非重读待测音节的音高。然而，九个音强比均值却倾向于等于 1，即在所有词中，重读待测音节的音强都基本等于非重读待测音节的音强。音高比明显大于音强比，说明英美本族语者本身就倾向于采用音高手段来凸显单词中的重读音节。

4.2 学习者处理重音易错词的策略偏误

表 4 四类被试所念的三类词的音高比、音强比和音长比的平均值

四类被试	三类词	音高比均值	音强比均值	音长比均值
第一类被试	重音不易错词	1.196	1.047	1.931
	重音易错词壹	1.204	1.042	1.114
	重音易错词贰	1.242	1.039	0.663
第二类被试	重音不易错词	1.311	1.054	2.333
	重音易错词壹	1.634	1.081	1.136
	重音易错词贰	1.953	1.112	0.773
第三类被试	重音不易错词	1.234	1.052	2.596
	重音易错词壹	1.294	1.048	1.030
	重音易错词贰	1.361	1.054	0.608

续　表

四类被试	三类词	音高比均值	音强比均值	音长比均值
第四类被试	重音不易错词	1.222	1.050	2.160
	重音易错词壹	1.330	1.075	1.160
	重音易错词贰	1.422	1.094	0.734

从上文可知,沿着不易错词—易错词壹—易错词贰的顺序看,每位本族语者的音长比均值与音高比均值都呈现出明显的反比例关系,而音强比均值却基本持平。他们的音高比均值拟合线斜率都是正值,音长比均值拟合线斜率都是负值,且这两类斜率的绝对值都很大。他们的音强比均值拟合线斜率有正值也有负值,但绝对值都非常的小。我们的被试中有 78 名学习者,他们的数据是否也表现出与本族语者相同的规律呢? 为了与本族语者相比较,我们这里仍按照表 3 和图 3 的方法操作: 对于每一位学习者,都求出其不易错词、易错词壹、易错词贰的音高比、音强比和音长比的平均值;之后,用 Excel 2010 做出像图 3 那样的平均值折线图;对于每一条折线,都求出其线性拟合线,拟合线的一元一次函数式也同时给出,从函数式中再得到每一位学习者的音高比均值拟合线斜率、音强比均值拟合线斜率和音长比均值拟合线斜率。加上 3 名本族语者的数据,共得到音高比均值拟合线斜率值 81 个,音强比均值拟合线斜率值 81 个,音长比均值拟合线斜率值 81 个。

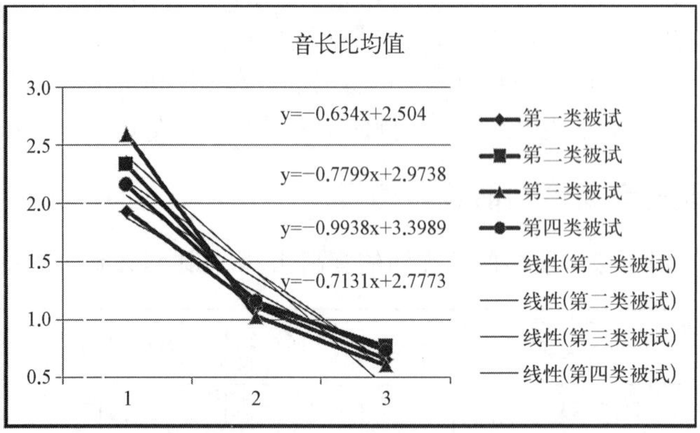

图 4　四类被试所念的三类词的音长比均值折线图

之后,我们把 81 名被试的斜率值作随机排序并作标准化处理,接着以标准化后的三类斜率值为变量,用 SPSS13.0 中的 K -均值聚类法对 81 名被试进行了聚类分析。结果是,81 名被试可归为四类: 第一类 29 人,占总人数的 35.8 %;第二类 4 人,占总人数的 4.9 %;第三类 27 人,占总人数的 33.3 %;第四类 21 人,占总人数的 25.9 %。3 名本族语者都包含在了第三类当中,其他三类中所包含的都是学习者。在聚类分析中,三类斜率值所起的作用可以按照由大到小的顺序排列为: 音高比均值拟合线斜率(F = 72.742)＞音强比均值拟合线斜率(F = 57.856)＞音长比均值拟合线斜率(F = 22.448)。

我们按照这四类被试求出了不易错词、易错词壹、易错词贰的音高比、音强比和音长比的平均值，如表 4 所示。我们还用 Excel 2010 将表 4 中的平均值做成了折线图，图 4 是四类被试所念的三类词的音长比均值折线图，图 5 是他们所念的三类词的音高比均值和音强比均值折线图。在图 4 和图 5 中，横坐标上的 1 都代表重音不易错词，2 都代表重音易错词壹，3 都代表重音易错词贰。图 5 中各小图左边的纵坐标都标示音高比均值，右边的纵坐标都标示音强比均值，四幅小图的纵坐标刻度完全相同，以便直观地将四类被试相互比较。

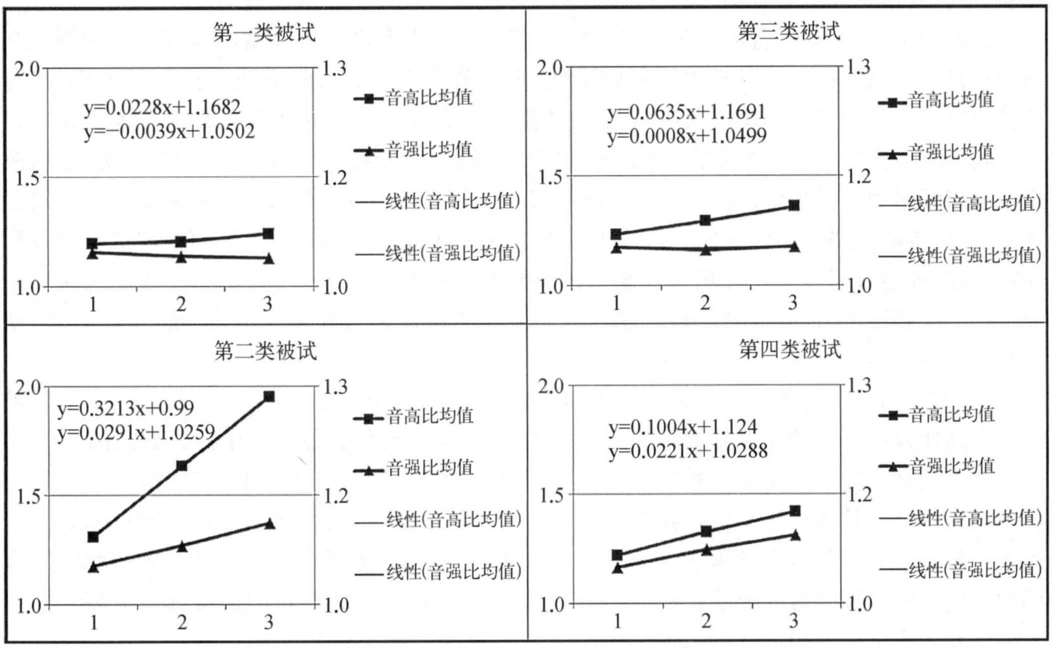

图 5　四类被试所念的三类词的音高比均值折线图和音强比均值折线图

图 4 显示，沿着重音不易错词—重音易错词壹—重音易错词贰的顺序看，四类被试的音长比均值折线图都明显呈下降趋势，其拟合线斜率均为负值（第一类 − 0.634，第二类 − 0.779 9，第三类 − 0.993 8，第四类 − 0.713 1）。他们易错词贰的音长比均值都明显小于 1，也即重读待测音节在时长上都大大短于非重读待测音节，如果没有其他声学因素作补偿，就很难使重读音节听起来像重读音节。

再看图 5，还沿着不易错词—易错词壹—易错词贰的顺序看。第一类被试的音强比均值折线图呈下降的趋势，拟合线斜率为负值（ − 0.003 9）。他们的音高比均值折线图略微呈上升的趋势，拟合线斜率虽为正值，但绝对值很小（0.022 8）。可见，这组被试所念的两类易错词大都出现了重音位置错误。原因是：它们的重读待测音节在音长上基本等于、甚至大大短于非重读待测音节；这种音长短的缺陷不但没有靠加大音强得以抵消，反而通过减小音强得以加剧，另外也没有靠有效提高音高得以补偿。总之，他们把非重读待测音节念成了重读音节，比如把 airport /ˈeəpɔːt/念成了/eəˈpɔːt/。这一类学习者可称为错误组。

第二类被试的音高比均值折线图大幅度提升，拟合线斜率为很大的正值（0.321 3）；同样，其音强比均值折线图也明显升高，拟合线斜率为正值并且很大（0.029 1）。第四类被试与此雷同，他们的音高比均值折线图明显提高，拟合线斜率为较大的正值（0.100 4）；其音强比均值折线图也明显升高，拟合线斜率为较大的正值(0.022 1)。可见，这两类被试在处理重音易错词时采取了同样的策略：为了补偿重读待测音节音长太短的缺陷，他们不仅大幅提高其音高，还明显加大其音强。因此，他们所念的重读待测音节在凸显度上明显高于非重读待测音节，即他们所念的重音易错词不存在重音位置错误。但是，他们采取的策略与本族语者有差异：本族语者只大幅提高易错词中重读音节的音高，基本不加大其音强；这两类被试却是既明显抬高其音高，还明显加大其音强。

我们知道，音高即声音的高低，它取决于基频，决定于声带振动速度的快慢。声带绷紧则基频提高，声音就变高，声带松弛则基频降低，声音就变低。而音强取决于振幅的大小，语音的强弱决定于呼出气流振动声带或通过口鼻腔各种阻碍的力量的强弱。音高与音强相对独立，高音不一定强，强音不一定高，低音不一定弱，弱音不一定低。音长即声音的长短，它取决于振动持续时间的长短(劳允栋，1983：11—12)。总之，提高音高与音长并不需要发音人过多地用力，而提高音强则需要他们大幅用力以加大发音器官的运动幅度。这两类被试在念重音易错词时，还通过明显加大音强来补偿重读待测音节音长太短的缺陷，要加大音强就需要用力发音。大幅度用力读重读音节，就使得他们所念的易错词听起来费力、僵硬、很不自然，缺乏轻灵自在之感。

总之，这两类学习者可以合并为一类，称作偏差组。不过，相比较而言，第二类中 4 名被试的音高比及音强比的加大幅度都比第二类的要大，可以看作是偏差组中的典型案例。

第三类被试的音高比均值折线图呈明显升高的趋势，其拟合线斜率为正值，并且比较大(0.063 5)；然而，其音强比均值折线图却基本持平，拟合线斜率为极小的正值(0.000 8)。这一类被试包含了三名英语本族语者，其数据也表现出了与本族语者相同的规律。他们弥补易错词中重读音节音长过短的缺陷，主要依赖于提高音高，而不去加大它们的音强。提高音高并不需要发音人过多地用力，因此，他们念出来的易错词听起来轻松、自然、舒畅。这一类被试可称为正确组。

5 讨　　论

许多学生遇到重音易错词时，都会不由自主地出现偏误，要么把重音位置念错，要么就过度用力地读重读音节，发音很不自然。其原因可归结为以下三个方面。

5.1　学生不了解英美人处理重音易错词的策略

已知，在重读音节中，元音字母或字母组合往往发音饱满清晰，被念成完整的元音(full vowel)，在非重读音节中，它们常常被弱化(reduce)成/ə/(许天福等，1985：155)。比如 habit /ˈhæbɪt/一词中的 a 读/æ/，可是在 habitual /həˈbɪtʃʊəl/一词中，它却要念成/ə/，原因是音节 ha-在前一词中是重读的，在后一词中是非重读的。但是，并非所有的元音都可以弱化，比如双元音/ɔɪ/就从不弱化成其他的元音(Ladefoged & Johnson，2015：124)。本文所谈的重音易错词的非重读待测音节中大多都含有一个非弱化的元音。既然是非弱化，这些元音的音长就不可以随意缩短，否则，它们在听感上就成了另外的元音，从而引起词义的误解。同理，其重读待测音节元音的音长也不可以肆意加长。重读音节本身不长于、甚至还大大短于非重读音节，在不改变这种音长比例关系的条件下突出重读音节，委实很难。英美人念单词时，为了轻松自在，习惯于用音高、而不是音强手段来凸显重读音节，如果重读音节太短，他们就进一步提高其音高以达到凸显的目的。但是，不少中国学生比如错误组中的 29 人，他们也知道，元音的音长不可以肆意改变，但他们并不了解英美人的策略，也不知道音高、音强的机理。于是，音长比例动不得，音高手段又不会用，又不想太用力，他们就不自觉地把易错词的重音位置给念错了。

5.2 英汉词重音差异的影响

英美学者很早就进行实验，以探讨英语词重音跟哪些声学参数相关。Fry(1955)曾以名词—动词对子(如 'object-ob'ject 等)作语料，研究过音长和音强在英语词重音中的作用。结论是，音长对词重音的影响比音强大。后来他(1958)又通过合成 subject 一词研究了音高在词重音判断中的作用，结果发现音高对词重音的作用要超过音长的作用。再后来，通过合成名词—动词对子，他(1965)又研究了元音共振峰结构在词重音判断中的作用。结果是，在其实验条件下，音长的作用比共振峰结构的作用大得多，共振峰结构的作用甚至比音强的还要小。其他学者(Bolinger，1958；Morton & Jassem，1965；Lehiste，1970：106—153)的研究也都得出了相似的结论。总之，英语作为“轻重型”节奏(王洪君，2004)的语言，其词重音是语句重音及韵律的基础。因此，单词中重读音节与非重读音节的对比特别明显。这种词重读音节的凸显，首先依赖的是音高，其次是音长，之后才是音强。

赵元任(Chao，1968：36—38)从音位学的角度，将汉语重音区分为三种：正常重音(normal stress)、对比重音(contrasting stress)和弱重音(weak stress)。弱重音就是轻声。所有音节，如果既没有弱重音，又没有对比重音，那就是正常重音，它是人们回答“这个词怎么念”时自然(极平淡没有任何口气)说出词语的重音效果。对比重音不同于正常重音，其音高幅度更宽，持续时间更长，音强也通常增加。

依照这一框架，中国学者也做过一系列声学实验。比如林茂灿和颜景助(1980)对汉语轻声的研究。结论是，音节读轻声时，时长大大缩短，能量显著减少，失去原有的声调，主要元音的舌位或多或少向央元音[ə]的方向移动。林茂灿等(1984)还探讨了汉语双音节词正常重音的声学表现。结论是，普通话双音节词大多都是后音节比前音节重。他(2012：47—74)后来的研究仍坚持这一看法。颜景助和林茂灿(1988)还通过研究发现普通话三音节词属于“中轻重”格式。

但林焘和王理嘉(1992：175)却认为：汉语是以单音节词和双音节词为主的语言，重音的作用远不如西方语言重要；普通话双音节词听起来往往是后一音节比较重；三音节词一般是中间音节较轻，前后两音节较重；除三音节词的中间音节明显变轻外，各音节之间的轻重差别并不明显，改变重音位置对词义和语法结构也没有影响。比如“散步”与“散布”等，重音一般在后一个音节，但也可移到前一个音节，这时语义和语法结构都没有变化。汉语其他方言的情况也大致与此相似。

正常重音下的汉语词汇，究竟哪个音节重、哪个音节轻，学者们意见不一。不过，这正好表明，在不带有强烈情感的语气下，汉语的词重音并不明显、也不重要。因此，汉语不属于“轻重型”节奏的语言，其节奏属于“松紧型”(王洪君，2004)。

综合中外学者的研究结果，可以看到英、汉语词重音的两点差别。第一，在英语单词中，重读音节与非重读音节的对比非常明显，前者的音高和音长明显大于后者，但音强不一定如此。另外，重音位置念错会改变单词的含义。然而，在正常情况下，汉语词语中音节的轻重却不甚重要，音高、音长和音强的对比也相对不甚明显，哪一个音节重一点或轻一点并不影响词汇意义和语法结构。第二，汉语轻声的声学特点跟英语的非重读音节有些相似，都是音长缩短、元音弱化。但是，直观地看，轻声在汉语语句中出现的频率远低于非重读音节在英语语句中出现的频率。

总之，汉语正常重音的音节轻重对比不明显，轻声在言语中出现的频率相对较低，这一习惯会影响中国学生的英语词重音学习。学生不了解英美人善用音高的词重音策略，又没有与英语相似的汉语词重音策略作参照，就很容易把“重读音节”一词中的“重”字理解为“用力读”。用力读的结果是提高了音高，也明显加大了音强。在念重音易错词时，为了克服重读音节音长太短的缺陷，他们会有意识地加强“用力读”这一策略，以突出重读音节。结果是，重音位置没错，但所念单词大都听起来费力、僵硬、很不自然。比如，偏差组的 25 名学生就是如此。

5.3　学生不知道单词中还有一个最轻非重读音节

国内教材常常把英语单词中的音节区分为三个重音层级（周考成，2003：183）：主重音（primary stress），即重读音节，其前上方加符号“ˈ”；弱重音（ weak stress），即非重读音节，不用符号表示；次重音（secondary stress），其凸显度介乎主重音与弱重音之间，常出现在三个或三个以上音节的单词中，其前下方加符号“ˌ”。比如，在 personality/ˌpɜːsəˈnælətɪ/一词中，第三个音节是主重音，第一个音节是次重音，其他三个音节都是弱重音。

由于教材的缘故，学生对这三个重音层级较为熟悉，也是依照这一框架去念多音节英语单词的。但是，他们忽略了很重要的一点，即在三个或三个以上音节的单词中，除了三级重音的区分之外，还有一个最轻的音节，这个音节往往紧接在主重音之后（劳允栋，1985：120）。虽然这个音节没有用任何符号标示出来，但它是所有非重读音节中最轻的。比如 personality 一词中虽然有三个非重读音节，/sə/、/lə/和/tɪ/，但是，紧接在主重音之后的/lə/是三者中最轻的。这里所说的“最轻”意味着两点。

第一，“最轻”就意味着该音节中的元音是最快、最短、又最含混的/ɪ/或/ə/音。我们知道，元音在非重读音节中一般要弱化（reduce），即发音力度要减弱。力度逐渐减弱，会使该元音的响度、清晰度和音色都发生不同程度的变化。如果力度减到最弱，也就是肌肉最不用力的时候，大多数元音就会丧失各自特有的音色，都变成了含糊的中元音/ə/（劳允栋，1985：131）。如果再进一步，比如在较快速的言语中，这个含糊的/ə/还可能完全脱落。一个常见的例子是，在主重音之后，“辅音 + ə + r + 弱元音”中的/ə/就很容易脱落。比如 preferable /ˈpref(ə)rəbl/一词，念得快了，括号中的/ə/就会完全消失（劳允栋，1985：137）。从一个完整的元音（full vowel）比如/eɪ/、/æ/等，渐变到含糊的/ə/，再到完全脱落，这就是元音弱化的整个过程，它是发音力度减小、速度加快的结果。因此，多音节词里紧接在主重音之后的那个非重读音节，要想最轻，其元音就必须是一个濒临脱落的、极含糊、极不完整的/ɪ/音或者/ə/音。

第二，“最轻”是该音节与主重音相互配合、相互协调的必然结果。我们知道，在多音节词中，主重音一定得最为突出。它要想最为突出，其元音必须念得最饱满、最完整（full vowel）、最响亮、最清楚，即必须具有典型的元音音色，比如，/ɑː/要完完全全像个/ɑː/，/æ/要完完全全像个/æ/。另外，元音的音高和音长也必须比正常情况下稍高、稍长一些。但是，这一切都是以紧接其后的非重读音节的"最轻"为代价的。只有把最轻音节中的元音念成极弱、极含糊、极不完整的/ɪ/或/ə/,才能在时间和空间上给发音器官留下活动余地,让它们把主重音念得最为突出,这是人的发音生理所决定的。如果最轻音节不能"最轻",那么主重音也就不能得以有效地凸显。总之,要想使多音节词中的音节听起来主次分明,又轻松自如,就离不开主重音与其后最轻音节的相互协调。

然而,很多学生并不了解这一规律。他们在课堂上学到的是单念时的前元音/ɪ/和中元音/ə/,发音短脆而又清晰。在重音易错词中遇到/ɪ/音或/ə/音时,他们仍倾向于把它们念得短脆而又清晰。即便是紧接主重音之后的最轻音节中的/ɪ/或/ə/,他们也如此念,不会协调变通。比如 agriculture 和 attitude 等词第二个音节中的/ɪ/,以及 ultrasound 和 exercise 等词第二个音节中的/ə/,都属于最轻音节,应该读得最含糊、极不完整,但学生往往把它们念得很完整、很清晰,结果使紧挨其前的主重音不能被突出出来。主重音不突出的连锁反应是,含有非弱化元音的非重读音节反而被不自觉地凸显了出来,于是在他们口中,agriculture /ˈægrɪkʌltʃə/就成了/ægrɪˈkʌltʃə/,exercise /ˈeksəsaɪz/就成了/eksəˈsaɪz/。这是错误组把重音位置念错的另一个原因。

6 结 论

本文关注两类英语重音易错词:在第一类中,总有一个非重读音节,其元音的音长与重读音节元音基本相等;在第二类中,也总有一个非重读音节,其元音的音长是重读音节元音的二倍;这些易错词中的重读音节很难被凸显出来,是因为其元音在音长上不长于、甚至还大大短于一个非重读音节的元音。

英美人倾向于通过提高音高来凸显单词中的重读音节。在重读音节元音音长太短的易错词中,他们会进一步抬高重读音节的音高以凸显之,其音长越短,就把其音高提高得越多,从而保证重读音节听起来像重读音节。总之,音高对音长起着补偿作用。但是,音强手段他们往往不用。

中国学生遇到重音易错词,常会出现两种偏误。第一种是把重音位置念错。他们不但不能有效提高重读音节的音高以弥补其音长太短的缺陷,反而还通过降低音强从而使重读音节更不突出。他们往往把音长胜过重读音节的那个非重读音节念成重读音节。第二种是重音位置没错,但所念单词听起来僵硬、不自然。他们常采用"进一步用力读"的策略,来克服重读音节音长过短的缺陷,结果是提高了重读音节的音高,也同时明显加大了其音强。所念单词听起来像"爆豆子"。希望重音易错词能在语音教学中得到重视。只要能讲清楚其偏误的表现与根源、讲清楚音高与音强的不同机理,并配以模仿练习,这些偏误都可以避免。

参考文献

陈桦.学习者英语朗读中重音复现的节奏归类研究[J].外语与外语教学,2008(3):35—37.
陈桦,王馨敏.中国学生英语短语重音特点研究[J].外语与外语教学,2015(3):13—18.
陈晓湘,郭兴荣. L2 水平对中国学习者英语词重音产出的影响[J].湖南大学学报(社会科学版),2017,31(5):76—83.

何善芬.实用英语语音[M].北京：北京师范大学出版社，1997.
孔江平.实验语音学基础教程[M].北京：北京大学出版，2015.
劳允栋.英语语音学纲要[M].北京：商务印书馆，1983.
林茂灿.汉语语调实验研究[M].北京：中国社会科学出版社，2012.
林茂灿，颜景助.北京话轻声的声学性质[J].方言，1980(3)：166—178.
林茂灿，颜景助，孙国华.北京话两字组正常重音的初步实验[J].方言，1984(1)：57—73.
林焘，王理嘉.语音学教程[M].北京：北京大学出版社，1992.
罗常培，王均.普通语音学纲要[M].北京：商务印书馆，1981.
王洪君.论汉语的节奏类型—松紧型[J].语言科学，2004,3 (3)：21—28.
王琼，刘枫，夏燕.现代大学英语语音教程[M].北京：外语教学与研究出版社，2016.
许天福，虞小梅，孙万彪.现代英语语音学[M].陕西：陕西人民出版社，1985.
颜景助，林茂灿.北京话三字组重音的声学表现[J].方言，1988(3)：227—237.
赵德梅.英汉比较语音学[M].青岛：青岛海洋大学出版社，1995.
周考成.英语语音学引论[M].四川：四川大学出版社，2003.
朱晓农.语音学[M].北京：商务印书馆，2010.
Bolinger，D. L. A theory of pitch accent in English [J]. Word，1958 (14)：109 - 149.
Chao，Y. R. A Grammar of Spoken Chinese[M]. USA：University of California Press，1968.
Fry，D. B. Duration and intensity as physical correlates of linguistic stress[J]. J. A. S. A，1955 (27)：765 - 768.
Fry，D. B. Experiments in the perception of stress[J]. Language and Speech，1958 (1)：126 - 152.
Fry，D. B. The dependence of stress judgment on vowel formant structure [M]// Proc. of the 5th International Congress of Phonetic Sciences，Munster (Basel. New York，S. Karger)，1965：306 - 311.
Ladefoged，P. & K. Johnson. A Course in Phonetics[M]. Beijing：Foreign Language Teaching and Research Press，2015.
Lehiste，I. Supersegmentals[M]. USA：M. I. T. Press，1970.
Morton，J. & W. Jassem. Acoustic correlates of stress [J]. Language and Speech，1965 (8)：159 - 191.

儿童腭裂术后普通话单字音中二合元音发音缺陷的类型*

天津师范大学　时秀娟　郝晓娟

内容提要　本文运用实验语音学的研究方法，从主观(听辨)与客观(声学、鼻化度)两方面研究了术后腭咽闭合完全组(VPC组)与腭咽闭合不全组(VPI组)儿童普通话单字音中二合元音的发音情况，归纳出两组腭裂儿童复合元音发音缺陷有以下类型：1. 增生韵头，2. 单元音化，3. 替代(韵头/韵腹/整体替代)，4. 前加辅音构成CVV结构，5. 鼻化或者后加鼻音韵尾，6. 混合型错误或扭曲等。在鼻音异常方面，两组腭裂儿童复合元音的鼻化度与对照组差异较大，且VPI组表现最为严重。造成腭裂儿童复合元音发音偏误的原因主要是腭咽闭合能力的强弱。高元音韵头或韵尾/i/、/y/的鼻化度数值一定程度上可以用来作为检验腭咽闭合情况及鼻音异常等级的指标。矫治腭裂儿童复合元音的发音偏误，首先要改善腭裂儿童的腭咽闭合能力，其次是加强复合元音的舌位动程训练，再次是降低高元音韵头的鼻化程度。

关键词　腭裂；二合元音；鼻化度；共振峰

1. 引　　言

唇腭裂是指胎儿出生时腭部长有裂隙(有的伴有唇裂)，这是人类颌面部最常见的先天性畸形之一，发病率仅次于先天性心脏病。腭裂手术之后患者的腭咽部会表现为腭咽闭合完全(velopharyngeal competency，简称VPC)和腭咽闭合不全(velopharyngeal insufficiency，简称VPI)两种形态。在发音时如果软腭、咽侧壁和咽后壁形成的阀门完全关闭，就是腭咽闭合完全，但如果其中某一部分因为形态、结构或者收缩能力异常，不能完全关闭，就是腭咽闭合不全。VPI和VPC患者由于生理结构异常、长期错误的代偿性发音习惯，会出现各种各样的语音障碍，统称腭裂语音，这种障碍会严重影响他们的生活质量。

腭裂语音在元音上的突出表现就是鼻音过高。但在发音上也存在其他一些问题。国内外医学界及语言学界对腭裂儿童的单元音的鼻音过高现象及发音问题研究较多，对复合元音的研究较少。Spriestersbach D. C.，Darley F. L.，Rouse V.(1956)指出腭裂儿童发英语复合元音时与单元音一样，都会出现鼻化的情况，认为除去元音鼻音化现象，唇腭裂组儿童复合元音发音正确率较高。Roll D. L.(2013)指出腭裂儿童在产生与鼻辅音/m/相邻的复合元音时，会出现鼻音过高的情况。李杨、尹恒(2015)指出腭裂患者在复合元音发音过程中最容易出现

*　国家社科基金项目："儿童腭裂术后语音缺陷的声学特征研究及矫治办法"，项目号：18BYY086。

省略的问题，所以腭裂患者复合元音的省略会表现在韵头、韵腹、韵尾各个部分。这些研究较多集中在医学界，且方法单一，观察的参数也较少。本文从语言学角度出发，将主观听感、声学参数与鼻化度参数结合起来分析两组儿童(VPC组与VPI组)普通话单字音中二合元音的发音缺陷，力图通过分析比较找出语音上的敏感音素与指标，进而帮助判断腭咽闭合情况和腭裂语音缺陷的等级，同时根据实验结果提出针对性的策略，有效矫治腭裂儿童二合元音的发音缺陷。

2. 实 验 说 明

2.1　实验对象

实验对象为30名在四川大学华西口腔医院接受治疗的唇腭裂儿童(VPC组19名，VPI组11名)，年龄跨度为4—13岁。对照组为天津市某小学1—5年级的52名学生，一年级12人，二到五年级各10人，年龄跨度为6—11岁，这些儿童发音时均无明显的方言色彩。

2.2　实验录音

腭裂儿童的录音在四川成都华西口腔医院专用录音室进行，录音材料为自制的词表。录音分为鼻音声学和一般声学两部分，两者同步录音。鼻音声学录音仪器为美国KAY公司开发的Nasometer II 6450鼻音计，在采集录音之前，先根据制造商的具体情况对鼻音计进行校准(校准值越接近1.0，效果越好)。录音时，被试端坐于录音室的椅子上，戴上与鼻音计配套的声能输入装置——头帽，其上有一个支撑于上唇的声音分隔板，两侧各有一个小麦克风，分别收集口腔和鼻腔的声音能量，鼻音计会将鼻腔和口腔的信号数字化，计算鼻音能量与口腔能量和鼻腔能量之和的比值，鼻化度 = 鼻/(口 + 鼻) × 100。与此同时，进行一般声学的录音，采用的软件为Cooledit，采样率为22 050 Hz，单声道，16位。录音时被试主要采取跟读的方式，年龄较大的辅以自主朗读相结合的方式，发音时保持自然的语速、响度和音调，为保证后续数据处理的科学性，所有语音材料要求被试重复两遍。录音采集完毕后，将鼻音声学录音生成.NSP文件，一般声学录音生成.WAV文件。录音时这些儿童均无感冒、咽喉炎、鼻炎等影响发音功能的疾病，无智力或听力障碍，且能够用普通话交流，录音时合作态度良好。

2.3　实验设备

实验以南开大学开发的计算机语音分析系统“桌上语音工作室”(MiniSpeechLab)、“praat”、“Nasometer II 6400鼻音计”等语音分析软件为实验工具进行分析，用Excel和SPSS对得到的语音数据进行有效数据筛选和差异显著性检验。

3. 腭裂儿童二合元音实验结果

本节分析两组腭裂儿童普通话单字音中前响复合元音/ai ei au ou/、后响复合元音/ia iɛ

ua uo yε/的实验结果，主要包括听辨、声学和鼻化度三方面。

3.1 二合元音听辨实验研究

对腭裂儿童的语音进行听辨的是天津师范大学方言学研究方向的老师与同学，听辨者在对腭裂儿童的信息与语音材料一无所知的情况下，被要求用国际音标记出所有音节的声韵调。之后我们会根据听辨者的记音结果对这些腭裂儿童的语音进行正确率的统计，统计方法借鉴石锋、温宝莹(2007)在研究普通话儿童的元音发展时所采用的计算“正确率”的方法，我们设计了一个简单的、容易理解的“3 点评分法”记分系统(“0”=错误；“1”=存在缺陷；“2”=正确)，详细阐述如下：在听辨时，如果一个音素在听感上很清晰，可用一个音标记录，那么该音素得 2 分；如果一个音素在听感上带有模糊性，存在某些缺陷，记音人必须用两个或两个以上的音标记录，或者需用文字和符号加以标注，那么该音素记为 1 分；如果一个音素出现了代偿缺失的情况，或者完全听不懂，那么该音素记为 0 分。记分完毕后，我们计算了每位腭裂儿童每个音素发音的正确率，用公式可表示为：每个腭裂儿童某个音素的发音正确率 = 正确得分/总分×100%，然后将所有腭裂儿童某个音素的正确率相加再取平均值，得出这些腭裂儿童某个音素的平均正确率。最后，我们还根据统计出的正确率数据将这些腭裂儿童的发音整体清晰度分成三个等级：

“合格”(正确率≥67%)：不存在明显的听辨障碍，发音状况良好；“基本合格”(33%≤正确率<67%)：存在一定的听辨模糊性，发音状况有待提高；“不合格”(正确率<33%)：存在听辨障碍，需要通过有针对性的训练才能够正确掌握。

3.1.1 前响复合元音听辨实验结果

两组腭裂儿童单字音中前响复合元音的主观听辨正确率及差异性分析统计结果见表 1。韵腹、韵尾分别计算，下文后响元音做相同的处理。

表 1 两组腭裂儿童单字音前响复合元音的主观听辨正确率

分组	/ai/		/ei/		/au/		/ou/	
	a	i	e	i	a	u	o	u
VPC 组	92% (18.6)	92% (18.9)	89% (23.8)	90% (21.8)	76% (34.6)	92% (24.1)	89% (27.7)	92% (22.5)
VPI 组	88% (17.7)	88% (20.2)	77% (21.5)	86% (23.4)	73% (30.0)	76% (29.8)	82% (21.9)	84% (19.4)
p 值	0.259	0.507	0.065	0.642	0.678	0.117	*0.046	0.072

注：括号里的数据为标准差，* 表示在 0.05 水平上显著，后文同。

据表 1 可知，两组腭裂儿童前响复合元音主观听辨正确率均在 67%以上，发音合格，且 VPC 组听辨正确率均大于 VPI 组，说明 VPC 组前响复合元音的发音情况要好于 VPI 组。两组腭裂儿童的听辨正确率非参数检验结果显示，发现 VPC 组与 VPI 组前响复合元音/ai ei au ou/在主观听感上差异均不显著。

3.1.2　后响复合元音听辨实验结果

两组腭裂儿童单字音中后响复合元音的主观听辨正确率及差异性分析统计结果见表 2。

表 2　两组腭裂儿童单字音中后响复合元音的主观听辨正确率

分组	/ia/		/iɛ/		/ua/		/uo/		/yɛ/	
	i	a	i	ɛ	u	a	u	o	y	ɛ
VPC 组	99% (3.6)	92% (16.0)	93% (16.7)	96% (8.4)	94% (13.0)	92% (15.5)	85% (28.2)	86% (25.4)	94% (17.6)	86% (27.1)
VPI 组	74 (18.9)	80% (24.5)	69% (29.8)	88% (16.9)	93% (10.3)	92% (15.1)	80% (29.2)	58% (40.4)	67% (31.3)	70% (39.6)
p 值	*0.000	0.157	*0.008	0.130	0.719	0.730	0.160	*0.022	*0.003	0.197

VPC 组儿童后响复合元音主观听辨正确率均在 67%以上，发音合格。VPI 组儿童后响复合元音/uo/的韵腹/o/的主观听辨正确率在 33%至 67%之间，属于“基本合格”，其他均在 67%以上，发音合格。同样 VPC 组发音情况较好，听辨正确率大于 VPI 组。两组腭裂儿童的听辨正确率非参数检验结果显示，VPC 组与 VPI 组后响复合元音/ia/的韵头/i/、/iɛ/的韵头/i/、/yɛ/的韵头/y/、/uo/的韵头/u/在主观听感上差异显著，其他均不显著。

根据听感将腭裂儿童前响与后响复合元音的发音错误类型归纳为以下几点：

(1) 增生韵头：/ei/发为/uei/，增生韵头/u/。

(2) 韵尾/韵腹脱落：/ai/发为/a/，/ei/发为/e/，/yɛ/发为/y/，/uo/发为/u/。

(3) 单元音化：/uo/发为/ɔ/，/au/发为/ɑ/。

(4) 替代，包括韵头、韵腹与整体替代三种情况。

韵头替代：/iɛ/发为/yɛ/，/ua/发为/va/。

韵腹替代：/ei/发为/ai/，/ua/发为/uo/。

整体替代：/au/发为/ou/，/ou/发为/au/，/uo/发为/ŋə/。

(5) 前加辅音构成 CVV 结构。如/ia/发为/nia/，/iɛ/发为/niɛ/，/ei/发为/ŋei/，/uo/发为/mo/，/au/发为/xau/，/yɛ/发为/xyɛ/等。

(6) 鼻化或者后加鼻音韵尾。如/ua/发为/uã/或者/uan/，/ia/发为/iã/或者/iang/。

(7) 混合型错误：/yɛ/发为鼻化元音/y/，/yɛ/发为/mie/，/ia/发为/niaŋ/。

3.2　二合元音声学实验结果

3.2.1　前响复合元音声学表现

3.2.1.1　前响复合元音声学空间图

声学空间图是通过提取复合元音中每个音段稳定段的共振峰(F1、F2)数据绘制的，它可以直观地反映腭裂儿童的发音偏误。表 3 为这三组腭裂儿童单字音中前响二合元音第一共振峰和第二共振峰的频率值，图 1 为依据 F1、F2 值得出的三组儿童前响复合元音声学空间图。

表 3 三组儿童前响复合元音 F1、F2 数据

分组		/ai/		/ei/		/au/		/ou/	
		a	i	e	i	a	u	o	u
对照组	F1	1 161(153)	956(141)	756(102)	645(90)	989(122)	817(138)	716(96)	609(88)
	F2	1 955(171)	2 261(223)	2 488(257)	2 733(260)	1 381(183)	1 192(234)	1 143(301)	1 043(329)
VPC组	F1	1 132(130)	919(165)	714(143)	662(106)	968(192)	809(135)	721(143)	631(92)
	F2	1 990(209)	2 388(246)	2 571(346)	2 776(240)	1 444(197)	1 264(133)	1 280(222)	1 124(175)
VPI组	F1	1 153(201)	762(150)	650(119)	583(77)	922(151)	782(132)	707(158)	606(117)
	F2	2 147 (237)	2 608 (232)	2 607(163)	2 780(265)	1 445(184)	1 312(152)	1 405(297)	1 177(233)

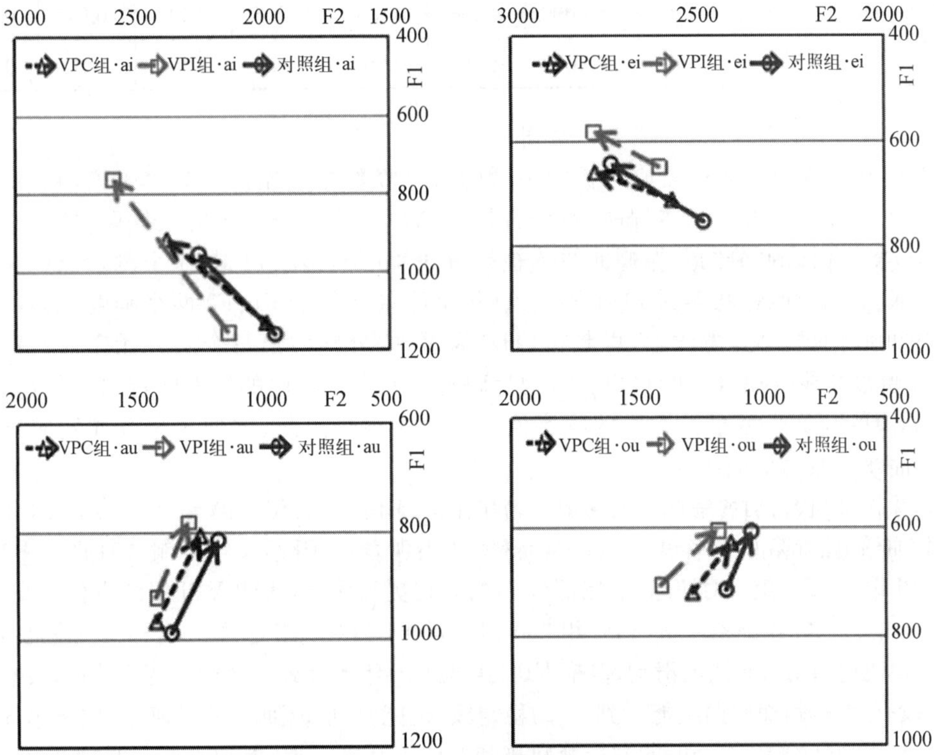

图 1 三组儿童前响复合元音声学空间图

图 1 显示，与对照组相比 VPC 组/ai/的韵尾/i/略前；VPI 组儿童/ai/的韵腹/a/偏前，韵尾/i/偏前偏高，/ei/的韵腹/e/偏高，/ou/的韵腹/o/略偏前；VPC 组的偏误程度好于 VPI 组，处于对照组和 VPI 组中间。

T 检验结果(表 4)表明：(1) VPC 组与对照组：四个前响复合元音的/F1/差异性均不显著，/ai/的韵尾/i/的 F2 差异性显著；(2) VPI 组与对照组：/ai/的韵尾/i/、/ei/的韵腹/e/的 F1 差异性显著，/ai/的韵腹/a/与韵尾/i/、/ou/的韵腹/o/的 F2 差异性显著；(3) VPC 组与

VPI 组：/ai/的韵尾/i/的 F1 差异性显著，/ai/的韵尾/i/的 F2 差异性显著；(4) VPC 组/ai/的韵腹/a/(p = 0.044)、/ei/的韵腹/e/(p = 0.038)与韵尾/i/(p = 0.037)存在显著的性别差异，VPI 组/ai/的韵尾/i/的 F2(p = 0.025)存在性别差异(性别数据从略，下文同)。

表 4　三组儿童前响复合元音 F1、F2 的 t 检验结果

F1/F2		/ai/		/ei/		/au/		/ou/	
		a	i	e	i	a	u	o	u
F1	对照组与 VPC 组	0.462	0.360	0.188	0.510	0.667	0.836	0.886	0.379
	对照组与 VPI 组	0.903	*0.000	*0.010	0.076	0.148	0.490	0.804	0.903
	VPC 组与 VPI 组	0.729	*0.018	0.279	0.073	0.534	0.628	0.804	0.529
F2	对照组与 VPC 组	0.506	*0.049	0.350	0.621	0.233	0.226	0.084	0.322
	对照组与 VPI 组	*0.004	*0.000	0.238	0.694	0.345	0.147	*0.015	0.224
	VPC 组与 VPI 组	0.077	*0.027	0.780	0.968	0.989	0.407	0.215	0.500

3.2.1.2　前响复合元音共振峰轨迹图

共振峰轨迹图是通过提取时长归一后的共振峰数据绘制的。具体来说，在 praat 平台上运行事先编写好的脚本程序，对语音样本的声学测量采取等时长提取，即无论字音的长短，复合元音部分的共振峰曲线均被等分为 10 份，最后得到 11 个测量点的共振峰数据。每个二合元音均得到 11 个测量点(每个测量点包括 F1、F2 两个维度)的数据，最后以时间(t)(归一化)为横轴，以频率(Hz)为纵轴，分别做出每个二合元音的共振峰模式图。通过共振峰模式图既可以直观地反映复合元音各音段的比例问题，也可以通过分析 F1、F2 的高低来考察各音段的频率值。发音人有些扭曲、增加了鼻音或发成单元音的样本除外。

观察图 2 可知，对照组/ai/从/a/到/i/折点比较靠前，主要位于第 5—6 个点，VPI 组的折点比较靠后，位于第 6—7 个点。从音值上看，F1 表现为：VPI 组＜VPC 组＜对照组，F2 表现为：VPI 组＞VPC 组＞对照组，韵尾部分/i/的表现更为明显，表明 VPI 组的舌位最高，最靠前。/ei/的共振峰轨迹图显示，VPC 组与 VPI 组的 F1 与对照组差异不大，即舌位高低没有差异，F2 均表现为由低到高的滑动，但是 VPC 组与 VPI 组始终处于缓慢的变化阶段，没有稳定段，也没有过渡段，而对照组能看到/e/的稳定段，也能看到/e/到/i/的过渡段，位于第 5 个折点处。VPC 组与 VPI 组/au/的共振峰轨迹和对照组基本接近，但动程不太明显。就/ou/的共振峰轨迹来看，VPC 组与对照组的 F1、F2 均表现类似，VPI 组的 F2 与对照组存在差异，两组从/o/到/u/都表现出逐渐下降的趋势，但是 VPI 组前半部分 F2 较高。总体上腭裂儿童的高元音韵头及韵腹的舌位与对照组都有差异。

3.2.1.3　前响复合元音共振峰斜率

共振峰斜率也是二合元音的重要声学特征参数。总体斜率 = (11 个测量点中起点的频率值 - 终点的频率值的差值)/总体时长(数值代表倾斜程度，“ + ”“ - ”代表倾斜方向)。表 5 为三组腭裂儿童前响二合元音共振峰斜率值及 t 检验结果。

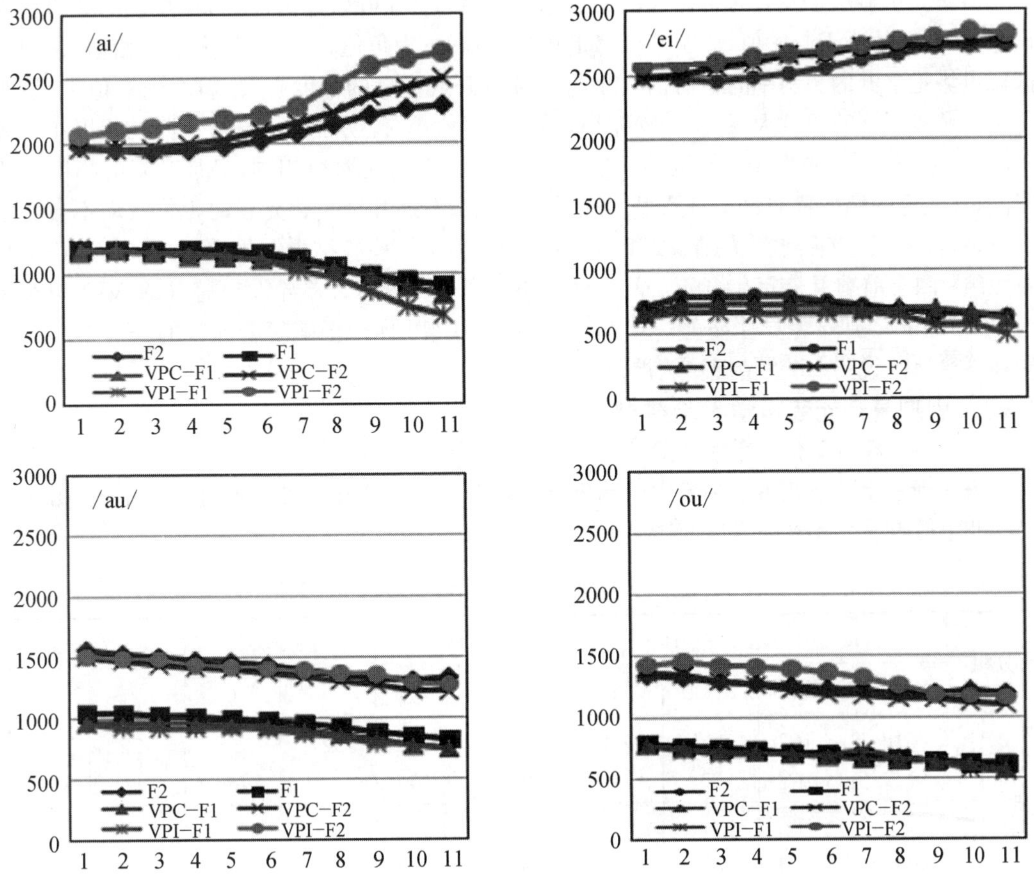

图 2　三组腭裂儿童前响复合元音共振峰轨迹图

表 5　三组儿童前响复合元音共振峰斜率值及 *t* 检验结果

组　　别	ai		ei		au		ou	
	F1	F2	F1	F2	F1	F2	F1	F2
对照组	−0.8 (0.61)	0.9 (0.89)	−0.2 (0.41)	0.6 (0.66)	−0.5 (0.37)	−0.5 (0.62)	−0.4 (0.25)	−0.3 (0.93)
VPC 组	−0.9 (0.62)	1.5 (0.94)	−0.1 (0.47)	0.7 (1.27)	−0.6 (0.40)	−0.7 (0.46)	−0.5 (0.38)	−0.6 (0.35)
VPI 组	−1.2 (0.37)	1.6 (0.71)	−0.3 (0.27)	0.5 (0.73)	−0.4 (0.41)	−0.5 (0.30)	−0.4 (0.34)	−0.5 (0.47)
对照组与 VPC 组	0.530	***0.034**	0.660	0.775	0.599	0.241	0.440	0.337
对照组与 VPI 组	***0.043**	***0.043**	0.686	0.853	0.524	0.745	0.783	0.624
VPC 组与 VPI 组	0.160	0.791	0.529	0.764	0.380	0.127	0.731	0.664

斜率大小显示了发音时舌位滑动的状态。斜率与共振峰轨迹密切相关，若 F1、F2 斜率为正值，即终止值小于起始值，说明共振峰走势是下降的；为负值，即终止值大于起始值，说明共振峰走势是上升的。斜率的绝对值大小与舌位上升或下降的幅度有关，斜率绝对值大，说明舌位上升或下降的幅度大；舌位动程缩小，斜率绝对值小，说明舌位上升或下降的幅度小。表 5 显示，两组腭裂儿童四个复合元音 F1、F2 的升降走势与对照组相同，只是升降的幅度有所不同，升或降的幅度普遍大于对照组。说明腭裂儿童发这几个复合元音时舌位滑动不自然不到位，时长较短。差异较大的在 F2 上，即舌位的前后上。检验结果结果表明：(1) VPC 组与对照组：四个前响复合元音的/F1/差异性均不显著，/ai/的 F2 差异性显著；(2) VPI 与对照组：/ai/的 F1 与 F2 差异性显著；(3) VPC 组与 VPI 组：四个前响复合元音的/F1/与/F2/差异性不显著。说明/ai/的情况更为严重。

3.2.2　后响复合元音声学实验结果

3.2.2.1　*后响复合元音声学空间图*

表 6 为三组腭裂儿童单字音中后响二合元音第一共振峰和第二共振峰的频率值，图 3 为三组儿童后响复合元音声学空间图。

表 6　三组儿童后响复合元音 F1、F2 频率值

分组		/ia/		/iɛ/		/ua/		/uo/		/yɛ/	
		i	a	i	ɛ	u	a	u	o	y	ɛ
对照组	F1	618 (176)	1 162 (165)	413 (55)	778 (140)	715 (162)	1 142 (165)	527 (87)	768 (144)	422 (63)	776 (146)
	F2	2 685 (445)	1 866 (218)	3 108 (496)	2 411 (316)	1 418 (307)	1 735 (215)	959 (416)	1 214 (194)	2 377 (260)	2 106 (185)
VPC 组	F1	566 (110)	1 160 (177)	483 (76)	726 (135)	622 (142)	1 123 (166)	553 (55)	756 (121)	460 (65)	741 (137)
	F2	2 812 (367)	1 878 (234)	3 164 (332)	2 665 (263)	1 093 (183)	1 641 (222)	942 (106)	1 201 (149)	2 486 (277)	2 358 (142)
VPI 组	F1	665 (200)	1 071 (216)	477 (83)	733 (201)	703 (222)	1 010 (255)	526 (103)	777 (177)	463 (84)	679 (138)
	F2	2 655 (295)	1 826 (217)	2 876 (366)	2 461 (271)	1 327 (265)	1 605 (220)	1 074 (276)	1 372 (268)	2 457 (185)	2 339 (188)

由表 6 和图 3 发现：(1) VPI 组的声学空间最小，明显小于 VPC 组与对照组，发音时舌位动程较小，因此元音变异度较小。(2) VPC 组儿童的发音中，/iɛ/的韵头/i/比正常组偏低、韵腹/ɛ/比正常组偏前，/ua/的韵头/u/比正常组偏高偏后，/yɛ/的韵头/y/比正常组偏低、韵腹/ɛ/比正常组偏前；VPI 组儿童的发音中，/iɛ/的韵头/i/比正常组偏低，/ua/的韵腹/a/比正常组偏高，/uo/的韵腹/o/比正常组偏前，/yɛ/的韵腹/ɛ/比正常组偏前；VPI 组/iɛ/的韵头/i/比 VPC 组偏后，/ua/的韵头/u/比 VPC 组偏前，/uo/的韵腹/o/比 VPC 组偏前。

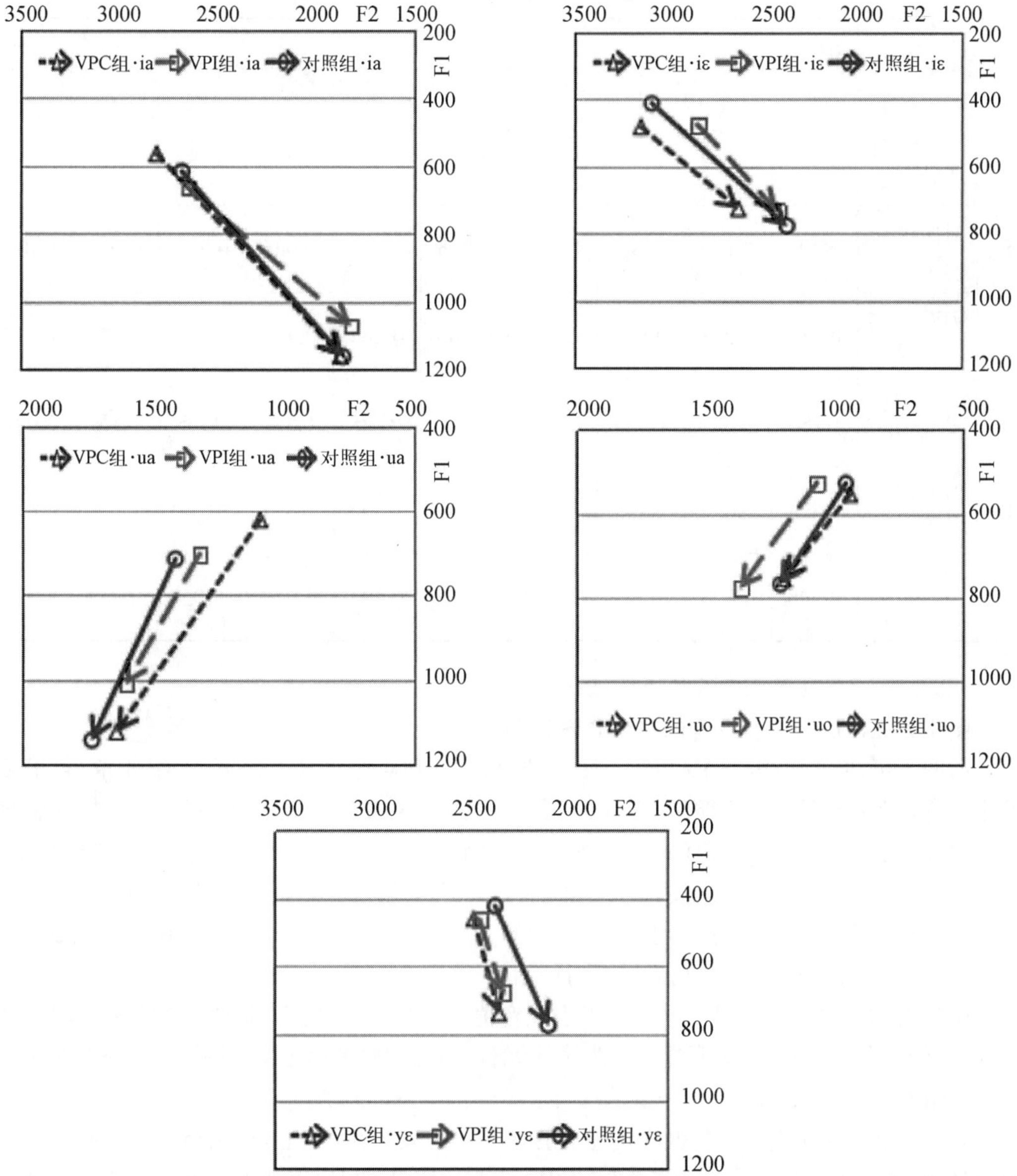

图 3　三组儿童后响复合元音声学空间图

统计结果(表 7)表明：(1) VPC 组与对照组：/iɛ/的韵头/i/、/ua/的韵头/u/与/yɛ/的韵头/y/的 F1 存在显著性差异，/iɛ/的韵腹/ɛ/、/ua/的韵头/u/与/yɛ/的韵腹/ɛ/的 F2 存在显著性差异；(2) VPI 组与对照组：/iɛ/的韵头/i/与/ua/的韵腹/a/的 F1 存在显著性差异，/uo/的韵腹/o/与/yɛ/的韵腹/ɛ/的 F2 存在显著性差异；(3) VPC 组与 VPI 组：五个后响复元音各音段的 F1 差异性均不显著，/iɛ/的韵头/i/、/ua/的韵头/u/与/uo/的韵腹/o/的 F2 存在显著性差异；(4) VPC 组/ua/的韵头/u/的 F1($p = 0.044$)、/ia/的韵头/i/的 F2($p = 0.036$)、/ia/的韵腹/a/的 F2($p = 0.001$)、/uo/的韵头/u/的 F2($p = 0.021$)存在性别差异。

表 7　三组儿童后响复合元音 F1、F2 值 t 检验结果

F1/F2		/ia/		/iɛ/		/ua/		/uo/		/yɛ/	
		i	a	i	ɛ	u	a	u	o	y	ɛ
F1	对照组与 VPC 组	0.961	0.249	*0.000	0.179	*0.040	0.685	0.235	0.755	*0.031	0.373
	对照组与 VPI 组	0.491	0.169	*0.005	0.420	0.855	*0.048	0.965	0.862	0.097	0.071
	VPC 组与 VPI 组	0.113	0.278	0.839	0.916	0.266	0.184	0.472	0.713	0.927	0.275
F2	对照组与 VPC 组	0.284	0.837	0.650	*0.003	*0.000	0.125	0.859	0.785	0.134	*0.000
	对照组与 VPI 组	0.855	0.631	0.189	0.663	0.405	0.102	0.430	*0.040	0.385	*0.001
	VPC 组与 VPI 组	0.298	0.593	*0.048	0.069	*0.014	0.702	0.075	*0.038	0.777	0.778

3.2.2.2　*后响复合元音共振峰轨迹图*

图 4 为三组后响二合元音的共振峰轨迹图。

由图 4 可知，VPC 组与 VPI 组/ia/的共振峰轨迹和对照组基本接近；三组儿童/iɛ/的 F1 基本重合，F2 差异较大。对照组折点位于第 4 个点，而 VPI 组/i/的稳定段特别短，折点靠前，位于第 3 个点，说明这组儿童不能有持续性腭咽闭合。VPC 组的折点与对照组相同，都在第 4 个点的位置，但从/i/到/ɛ/动度小于对照组，说明这组儿童虽然可以持续腭咽闭合，但是术后肌肉灵活度不够，动程较小。对照组/iɛ/的韵头/i/的 F2 值均高于腭裂组，说明无论是 VPC 组还是 VPI 组，其腭咽闭合力均要弱于对照组。

腭裂组和对照组/ua/的差异主要表现在音值上，对照组 F1、F2 都要高于腭裂组，尤其是介音/u/的部分，这种差异更明显，/u/为圆唇元音，因此主要考虑是由于圆唇度不够造成的。

三组儿童/uo/的 F1、F2 均呈现从/u/到/o/逐渐上升的趋势。

腭裂组和对照组/yɛ/的共振峰轨迹上的差异主要表现在 F2 上，对照组从/y/到/ɛ/，有明显的过渡音段，折点位于第 4 个点，但是 VPC 组与 VPI 组的 F2 表现为一条平缓的直线，找不到两个音段间的过渡段，说明腭裂组儿童舌位动度较小。

3.2.2.3　*后响复合元音共振峰斜率*

表 8 为三组腭裂儿童后响二合元音共振峰斜率值。

统计结果表明：(1) VPC 组与对照组：/iɛ/的 F1 与 F2 差异性均显著，/yɛ/的 F2 差异性显著；(2) VPI 组与对照组：/iɛ/的 F2 差异性显著，/yɛ/的 F1 与 F2 差异性均显著；(3) VPC 组与 VPI 组：/ua/的/F1/与/F2/差异性显著；(4) 这些共振峰斜率存在显著差异的音素均表现为：对照组斜率＞腭裂组斜率，说明腭裂组复元音动程较小；(5) VPI 组/ua/的 F1 的斜率($p = 0.039$)存在显著性别差异。

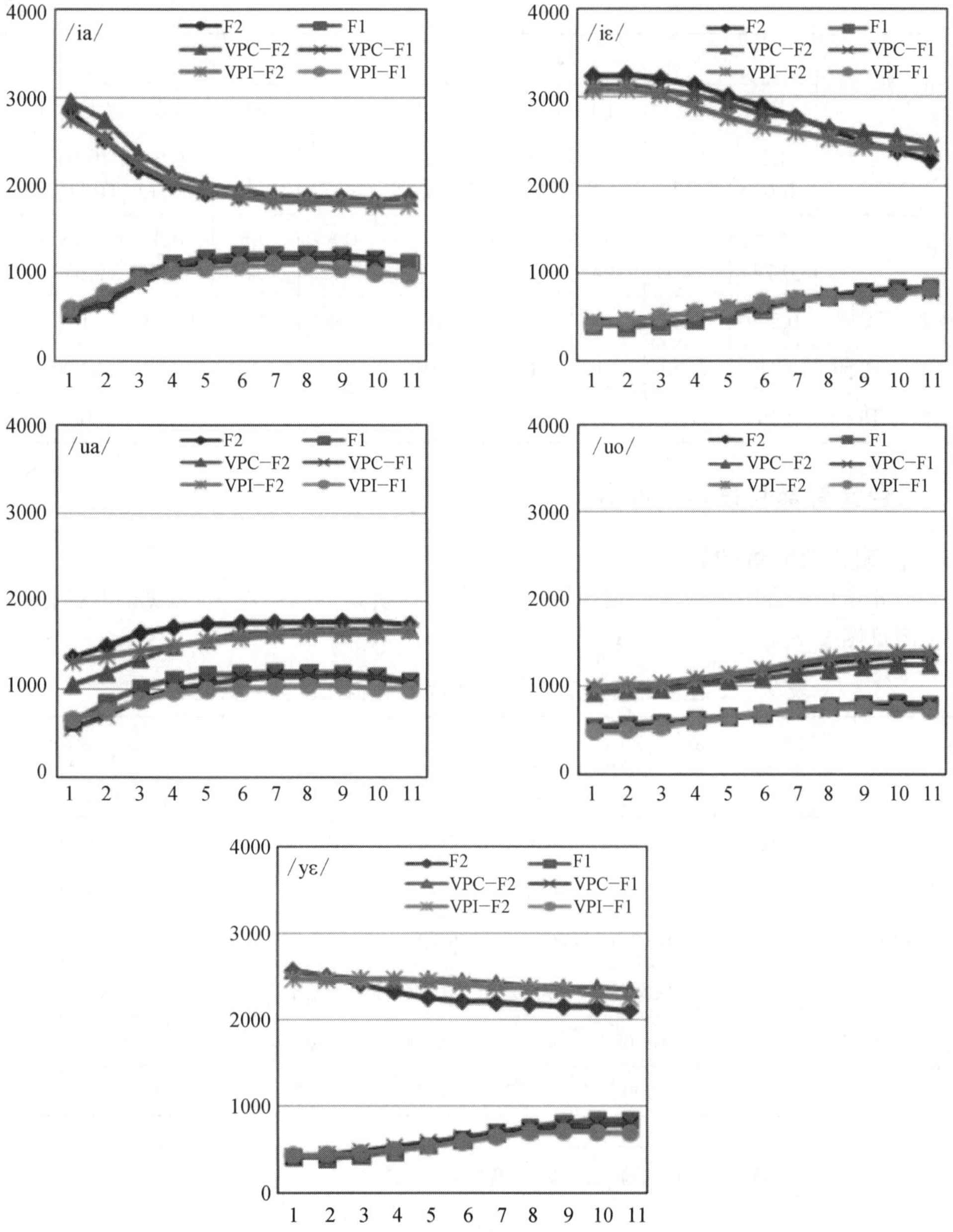

图 4　三组腭裂儿童后响复合元音共振峰轨迹图

表 8　三组儿童后响复合元音共振峰斜率值及 t 检验结果

分　组	/ia/		/iɛ/		/ua/		/uo/		/yɛ/	
	F1	F2	F1	F2	F1	F2	F1	F2	F1	F2
对照组	1.4 (0.65)	−2.2 (1.26)	1.1 (0.49)	−2.5 (1.28)	1.2 (0.72)	1.0 (0.97)	0.7 (0.41)	0.9 (0.81)	1.0 (0.37)	−1.1 (0.86)

续　表

分　组	/ia/		/iɛ/		/ua/		/uo/		/yɛ/	
	F1	F2	F1	F2	F1	F2	F1	F2	F1	F2
VPC 组	1.5 (0.63)	−2.6 (0.84)	0.8 (0.45)	−1.5 (0.84)	1.3 (0.44)	1.5 (0.53)	0.7 (0.39)	0.8 (0.51)	0.9 (0.50)	−0.5 (0.86)
VPI 组	1.1 (0.74)	−2.5 (1.24)	0.8 (0.44)	−1.4 (1.26)	0.8 (0.42)	0.8 (0.42)	0.5 (0.40)	0.8 (0.55)	0.5 (0.51)	−0.5 (0.51)
对照组/VPC 组	0.509	0.239	*0.012	*0.003	0.778	0.069	0.923	0.473	0.188	*0.008
对照组/VPI 组	0.419	0.552	0.087	*0.020	0.066	0.508	0.213	0.768	*0.000	*0.030
VPC 组/VPI 组	0.263	0.821	0.865	0.721	*0.008	*0.003	0.220	0.749	0.063	0.929

3.3　二合元音鼻化度实验结果

3.3.1　前响二合元音的鼻化度

三组儿童单字音中前响复合元音各音段鼻化数据统计结果见表 9。依据表 9 数据绘制成的对比图见图 5。

表 9　三组儿童单字音中前响复合元音鼻化度及 *t* 检验结果

分组	/ai/		/ei/		/au/		/ou/	
	a	i	e	i	a	u	o	u
对照组	23(16.6)	21(14.2)	14(5.7)	14(5.7)	14(8.3)	13(7.8)	10(4.4)	11(4.8)
VPC 组	24(13.5)	25(13.0)	23(19.8)	29(24.1)	21(12.8)	25(16.4)	23(18.6)	29(21.3)
VPI 组	36(9.6)	44(10.5)	47(14.0)	52(12.2)	37(10.0)	41(6.7)	40(9.5)	44(8.0)
对照组与 VPC 组	0.850	0.332	0.059	*0.012	*0.038	*0.006	*0.009	*0.002
对照组与 VPI 组	*0.002	*0.000	*0.000	*0.000	*0.000	*0.000	*0.000	*0.000
VPC 组与 VPI 组	*0.017	*0.000	*0.002	*0.002	*0.001	*0.001	*0.010	*0.012

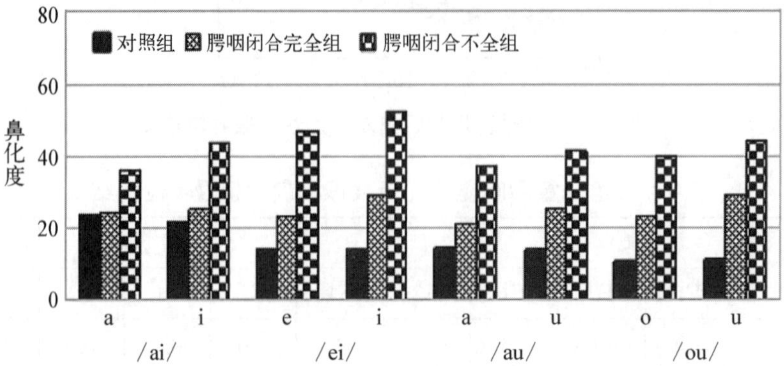

图 5　三组儿童单字音中前响二合元音鼻化度折线图

鼻腔共鸣异常所造成的鼻音过高或鼻音过低都可以在鼻化度上有所反应。正常语音的鼻化度，鼻音在80以上，非鼻音在40以下，鼻化音分布在40—80之间，即断裂带上（时秀娟等，2010）。综合表9和图5发现，这三组儿童前响复合元音的鼻化度排序为对照组＜VPC组＜VPI组，其中对照组鼻化度均在40以下，VPC组鼻化度也均在40以下，VPI组只有/ai/的韵腹/a/、/au/的韵腹/a/与/ou/的韵腹/o/的鼻化度在40或40以下，其他均在40以上，进入鼻化音的范畴。表明VPI组前响复合元音存在鼻音等级过高的问题。

就标准差而言，除了/ai/之外，VPC组与VPI组前响复合元音各音段鼻化度的标准差均要大于对照组，说明对照组相对稳定，而腭裂组具有动态性。

统计结果显示：(1) VPC组与对照组：/ai/的韵腹/a/与韵尾/i/、/ei/的韵腹/e/差异不显著，其他差异性均显著；(2) VPI组与对照组：四个前响复合元音各音段上的鼻化度差异性均显著；(3) VPC组与VPI组：四个前响复合元音各音段上的鼻化度差异性显著。

3.3.2 后响二合元音鼻化度实验研究

三组儿童单字音中后响复合元音各音段鼻化数据统计结果见表10。依据数据绘制的对比图见图6。

表10 三组儿童单字音中后响复合元音鼻化度及t检验结果

分组	/ia/		/iɛ/		/ua/		/uo/		/yɛ/	
	i	a	i	ɛ	u	a	u	o	y	ɛ
对照组	17 (9.1)	20 (14.5)	21 (9.7)	14 (7.3)	13 (4.8)	18 (12.0)	12 (5.4)	11 (6.0)	17 (7.1)	11 (5.3)
VPC组	37 (18.9)	25 (16.5)	51 (23.6)	31 (18.6)	27 (15.5)	23 (14.9)	26 (18.9)	23 (16.0)	42 (19.2)	29 (14.4)
VPI组	58 (10.9)	43 (6.0)	65 (11.0)	42 (13.5)	49 (12.2)	38 (8.8)	52 (8.2)	37 (9.5)	63 (5.5)	43 (10.7)
对照组/VPC组	*0.000	0.236	*0.000	*0.001	*0.001	0.115	*0.004	*0.007	*0.000	*0.000
对照组/VPI组	*0.000	*0.004	*0.000	*0.000	*0.000	*0.000	*0.000	*0.000	*0.000	*0.000
VPC组/VPI组	*0.040	0.052	0.050	0.179	*0.000	*0.002	*0.000	*0.014	*0.000	*0.010

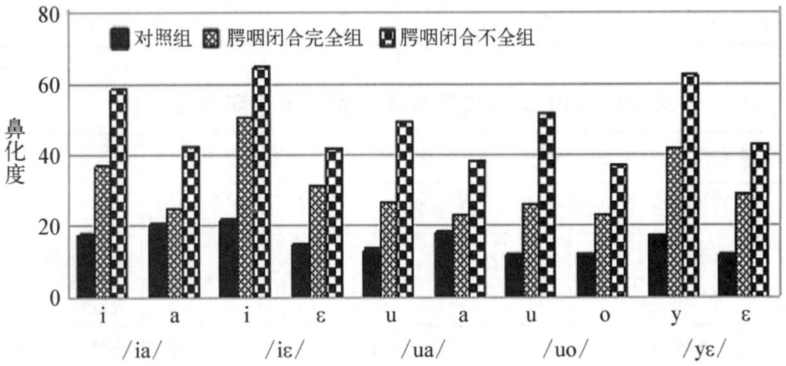

图6 三组儿童单字音中后响二合元音鼻化度折线图

观察表 10 及图 6 可知，三组儿童后响复合元音的鼻化度排序为对照组的鼻化度＜VPC 组＜VPI 组，其中对照组鼻化度均在 40 以下，VPC 组/iɛ/的韵头/i/鼻化度为 51，为鼻化音，其余均在 40 以下，属于口音的范畴，VPI 组只有/ua/的韵腹/a/与/uo/的韵腹/o/的鼻化度在 40 以下，其他均在 40 以上，进入鼻化音的范畴。表明腭裂组后响复合元音存在鼻音等级过高的问题，尤其是 VPI 组。统计结果发现：(1) VPC 组与对照组：除/ua/的韵腹/a/之外，其他鼻化度差异性均显著；(2) VPI 组与对照组：五个后响复合元音各音段上的鼻化度差异性均显著；(3) VPC 与 VPI 组：除/ia/的韵腹/a/、/iɛ/的韵头/i/与韵腹/ɛ/鼻化度不显著之外，其余复合元音各音段上的鼻化度差异性均显著。

3.3.3　二合元音鼻音过高等级分析

鼻化度可以作为划分衡量鼻音过高或过低等级的重要参量。对非鼻音而言，如鼻化度分别为 40 以下、40—60、60—80、80 以上，鼻音过高等级可以分别定为正常、轻度、中度、重度或 0、Ⅰ、Ⅱ、Ⅲ级；对鼻音而言，如鼻化度分别为 80 以上、60—80、40—60、40 以下，鼻音过低等级可以分别定为正常、轻度、中度、重度或 0、Ⅰ、Ⅱ、Ⅲ级。(时秀娟，2018；2019)

按照此标准，表 11—表 14 分别是 VPC 组前响、VPI 组前响、VPC 组后响、VPI 组后响元音的鼻音异常等级所占百分比。

表 11　VPC 组前响元音鼻音异常等级所占百分比

鼻化等级		鼻音正常		轻　度		中　度		重　度		排　　序
		样本数	百分比	样本数	百分比	样本数	百分比	样本数	百分比	
/ai/	a	15	79%	4	21%	0	0%	0	0%	正常 轻度 中度 重度
	i	16	84%	3	16%	0	0%	0	0%	正常 轻度 中度 重度
/ei/	e	16	84%	2	11%	0	0%	1	5%	正常 轻度 重度 中度
	i	13	68%	3	16%	2	11%	1	5%	正常 轻度 中度 重度
/au/	a	18	95%	1	5%	0	0%	0	0%	正常 轻度 中度 重度
	o	15	79%	4	21%	0	0%	0	0%	正常 轻度 中度 重度
/ou/	o	16	84%	2	11%	1	5%	0	0%	正常 轻度 中度 重度
	u	15	79%	2	11%	2	11%	0	0%	正常 轻度 中度 重度
整体		124	82%	21	14%	5	3%	2	1%	正常 轻度 中度 重度

表 12　VPI 组前响元音鼻音异常等级所占百分比

鼻化等级		鼻音正常		轻　度		中　度		重　度		排　　序
		样本数	百分比	样本数	百分比	样本数	百分比	样本数	百分比	
/ai/	a	7	64%	4	36%	0	0%	0	0%	正常 轻度 中度 重度
	i	3	27%	7	64%	1	9%	0	0%	轻度 正常 中度 重度
/ei/	e	2	18%	7	64%	2	18%	0	0%	轻度 正常 中度 重度
	i	1	9%	9	82%	1	9%	0	0%	轻度 正常 中度 重度

续 表

鼻化等级		鼻音正常		轻 度		中 度		重 度		排 序
		样本数	百分比	样本数	百分比	样本数	百分比	样本数	百分比	
/au/	a	6	55%	5	45%	0	0%	0	0%	正常 轻度 中度 重度
	o	4	36%	7	64%	0	0%	0	0%	轻度 正常 中度 重度
/ou/	o	5	45%	6	55%	0	0%	0	0%	轻度 正常 中度 重度
	u	2	18%	9	82%	0	0%	0	0%	轻度 正常 中度 重度
整体		30	34%	54	61%	4	5%	0	0%	轻度 正常 中度 重度

表 13 VPC 组后响元音鼻音异常等级所占百分比

鼻化等级		正 常		轻 度		中 度		重 度		排 序
		样本数	百分比	样本数	百分比	样本数	百分比	样本数	百分比	
/ia/	i	11	58%	6	32%	2	11%	0	0%	正常 轻度 中度 重度
	a	17	89%	0	0%	2	11%	0	0%	正常 中度 轻度 重度
/iɛ/	i	7	37%	5	26%	5	26%	2	11%	正常 轻度 中度 重度
	ɛ	13	68%	5	26%	1	5%	0	0%	正常 轻度 中度 重度
/ua/	u	14	74%	4	21%	1	5%	0	0%	正常 轻度 中度 重度
	a	16	84%	3	16%	0	0%	0	0%	正常 轻度 中度 重度
/uo/	u	16	84%	2	11%	1	5%	0	0%	正常 轻度 中度 重度
	o	17	89%	1	5%	1	5%	0	0%	正常 轻度 中度 重度
/yɛ/	y	10	53%	6	32%	3	16%	0	0%	正常 轻度 中度 重度
	ɛ	15	79%	4	21%	0	0%	0	0%	正常 轻度 中度 重度
整体		136	72%	36	19%	16	8%	2	1%	正常 轻度 中度 重度

表 14 VPI 组后响元音鼻音异常等级所占百分比

鼻音等级		鼻音正常		轻 度		中 度		重 度		排 序
		样本数	百分比	样本数	百分比	样本数	百分比	样本数	百分比	
/ia/	i	0	0%	2	50%	2	50%	0	0%	轻度 中度 正常 重度
	a	1	25%	3	75%	0	0%	0	0%	轻度 正常 中度 重度
/iɛ/	i	0	0%	3	43%	3	43%	1	14%	轻度 中度 重度 正常
	ɛ	4	57%	2	29%	1	14%	0	0%	正常 轻度 中度 重度

续 表

鼻音等级		鼻音正常		轻 度		中 度		重 度		排 序
		样本数	百分比	样本数	百分比	样本数	百分比	样本数	百分比	
/ua/	u	3	27%	7	64%	1	9%	0	0%	轻度 正常 中度 重度
	a	7	64%	4	36%	0	0%	0	0%	正常 轻度 中度 重度
/uo/	u	1	10%	7	70%	2	20%	0	0%	轻度 中度 正常 重度
	o	5	50%	5	50%	0	0%	0	0%	轻度 正常 中度 重度
/yε/	y	0	0%	3	27%	8	73%	0	0%	中度 轻度 正常 重度
	ε	5	45%	5	45%	1	9%	0	0%	轻度 正常 中度 重度
整体		26	30%	41	48%	18	21%	1	1%	轻度 正常 中度 重度

据表11—表14可以发现，VPC组二合元音的鼻音过高等级均是以正常为主，整体呈现出一种正常＞轻度＞中度＞重度的情况，VPI组二合元音的鼻音过高等级主要以轻度为主，整体呈现出一种轻度＞正常＞中度＞重度的情况。VPI组的情况总是差于VPC组，且复合元音中韵头的情况都比韵腹要差。

4. 腭裂儿童复合元音发音偏误的原因

4.1 腭咽闭合能力的强弱是造成两组腭裂儿童复合元音发音偏误的主要原因

首先，我们看到的是，两组腭裂儿童复合元音的发音与正常儿童对照组相比有很大的不同。声学表现更为直观。VPC组与VPI组患者均较难掌握复合元音的动程，主要表现在/ai/、/ei/、/iε/、/yε/中。腭裂组/ai/中/a/到/i/的过渡比较靠后，主要是因为腭裂儿童的腭咽闭合力较弱，不能像正常儿童很快地达到腭咽闭合，耗时较长，过渡折点较为靠后，导致其比例出现了问题。腭裂儿童与对照组复合元音共振峰频率值与轨迹的差异主要表现在F2上。腭裂组/ei/的F2始终处于缓慢的变化阶段，没有稳定段，韵尾/i/有脱落感。/iε/、/yε/偏误的表现原因与/ai/是一致的。这是因为腭裂组较弱的腭咽闭合力达不到/i/所需的腭咽闭合程度，因此便会选择性地将韵尾省略或者发音不够到位。这是两组腭裂儿童的共性。这一结果均与其腭咽闭合能力有关。鼻化度的表现基本都是两组腭裂儿童的鼻化度大于正常对照组儿童的鼻化度。两组腭裂儿童腭咽闭合能力是不同的。VPC组是腭咽闭合完全的，VPI组是腭咽闭合不完全的。VPC组虽然生理机制上已经是腭咽闭合完全，但是仍然与正常组有区别，因为其腭咽闭合仍不稳定。

其次，两组腭裂儿童之间的差异是显著的。两组腭裂儿童/ai/的F2斜率差异性显著，F2由大到小的排序为VPI组＞VPC组＞对照组。两组腭裂儿童/iε/的韵头/i/均比正常组偏低、韵腹/ε/均比正常组偏前，/yε/的韵头/y/均比正常组偏低、韵腹/ε/均比正常组偏前。但VPI组/iε/、/yε/的韵头/i/、/y/又比VPC组偏后。/iε/和/yε/均为后响二合元音，韵腹相同，前高元音做韵头时，腭裂儿童韵头容易偏低偏后，韵腹容易偏前。究其原因，/i/和/y/为前高元音，对腭咽闭合的程度都较高，而且发音一开始就要求腭咽闭合，而腭裂儿童腭咽闭合力较弱，因此韵头偏低偏后。两组腭裂儿童相比，VPI组腭咽闭合能力更差，因此又更加靠后。鼻化度的表现，前文3.3的鼻化度实验结果清楚地显示了VPI组元音的鼻化度都大于VPC组。VPC组与VPI组四个前响复合元音各音段上的鼻化度差异性显著。VPC组与VPI组后响复合元音除/ia/的韵腹/a/、/iɛ/的韵头/i/与韵腹/ɛ/鼻化度不显著之外，其余复合元音各音段上的鼻化度差异性均显著。以鼻化度作为衡量鼻音过高或过低程度的重要参量，VPC组复合元音的鼻音过高等级均是以正常为主，整体呈现出一种正常＞轻度＞中度＞重度的情况。VPI组复合元音的鼻音过高等级以轻度为主，整体呈现出一种轻度＞正常＞中度＞重度的情况。VPI组在单纯手术后其形状与肌肉的位置分布等难以达到正常解剖结构，漏入鼻腔气体较多，造成元音的鼻化度较大，从而出现典型的高鼻音。VPC组腭咽闭合虽然完全，但是很不稳定，与正常组人有差异，所以鼻化度虽低于VPI组，但仍高于正常对照组。因此鼻音过高等级占比一定程度上也可以反映腭裂儿童的腭咽情况。三组儿童复合元音的鼻化度排序从小到大排序为对照组＜VPC组＜VPI组。正常人元音鼻化度的大小与舌位的高低、前后密切相关（时秀娟等，2010；时秀娟，2017）。如VPC组/iɛ/的韵头/i/、/yɛ/的韵头/y/为轻度鼻音过高，其余均属正常；VPI组/ai/、/au/、/ua/的韵腹/a/，/uo/、/ou/的韵腹/o/的鼻音等级为正常，/iɛ/的韵头/i/、/yɛ/的韵头/y/为中度鼻音过高，其余均属轻度鼻音过高。原因是/i/和/y/前高元音对腭咽闭合的程度都较高，而且发音一开始就要求腭咽闭合，而腭裂儿童腭咽闭合力较弱，不能顺利完成，造成鼻化度较高。这与腭裂儿童单元音的表现高度一致。（时秀娟，2020）

4.2 与唇舌活动的灵活度有关

腭裂儿童发音时唇和舌的活动都不够自然，造成了发音不够到位，形成偏误。

汉语普通话的复合元音对发音器官之间在不同元音之间过渡时的运动轨迹和协调配合程度有更高的要求。VPC组最明显的问题是舌位灵活度不够。VPC组腭咽闭合只是达到了解剖结构上的恢复，但是肌功能恢复还没有达到一定程度，发音时虽然他的软腭上抬能达到一定位置，但是连续性、灵活度还没有到达一个预期点，因此复合元音存在的问题仍非常多。VPI组最明显的问题是解剖结构上腭咽闭合就不全，无法达到正常语音所需的腭咽闭合程度，影响到舌头的灵活度，其所发复合元音的声学空间也是最小的，元音舌位动程最差。无论是VPC组还是VPI组，动程都要弱于对照组。腭裂儿童舌位不灵活，软腭动度小，韵腹发音不到位就匆匆结束，因此韵腹会偏前。就共振峰斜率而言，对照组斜率＞腭裂组斜率，说明腭裂组复元音动程较小。

圆唇度不够主要表现在/ou/与/ua/上。对照组/ua/的F1、F2都要高于腭裂组，尤其是介音/u/的部分，这种差异更明显，/u/为圆唇元音，因此主要考虑是圆唇度不够，腭裂组圆唇度不够除了与口腔活动有关之外，还可能与其唇部的闭合形态有关。

5. 结　论

本文运用实验语音学的研究方法，从主观（听辨）与客观（声学、鼻化度）两方面研究了术后腭咽闭合完全组（VPC组）与腭咽闭合不全组（VPI组）儿童单字音中二合元音的发音情况，详细描写了腭裂儿童术后二合元音发音缺陷的声学表现，归纳出的缺陷类型如下：(1) 增生介音，(2) 单元音化，(3) 替代(韵头/韵腹/整体替代)，(4) 前加辅音构成 CVV 结构，(5) 鼻化或者后加鼻音韵尾，(6) 混合型错误或扭曲等。合元音的偏误既有动程上的偏误，如/ei、iɛ、yɛ/，也有音值上的偏误，如/ai/等，这在声学上看得更为清楚。在鼻音异常方面，两组腭裂儿童复合元音的鼻化度与对照组差异较大，其中/ai/的韵尾/i/、/iɛ/的韵尾/i/、/yɛ/的韵头/y/与韵腹/ɛ/、/uo/的韵腹/o/的鼻化度与对照组差异较大，且 VPI 组表现最为严重。所以高元音韵头或韵尾/i/、/y/的鼻化度数值一定程度上可以用来作为检验腭咽闭合情况及鼻音异常等级的指标。造成腭裂儿童复合元音不同程度发音偏误的原因主要是腭咽闭合能力的强弱。对腭裂儿童普通话复合元音语音偏误类型的详细描写为后期的矫治策略的制定提供了依据。目前可初步看到改善腭裂儿童的腭咽闭合能力为第一要务，其次是加强复合元音的舌位动程训练，再次是关注高元音韵头的发音，降低其鼻化程度非常重要。

参考文献

李杨，尹恒.腭裂语音评估与治疗[M].北京：人民军医出版社，2015.

石锋，温宝莹.汉语普通话儿童的元音发展[J].中国语文，2007(5).

时秀娟.鼻音研究[M].北京：中国社会科学出版社，2017.

时秀娟.儿童腭裂术后元音鼻化程度的量化标准[J].辽宁师范大学学报(社会科学版)，2019，42(2).

时秀娟.普通话儿童腭裂术后基础元音发音缺陷的类型[J].当代语言学，2020(3).

时秀娟，冉启斌，石锋.北京话响音鼻化度的初步分析[J].当代语言学，2010，12(4).

王国民.唇腭裂修复术与语音治疗[M].上海：世界图书出版公司，2013.

王萍.汉语普通话前响二合元音共振峰模式的异质性表现[J].语言科学，2019，18(3).

Peterson-Falzone , S. , Trost-Cardamone, J. , Karnell , M. and Hardin-Jones. The Clinician's Guide to Treating Cleft Palate Speech[M]. Mosby , St Louis, 2015.

Roll D. L. Modification of nasal resonance in cleft-palate children by informative feedback[J]. Journal of Applied Behavior Analysis, 2013, 6(3): 397 - 403.

Sara Howard, Anette Lohmander, Cleft Palate. Speech: Assessment and Intervention[M]. John Wiley & Sons, Ltd., Publication, 2011.

Spriestersbach D. C., Darley F L , Rouse V. Articulation Of A Group Of Children With Cleft Lips And Palates[J]. Journal of Speech and Hearing Disorders, 1956, 21(4): 436 - 445.

南昌话双音节词的轻重韵律模式*

河南师范大学　武波

内容提要　文章运用轻重听辨的方法，描写南昌话的轻重韵律面貌，发现南昌话的轻重韵律模式以重轻(HL)型为主，同时存在少量轻重(LH)型，并利用语音实验数据说明南昌话词重音是包括时长在内的音高凸显，推测轻重韵律模式是汉语双音节词连读变调的内在动因。

关键词　南昌话；音高凸显；听辨感知；声学分析；轻重型；重轻型

1. 引　　言

轻重韵律是世界语言的一种共性现象，不同语言都有轻重现象，包括词语层面的和句子层面的，本文主要讨论词语层面的轻重问题。汉语方言词重音研究注重单个方言点的描写，且多是探讨连读变调和轻重韵律的关系，综观前人文献(详参表1)，从南部粤方言到北部官话方言，双音节词的轻重类型存在明显差异。南昌话双音节词的轻重韵律模式如何，本文将通过轻重听辨的方法来加以研究。

表1　文献涉及的方言点及其轻重类型

方　言　名	轻重类型	作　者	年份
北京话	轻重型	林茂灿等	1984
南昌县(蒋县)方言	重轻型	蒋平、谢留文	2001
江西新余方言	重轻型	王晓君	2010
广西三江县六甲话	轻重型	曾晓渝、牛顺心	2006
勾漏片粤方言	轻重型	侯兴泉	2011a
开建话	轻重型	侯兴泉	2011b
绍兴方言	轻重型	张吉生	2013
湖南衡山方言	轻重型/重轻型	刘娟、李如龙	2014

轻重韵律的声学研究，也一直是汉语词重音研究的热点，研究者从最初认为起主要作用的是音强，到音长(林焘 1985)，再到后来的音高(曹剑芬 1986)，现在更是细致地研究音高具

* 本文得到河南省哲学社会科学规划项目(2019CYY024)和河南师范大学青年科学基金项目(2019QK29)的支持，在研究过程中得到江荻研究员、孟雯博士和郭承禹博士的指导，特此致谢。文中讹误盖由作者本人负责。

体的作用方式，是起点音高(初敏等 1993)、调型(调形)(曹剑芬 1986)还是调域上限(王韫佳等 2008)。本文回顾了国内外前人的相关文章，做出理论假设，认为汉语的词重音表现为包括时长在内的音高凸显，以赣方言南昌话为研究对象，把语音实验的结果和轻重听辨的结果对比分析，用数据验证这一假设的可行性。

2. 南昌话的声调

我们参考《汉语方音字汇》(2003)的音系，南昌话单字调有 7 种，具体见表 2：

表 2　南昌话单字调

调类	阴平	上声	阴去	阴入	阳平	阳去	阳入
调值	42	213	45	4	24	21	21

南昌话双音节词的变调比较简单，熊正辉(1979)指出，南昌话只有上声有连读变调，其余六调不变调。上声作为两字组的前字，在阴平、阳平、阴去、阴入前变成 13 调，在上声、阳去、阳入前变成 24 调。上声在轻声前变成 21 调，上声读变调 24 时，跟阳平 24 调相同。上声作为两字组的后字不变调。《南昌方言词典》(1995)也认为："只有和北京话上上变阳平那种性质的连读变调"，但是《南昌方言词典》提出南昌话关于两字组词语的轻重音有三种类型：1. 前轻后重；2. 前重后轻，后字仍保持原调；3. 后字轻声，后字失去原来的调，调值的高低取决于前字，而这种变调只出现在前轻后重①的两字相连时。前字上声 213，后字上声、阳去和阳入，前字变为 24，与阳平相同。"蒋平，谢留文(2001)专门考察了南昌县(蒋巷)方言的轻重音与变调，结果显示，一是重读音节除上声外总是保持单字调。二是变调有两种，一种受调类限制，不受重音支配，这种变调只限于上声；另一种受重音支配的变调只出现在轻读音节里。三是从"重轻轻"格式里尾字和中字不同的变调情况可以分辨两种不同的轻声："边缘轻声"和"过渡轻声"，"过渡轻声"比"边缘轻声"更轻。

前人对南昌话轻重模式的探索，仅限于在研究连读变调时，当作一个原因，或结果，虽然已经注意到了二者之间的密切关系，但并未对南昌话轻重音的面貌进行整体调查、分析、归类，对轻重音和变调之间的作用方式也未探明，本文就以此为出发点，设计实验。

首先针对南昌话的双音节词展开调查，采用一个包含复合词、派生词、单纯词、译名、ABB式等共 615 词的词表，因为有的词不止一种说法，因此最终获取的词条是 687 条，其中双音节词 591 条②。一般情况下，本文实验中尽量采用一般性词语(赵元任 1980，丁译本作普通重音，林茂灿称正常重音 2012)，也就是说，我们关于词重音的讨论无关语义、语法和语气。本文的语料来源都是一手资料，使用专业的声卡(Komplete Audio 6)和话筒(AKG - C544L)进行数据采样，采样软件为斐风 F2.0.2(Field Phon)③，语言样品为 WAV 格式(采样率 44 100 赫

① 《南昌方言词典》(1995)："两字组词语的轻重音，南昌话有三种类型：1. 前轻后重；2. 前重后轻，后字仍保持原调；3. 后字轻声，后字失去原来的调，调值的高低取决于前字。"

② 去除单音节词、三音节词、四音节词等，剩余双音节词 591 条。

③ 斐风软件由上海高校比较语言学 E-研究院、上海师范大学语言研究所潘悟云、李龙、韩夏共同研发。下载网址：东方语言学 http://www.eastling.org

兹,数据位宽 16 比特),发音人为中老年男性①,采录语音的方式是孤立词录音②。

本研究的对象是南昌话的双音节词,我们通过听辨的形式记录南昌话双音节词的轻重,轻重听辨实验主要由 4 人研究小组训练后进行,训练是以印欧语言和非洲语言为模板的轻重听辨训练,训练后研究小组各成员独立对 600 多个词条进行轻重标注,对于标注不一致的词条(数量很少)采用多数人的结果。采取研究小组听辨是由于任何人都具有两种音高或声调听辨能力,即(范畴化的)音高类别感知和物理音高感知,社会群体会对母语各音节音高的调型和调值进行范畴化感知分类,建立起心理上的有限音高类别,并作为音节载义和别义的载体,这就是声调的本质(郭承禹,江荻 2020)。为了克服汉语单音节词声调所带来的听辨固有模式,我们小组以印欧语言和非洲语言为模板进行训练,掌握多音节语言物理音高对比的轻重听辨规则。对于听辨结果,我们用 H 表示重,L 表示轻,HL 型就是前重后轻的重轻型韵律模式,LH 型就是前轻后重的轻重型韵律模式。

然后,我们记录并比较前后音节的音高值,绝对音高值一般用基频赫兹值表示,但相对音高值足以体现前后音节在音高上的差异,所以我们对双音节词的音高值采用赵元任先生创制的五度法来标记。通过和听辨结果的对比,我们发现南昌话的 LH 型模式呈现的前后音节音高值对比分别是:21 + 42、21 + 45、13 + 45、42 + 42、45 + 5、24 + 42、24 + 45、213 + 5 等。像表 3 中例词“点心”,前字音高值 21,后字音高值 42,对应的轻重听辨结果是 LH 型,更多例词如下:

表 3 音高值与轻重对应示例

tiɛn	21	ɕin	42	点心	LH	hɔn	21	san	42	汗衫	LH
tʰi	21	tsən	45	地震	LH	tsʰɿ	21	lɛn	45	自然	LH
lau	213	sət	5	老实	LH	ȵiu	213	iɔk	5	纽约	LH
tsʰa	24	sui	213	茶水	HL	tɕʰi	24	tsɿ	213	棋子	HL
tɕi	42	ŋan	213	鸡眼	HL	tʰiɛn	42	tɕʰi	213	天气	HL

3. 南昌话的韵律类型与音高值组合

南昌话双音节词的轻重听辨结果有两种模式:LH 型和 HL 型,其中以 HL 型为主(450 词③),同时存在少量 LH 型(141 词)④,每种轻重模式表现为多种音高值组合。

表 4 南昌话的轻重韵律模式

	LH 型	HL 型
南昌话	23.9%	76.1%

① 南昌话发音人信息:万 * *,男,1954 年生,退休,大专,南昌市红谷滩。

② 有研究认为孤立词总是带有完句的顿前停言标志,我们认为所有词“一视同仁”采用统一方法还是可取的。

③ 在 HL 型的 450 个例词中,有 173 个后字是轻声,失去原来的调(即《南昌方言词典》中提到的第三种轻重音),这些例词将在南昌话轻声的韵律分析一文中另述。

④ 两种轻重模式 LH 型和 HL 型,词条数占总词条数的比例较高的是该语言主要的轻重类型,剩余那类的比例高于 30%时,描述为“部分存在”(如长沙话);少于 30%时,描述为“少量存在”(如南昌话);二者的比例相差在 10%以内,描述为“对半存在”(如上海话)。

3.1　南昌话重轻型双音节词与音高值组合

南昌话双音节词的第一种轻重类型是 HL 型(重轻型)。HL 型韵律模式的前后音节的音高值分别是：42 + 42、24 + 213、42 + 213、5 + 42、45 + 42、45 + 21、45 + 213、45 + 45、42 + 21、42 + 45、21 + 213、5 + 213、24 + 21、42 + 24、5 + 5、5 + 21 等(按照数量从多到少)。

下面我们观察 HL 型轻重模式具体的音高表现。我们对每种音高值组合取一词例,列出其声波和音高图,如图 1 左。接着,我们再从每个音高值组合中抽取一定数量的词例(音高值组合的词例数量在 8 个以上的取 8 个样本,8 个以下的全取),手动标注音高的始末位置,用 Praat 脚本提取时长和音高数据,取其平均值,画出音高曲线,得到南昌话双音节词 HL 型的韵律模型,如图 1 右。

(1) 24 + 213,这类音高值组合占全部双音节词的 4.06%(24/591)。词例[ts^{h}ɔn$^{213-24}$ tɕ^{h}i^{213}]喘气,此音高值组合的轻重模式如图 1。

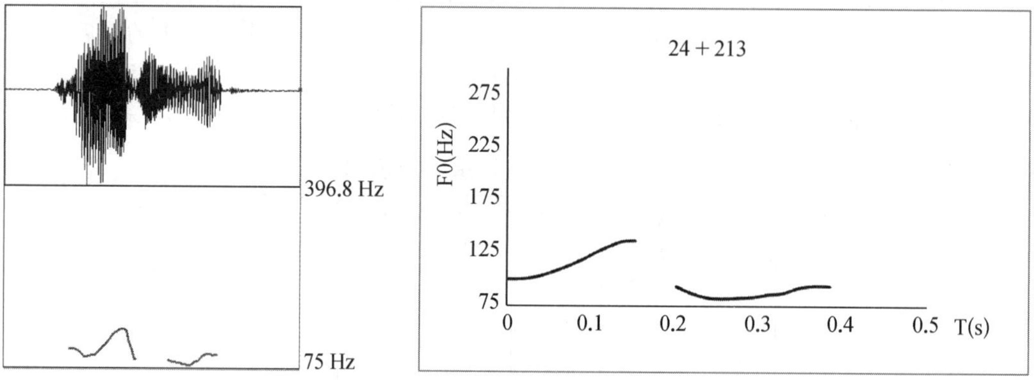

图 1　音高值组合 24 + 213 的词例和轻重模式

从图 1 可以看出,24 + 213 的音高值组合明显前字高于后字,前字音高值高点 137 Hz,后字音高值高点 95 Hz,这样前高后低的音高值组合对应了我们听感上前重后轻的 HL 型韵律模式,音高值高的对应了重,音高值低的对应了轻,与前后音节的位置无关。关于重音和音高的这种对应关系,研究语音识别的学者有很多相似的研究成果,王蓓,杨玉芳,吕士楠(2002),通过心理感知实验发现高音点是重音知觉的主要声学相关物,与低音点和音域相比,高音点的提高是句中重读音节的主要声学表现。陈明、王安红等(2003)也通过比较普通话相邻两音节词的音高,发现凸显和不凸显双音节词的音高差别主要体现在高音点上,凸显双音节词音高的高音点有较明显的上升,低音点变化不明显。胡伟湘、董宏辉、陶建华、黄泰翼(2005)研究发现,重音的声学表现主要是在音高的抬高和音长的延长,而倪崇嘉、刘文举、徐波(2009)进一步研究发现,重音处的音域大而且音高高线的位置高,并且对着重音级别的升高,不同声调的音高高点呈现明显的上升趋势。24 + 213 音高值组合的具体例词如下：

ts^{h}a^{24} sui^{213}	茶水	tɕ^{h}i^{24} tsɿ^{213}	棋子
ts^{h}ɔn$^{213-24}$ tɕ^{h}i^{213}	喘气	tɕ^{h}in^{24} k^{h}uai^{213}	勤快
ta$^{213-24}$ p^{h}i^{213}	打屁(放屁)	tɕiɛn^{24} tsɿ^{213}	钱纸(烧纸)

hau$^{213-24}$ tai^{213}	好歹	ɕiu$^{213-24}$ tsɔŋ^{213}	手掌
p^{h}uŋ^{24} iu^{213}	朋友	sui$^{213-24}$ ɕiu^{213}	水手

(2) 42+213，这类音高值组合占全部双音节词的 3.55%(21/591)。词例[t^{h}iɛn^{42} tɕ^{h}i^{213}]天气，此音高值组合的轻重模式如图 2。

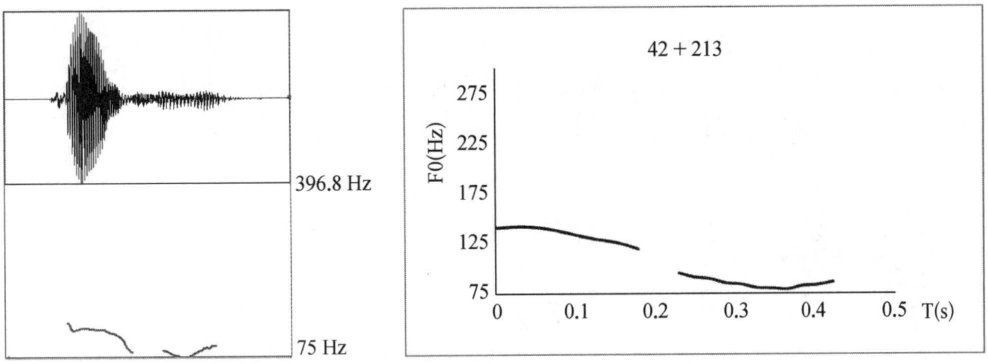

图 2 音高值组合 42+213 的词例和轻重模式

从图 2 可以看出，42+213 的音高值组合明显前字较高，前字音高值高点 142 Hz，后字高点 96 Hz，这样前高后低的音高值组合，和我们听感上前重后轻的韵律模式相对应。例词具体如下：

ts^{h}u^{42} lu^{213}	粗鲁	ŋɔ^{42} sɿ^{213}	屙屎(拉屎)
tɔ^{42} sɛu^{213}	多少	sɛu^{42} tsɿ^{213}	烧纸
tɕi^{42} ŋan^{213}	鸡眼	t^{h}iɛn^{42} tɕ^{h}i^{213}	天气
tɕiɛn^{42} piaŋ^{213}	煎饼(动词)	tsən^{42} li^{213}	真理
k^{h}ai^{42} sui^{213}	开水	tɕy^{42} ku^{213}	猪牯(公猪)

(3) 5+42，这类音高值组合占全部双音节词的 3.05%(18/591)。词例[ts^{h}uk^{5} sɛn^{42}]畜生，此音高值组合的轻重模式如图 3。

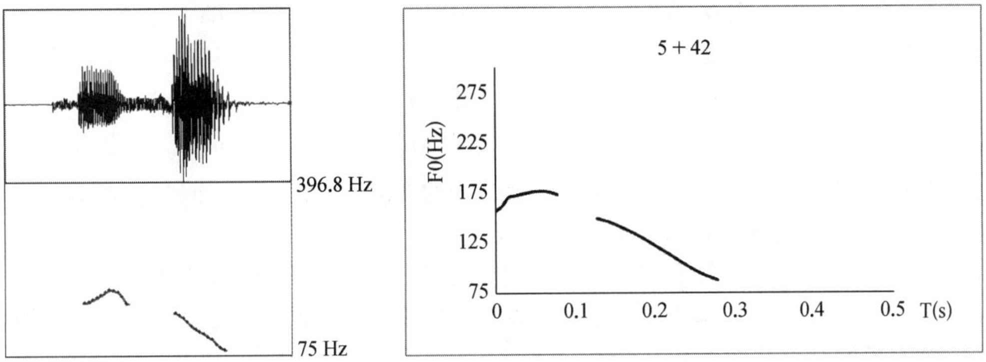

图 3 音高值组合 5+42 的词例和轻重模式

从图中我们可以看出，5+42 的音高值组合明显前字较高，前字音高值高点 177 Hz，后字高点 149 Hz，由此形成前高后低的音高值分布，对应了我们听感上前重后轻的 HL 型韵律模式。例词具体如下：

tsʰuk^{5} sɛn^{42}	畜生	lɛt^{5} kua^{42}	□瓜（黄瓜）
fat^{5} sɛu^{42}	发烧	lat^{5} tɕiɛu^{42}	辣椒
kuat^{5} fuŋ^{42}	刮风	mit^{5} fuŋ^{42}	蜜蜂
kuɔk^{5} ka^{42}	国家	tɕʰiak^{5} iɛn^{42}	喫烟（吸烟）
tsʰɔk$^{2-5}$ ɕiu^{42}	着羞（害羞）	ɕyɔt^{5} fa^{42}	雪花

（4）45 + 42，这类音高值组合占全部双音节词的 3.05%（18/591）。词例[mau^{45} kʰaŋ^{42}]茅坑（厕所），此音高值组合的轻重模式如图 4。

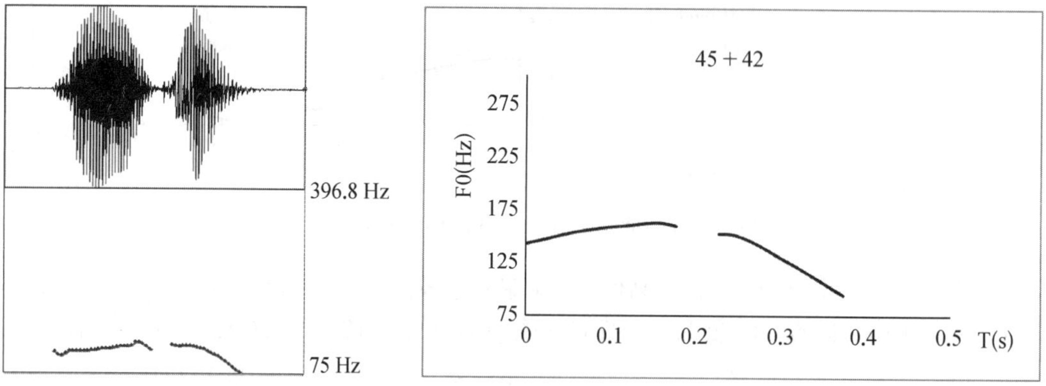

图 4　音高值组合 45 + 42 的词例和轻重模式

从图中我们可以看出，45 + 42 的音高值组合前后字音高值比较接近，前字音高值高点 162 Hz，后字音高值高点 152 Hz，然后，我们观测了前后字的时长值，发现前字长于后字，前字时长 176 ms，后字时长 146 ms。音高值前后字接近时，时长值的前长后短对应了我们听感上前重后轻的韵律模式。例词具体如下：

mau^{45} kʰaŋ^{42}	茅坑（厕所）	miɛn^{45} fa^{42}	棉花
ȵi^{45} ɕin^{42}	疑心（怀疑）	lɔŋ^{45} tsuŋ^{42}	郎中（医生）
uɔŋ^{45} kua^{42}	黄瓜	mi^{45} ɕy^{42}	秘书
lɛu^{45} tʰi^{42}	楼梯	kui^{45} fa^{42}	桂花
mau^{45} i^{42}	毛衣	mɔ^{45} ku^{42}	蘑菇

（5）45 + 21，这类音高值组合占全部双音节词的 2.88%（17/591）。词例[fəi^{45} tsʰau^{21}]肥皂，此音高值组合的轻重模式如图 5。

从图 5 可以看出，45 + 21 的音高值组合明显前字高于后字，前字音高值高点 160 Hz，后字高点 131 Hz，由此形成的前高后低的音高值组合对应于我们听感上前重后轻的 HL 型韵律模式。例词具体如下：

fəi^{45} tsʰau^{21}	肥皂	lɛu^{45} hɔ^{21}	柔和
ku^{45} sɿ^{21}	故事	tsɛn^{45} sɿ^{21}	战士
uɔŋ^{45} tʰɛu^{21}	黄豆	miaŋ^{45} tsʰɿ^{21}	名字

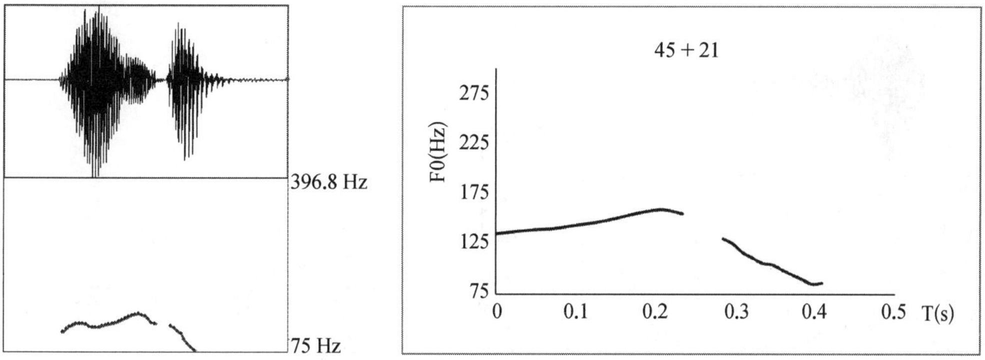

图 5　音高值组合 45 + 21 的词例和轻重模式

ma^{45} li^{21}	麻利	sɿ^{45} hɛu^{21}	时候
mən^{45} lu^{21}	门路	in^{45} tu^{21}	印度

（6）45 + 213，这类音高值组合占全部双音节词的 2.88%（17/591）。词例[ɕiɔŋ^{45} p^{h}iɛn^{213}]相片，此音高值组合的轻重模式如图 6。

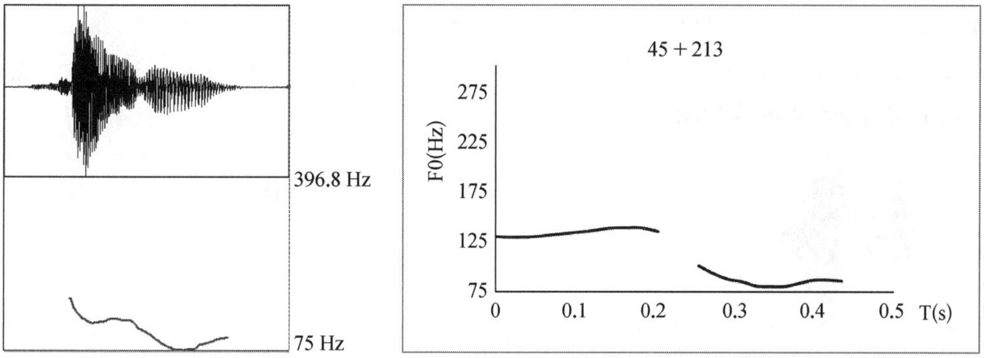

图 6　音高值组合 45 + 213 的词例和轻重模式

从图 6 可以看出，45 + 213 的音高值组合明显前字较高，前字音高值高点 139 Hz，后字高点 101 Hz，这样前高后低的音高值组合对应了我们听感上前重后轻的 HL 型韵律模式。例词具体如下：

fɔŋ^{45} p^{h}i^{213}	放屁	ɕin^{45} tsɿ^{213}	信纸
iɔŋ^{45} kan^{213}	洋碱（肥皂）	uan^{45} sui^{213}	玩水（游泳）
fu^{45} ɕiu^{213}	扶手	iu^{45} iuŋ^{213}	游泳
kai^{45} tsɿ^{213}	戒指	yn^{45} ts^{h}ai^{213}	云彩
liɛn^{45} tsɿ^{213}	莲子	tsɛn^{45} iu^{213}	战友

（7）42 + 21，这类音高值组合占全部双音节词的 2.37%（14/591）。词例[ŋən^{42} tɕ^{h}in^{21}]安静，此音高值组合的轻重模式如图 7。

从图 7 可以看出，42 + 21 的音高值组合明显前字高于后字，前字音高值高点 133 Hz，后字高点 97 Hz，由此形成的前高后低的音高值分布对应于我们听感上前重后轻的韵律模式。例

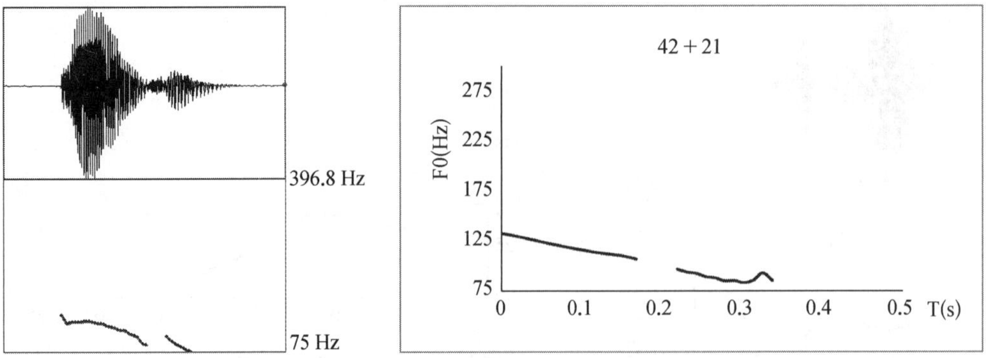

图 7　音高值组合 42 + 21 的词例和轻重模式

词具体如下：

ŋɔn^{42} tɕ^{h}in^{21}	安静	k^{h}ɔn^{42} fu^{21}	看护
ɕiɔŋ^{42} ma^{21}	相骂(吵架)	tsau^{42} t^{h}at$^{5-21}$	糟蹋(浪费)
tɕi^{42} t^{h}an^{21}	鸡蛋	ŋɔ^{42} ȵiɛu^{21}	屙尿(撒尿)
ka^{42} tɕ^{h}y^{21}	家具	saŋ^{42} p^{h}iaŋ^{21}	生病
tɕin^{42} ȵit$^{5-21}$	今日(今天)	t^{h}iɛn^{42} liɔŋ^{21}	天亮

(8) 42 + 45，这类音高值组合占全部双音节词的 2.2%(13/591)。词例[ɕin^{42} lɔŋ^{45}]新郎，此音高值组合的轻重模式如图 8。

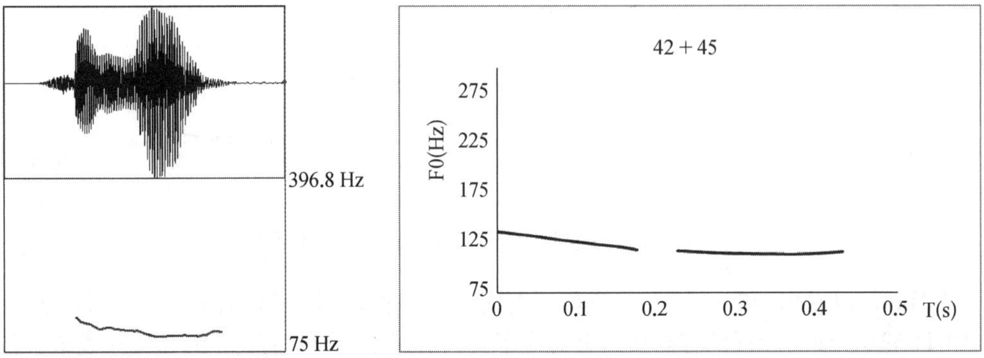

图 8　音高值组合 42 + 45 的词例和轻重模式

从图 8 可以看出，42 + 45 的音高值组合前字音高值高于后字，前字音高值高点 136 Hz，后字音高值高点 117 Hz，这样前高后低的音高值组合，和我们听感上前重后轻的 HL 型韵律模式相对应。例词具体如下：

kɔn^{42} tsa^{45}	甘蔗	t^{h}uŋ^{42} fuŋ^{45}	通红
kɔn^{42} liɔŋ^{45}	干粮	ɕiɛu^{42} fa^{45}	消化
kau^{42} ɕin^{45}	高兴	ɕin^{42} lɔŋ^{45}	新郎
kuŋ^{42} ȵiu^{45}	公牛	ka^{42} lɛn^{45}	佳能
liu^{42} yɔn^{45}	溜圆	pa^{42} li^{45}	巴黎

(9) 21+213,这类音高值组合占全部双音节词的1.86%(11/591)。词例[y^{21} mi^{213}]玉米,此音高值组合的轻重模式如图9。

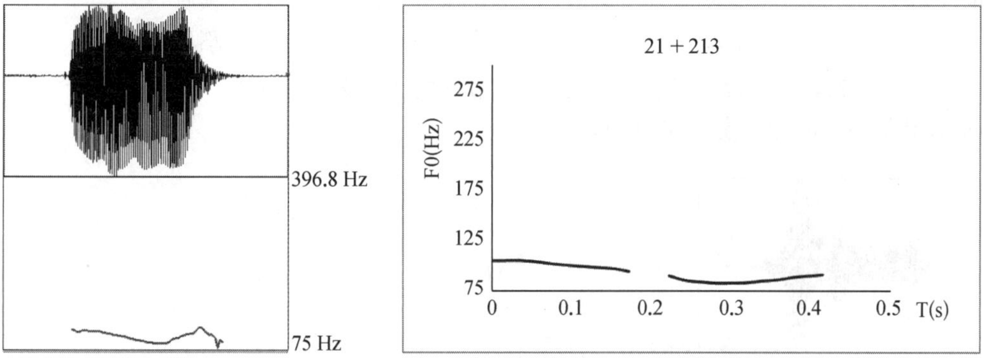

图9 音高值组合21+213的词例和轻重模式

从图9可以看出,21+213的音高值组合前字音高值略高,前字音高值高点106 Hz,后字音高值高点91 Hz,这样前高后低的音高值组合对应了我们听感上前重后轻的HL型韵律模式。例词具体如下:

t^{h}au^{21} li^{213}	道理	ha^{21} sui^{213}	下水
fan^{21} p^{h}u^{213}	饭铺(饭馆)	iu^{21} ɕiu^{213}	右手
fu^{21} mu^{213}	父母	y^{21} mi^{213}	玉米
hai^{21} p^{h}a^{213}	害怕	fu^{21} k^{h}iɛu^{213}	户口
lu^{21} sui^{213}	露水	t^{h}iɛn^{21} in^{213}	电影

(10) 5+213,这类音高值组合占全部双音节词的1.69%(10/591)。词例[ts^{h}ɔk$^{2\text{-}5}$ p^{h}a^{213}]着怕(害怕),此音高值组合的轻重模式如图10。

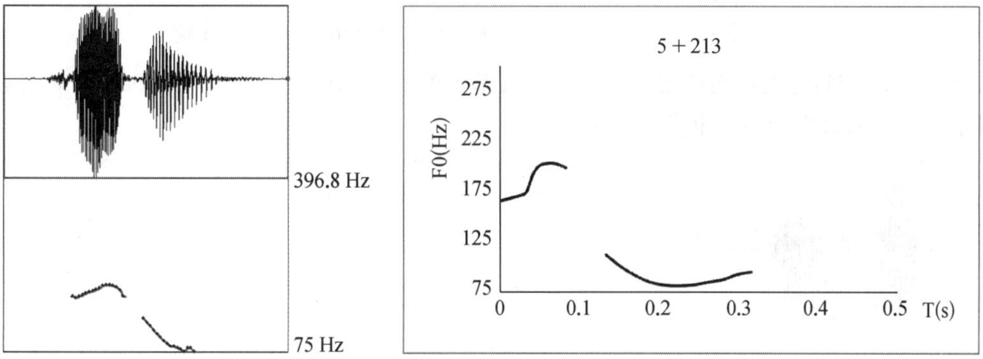

图10 音高值组合5+213的词例和轻重模式

从图10可以看出,5+21的音高值组合明显前字较高,前字音高值高点184 Hz,后字音高值高点109 Hz,由此形成前高后低的音高值组合对应于我们听感上前重后轻的韵律模式。例词具体如下:

tɕ^{h}iak^{5} pau^{213}	喫饱(吃饱)	lɔk$^{2\text{-}5}$ y^{213}	落雨(下雨)

ts^{h}ɔk$^{2-5}$ p^{h}a^{213}	着怕(害怕)	it^{5} tɕ^{h}i^{213}	一起
tɕ^{h}iak^{5} tɕiu^{213}	喫酒(喝酒)	tat^{5} li^{213}	搭理
muk^{5} t^{h}an^{213}	木炭	t^{h}uk$^{2-5}$ tsa^{213}	读者
uk^{5} tin^{213}	屋顶	t^{h}at^{5} piɛn^{213}	踏扁(踩扁)

(11) 24＋21,这类音高值组合占全部双音节词的 1.52%(9/591)。词例[tɕ^{h}i$^{213-24}$ ui^{21}]气味,此音高值组合的轻重模式如图 11。

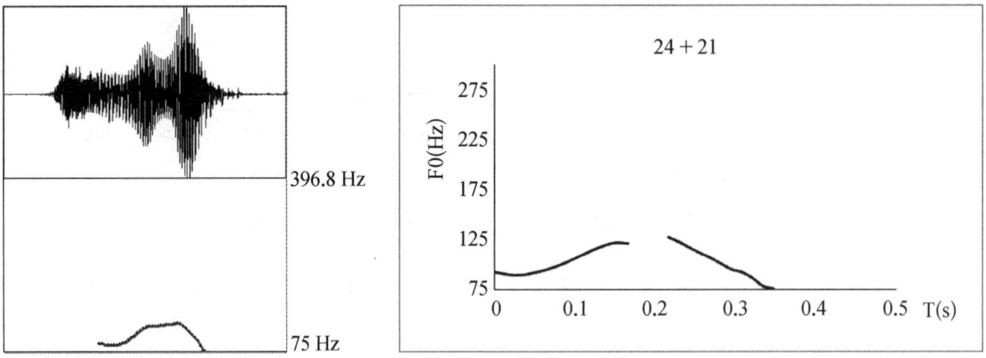

图 11　音高值组合 24＋21 的词例和轻重模式

从图 11 可以看出,24＋21 的音高值组合前后字音高值比较接近,前字音高值高点 122 Hz,后字音高值高点 128 Hz,后字反而比前字还高,接着我们观测了前后字的时长值,发现前字长于后字,前字时长 165 ms,后字时长 131 ms。音高值前后字接近时,时长值的前长后短,和我们听感上前重后轻的韵律模式相对应。例词具体如下:

ts^{h}ən^{24} ts^{h}uŋ^{21}	沉重	t^{h}i$^{213-24}$ miɛn^{21}	体面
kai$^{213-24}$ sɛn^{21}	改善	ɕi$^{213-24}$ miɛn^{21}	洗面(洗脸)
ma$^{213-24}$ sɔŋ^{21}	马上	tsau$^{213-24}$ fan^{21}	早饭
tɕ^{h}i$^{213-24}$ ui^{21}	气味	k^{h}ɔn$^{213-24}$ p^{h}iaŋ^{21}	看病

(12) 42＋24,这类音高值组合占全部双音节词的 1.35%(8/591)。词例[tsu^{42} p^{h}ɔ^{24}]猪婆(母猪),此音高值组合的轻重模式如图 12。

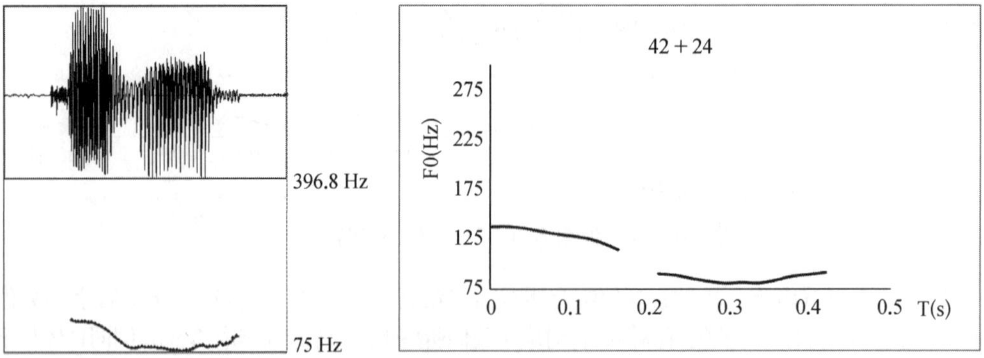

图 12　音高值组合 42＋24 的词例和轻重模式

从图 12 可以看出，42 + 24 的音高值组合明显前字高于后字，前字音高值高点 138 Hz，后字音高值高点 92 Hz，这样前高后低的音高值组合对应了我们听感上前重后轻的 HL 型韵律模式。词具体如下：

kaŋ^{42} tsʰai^{24}	刚才	uɔ^{42} tʰəu^{24}	窝头
fəi^{42} tsʰən^{24}	灰尘	tɕi^{42} pʰɔ^{24}	鸡婆(母鸡)
kau^{42} tɕʰin^{24}	交情	tɕʰin^{42} tʰin^{24}	蜻蜓
tsu^{42} pʰɔ^{24}	猪婆(母猪)	ŋa^{42} pʰɔ^{24}	阿婆

(13) 5 + 21，这类音高值组合占全部双音节词的 0.85%(5/591)。词例[iɔk^{5} fəi^{21}]约会，此音高值组合的轻重模式如图 13。

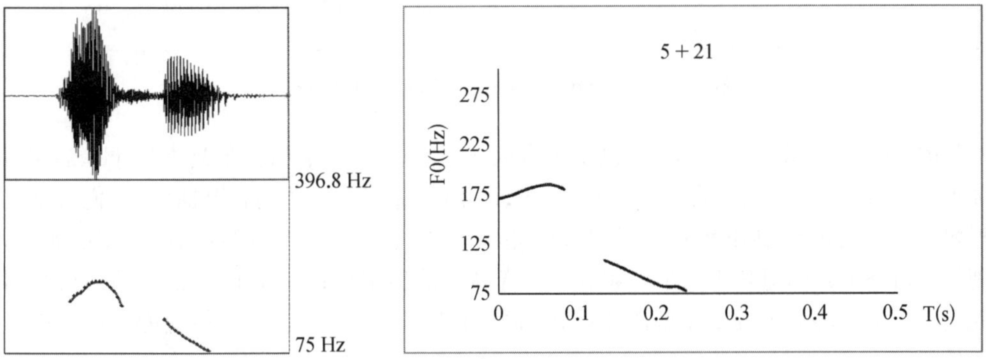

图 13 音高值组合 5 + 21 的词例和轻重模式

从图 13 可以看出，5 + 21 的音高值组合明显前字较高，前字音高值高点 184 Hz，后字音高值高点 109 Hz，由此形成前高后低的音高值分布，和我们听感上前重后轻的韵律模式相对应。例词具体如下：

tɛt^{5} tsui^{21}	得罪	iɔk^{5} fəi^{21}	约会
fat^{5} sɿ^{21}	发誓	ɕyɔt^{5} uɔŋ^{21}	血旺(猪血)

HL 型轻重模式作为南昌话主要的轻重模式，在轻重听辨结果和音高值的对应中，主要以音高凸显为主，即听辨结果中重的音节在音高值上和轻的音节对比明显，而很少出现以时长凸显为主的情况，即听辨结果中重的音节在音高值上和轻的音节对比不明显，在时长值上对比明显。

HL 型轻重模式的 42 + 42、45 + 45、5 + 5 音高值组合，我们将在 3.3 小节的等高型组合中详细介绍。

3.2 南昌话轻重型双音节词与音高值组合

南昌话双音节词的第二种轻重类型是 LH 型(轻重型)。LH 型韵律模式的前后音节的音高值分别是：21 + 42、21 + 45、13 + 45、42 + 42、45 + 5、24 + 42、24 + 45、213 + 5 等(按照数量从多到少排列)。

下面我们看 LH 型轻重模式具体的音高表现。具体实验方法和 3.1 的重轻型一致。

(1) 21 + 42,这类音高值组合占全部双音节词的 3.21%(19/591)。词例[tɕi$^{213-21}$ tɔ^{42}]几多(多少),此音高值组合的轻重模式如图 14。

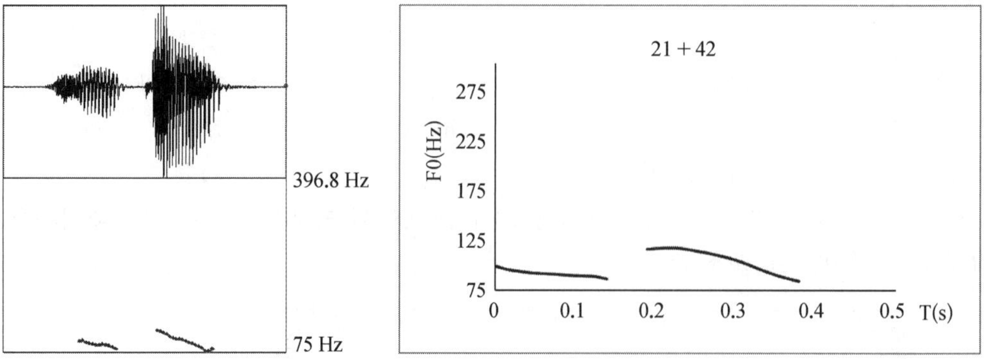

图 14　音高值组合 21 + 42 的词例和轻重模式

从图 14 可以看出,21 + 42 的音高值组合明显后字较高,前字音高值高点 99 Hz,后字音高值高点 117 Hz,虽然前后字音高差值只有 18 Hz,但是综观南昌话的音高曲线,我们可知南昌话材料整体音域较窄,因此前后字音高值的差距不会太大。同时我们观测前后字的时长值,发现后字(188 ms)明显长于前字(140 ms)。音高值前后字接近①时,时长值的前短后长对应了我们听感上前轻后重的 LH 型韵律模式,时长值长的对应了重,时长值短的对应了轻。例词具体如下:

tʰai^{21} i^{42}	大衣	kuan$^{213-21}$ ka^{42}	管家
tiɛn$^{213-21}$ ɕin^{42}	点心	hɔn^{21} san^{42}	汗衫
tin$^{213-21}$ tsən^{42}	顶针	kʰu$^{213-21}$ kua^{42}	苦瓜
tɕi$^{213-21}$ tɔ^{42}	几多(多少)	mu$^{213-21}$ tsu^{42}	母猪
tɕʰi$^{213-21}$ fuŋ^{42}	起风(刮风)	mɛu$^{213-21}$ tan^{42}	牡丹

(2) 21 + 45,这类音高值组合占全部双音节词的 2.37%(14/591)。词例[tʰi^{21} tsən^{45}]地震,此音高值组合的轻重模式如图 15。

从图 15 可以看出,21 + 45 的音高值组合前字(101 Hz)后字(116 Hz)音高值高点比较接近,后字略高,虽然前后字音高差值只有 15 Hz,但是我们观测前后字的时长值,发现后字(213 ms)明显长于前字(160 ms)。音高值前后字接近时,时长值的前短后长对应了我们听感上前轻后重的 LH 型韵律模式,时长值长的对应了重,时长值短的对应了轻。例词具体如下:

tʰai^{21} i^{45}	大意	iuŋ^{21} ȵin^{45}	用人
tʰi^{21} tsən^{45}	地震	tsʰɿ^{21} lɛn^{45}	自然
tu$^{213-21}$ tsəu^{45}	赌咒(发誓)	tɕʰy$^{213-21}$ ȵiɛn^{45}	去年
kaŋ$^{213-21}$ tɕiu^{45}	讲究	y^{21} lan^{45}	玉兰

① 作者根据南昌话的语料,把 20 Hz 以下的前后字音高差值视为"接近"。

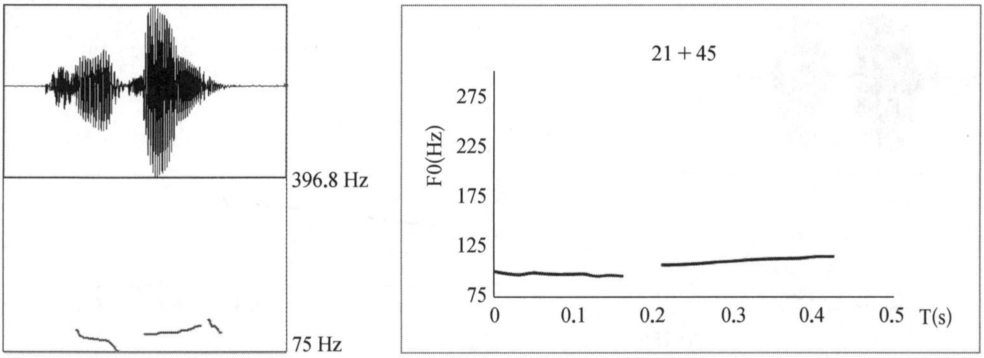

图 15　音高值组合 21 + 45 的词例和轻重模式

ku$^{213-21}$ kuai^{45}	古怪(奇怪)	tɕ^{h}in^{21} fa^{45}	净化

(3) 13 + 45,这类音高值组合占全部双音节词的 1.69%(10/591)。词例[kaŋ$^{213-13}$ tsɔŋ^{45}]扛仗(吵架),此音高值组合的轻重模式如图 16。

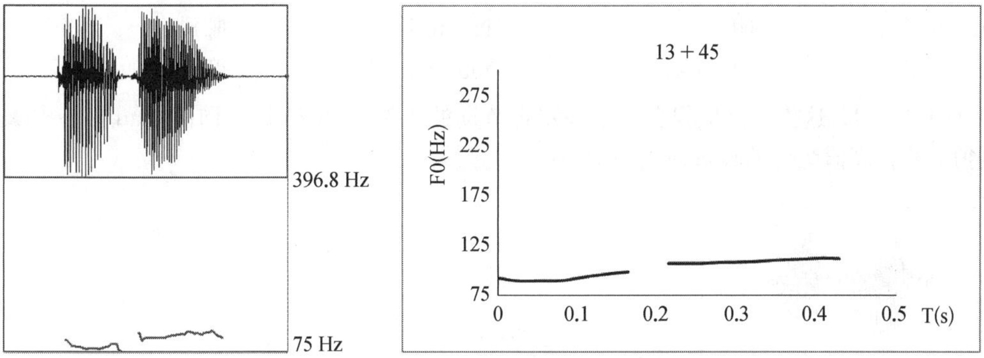

图 16　音高值组合 13 + 45 的词例和轻重模式

从图 16 可以看出,13 + 45 的音高值组合前字(99 Hz)后字(112 Hz)音高值高点比较接近,后字略高,虽然前后字音高差值只有 13 Hz,但是我们观测前后字的时长值,发现后字(214 ms)明显长于前字(163 ms)。音高值前后字接近时,时长值的前短后长分布,和我们听感上前轻后重的韵律模式相对应。例词具体如下:

kaŋ$^{213-13}$ tsɔŋ^{45}	扛仗(吵架)	k^{h}un$^{213-13}$ kau^{45}	睏觉(睡觉)
ta$^{213-13}$ ka^{45}	打架	t^{h}ai$^{213-13}$ iɔŋ^{45}	太阳
ta$^{213-13}$ lui^{45}	打雷	tɕ^{h}i$^{213-13}$ iu^{45}	汽油
kuai$^{213-13}$ kun^{45}	拐棍(拐杖)	sui$^{213-13}$ ȵi^{45}	水泥
k^{h}ɔ$^{213-13}$ liɛn^{45}	可怜	t^{h}au$^{213-13}$ ɕiɛn^{45}	讨嫌(讨厌)

(4) 45 + 5,这类音高值组合占全部双音节词的 1.52%(9/591)。词例[mɔ^{45} t^{h}ɔk^{5}]摩托,此音高值组合的轻重模式如图 17。

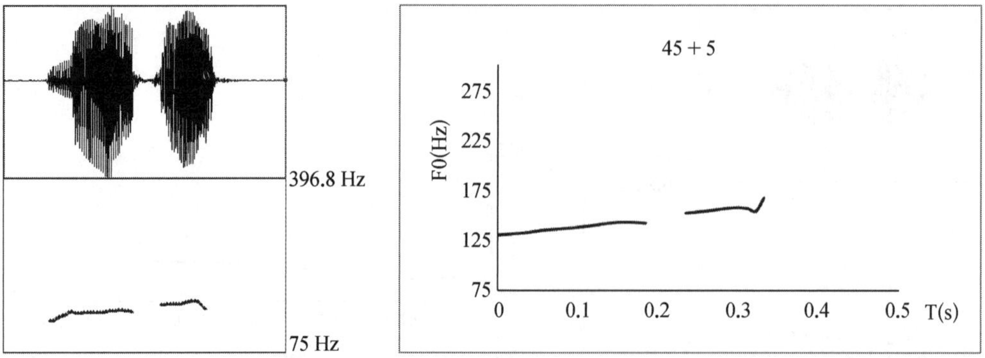

图 17　音高值组合 45 + 5 的词例和轻重模式

从图 17 可以看出，45 + 5 的音高值组合明显后字（167 Hz）较前字（143 Hz）高，这样前低后高的音高分布，与听辨结果的前轻后重相对应，音高高的对应了重，音高低的对应了轻。具体例词如下：

tsau^{45} uk^{5}	灶屋（厨房）	ȵyɔn^{45} pit^{5}	铅笔
uɔŋ^{45} lit^{5}	黄历	kau^{45} sət^{5}	教室
min^{45} pak^{5}	明白	iu^{45} tɕ^{h}iuk^{5}	邮局
miaŋ^{45} ȵit^{5}	明日（明天）	mɔ^{45} t^{h}ɔk^{5}	摩托

（5）24 + 42，这类音高值组合占全部双音节词的 1.35％（8/591）。词例［hau^{24} tɕy^{42}］豪猪（刺猬），此音高值组合的轻重模式如图 18。

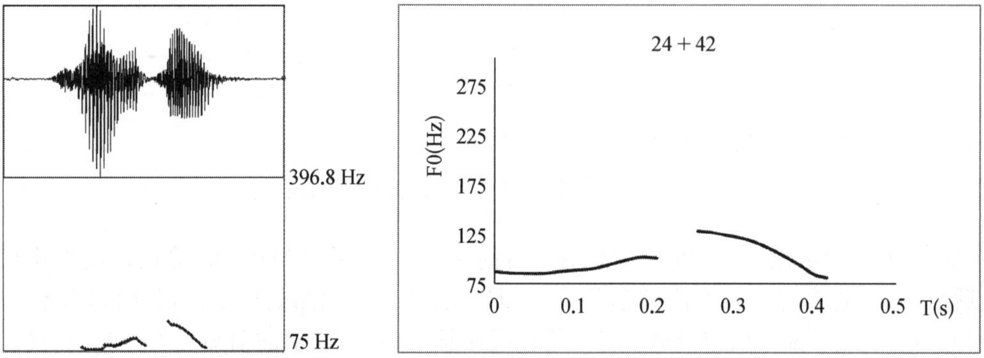

图 18　音高值组合 24 + 42 的词例和轻重模式

从图 18 可以看出，24 + 42 的音高值组合明显后字（128 Hz）高于前字（101 Hz），由此形成前低后高的音高值分布对应了我们听感上前轻后重的韵律模式。例词具体如下：

hau^{24} tɕy^{42}	豪猪（刺猬）	hɔ^{24} pau^{42}	荷包
t^{h}au^{24} fa^{42}	桃花	hɔ^{24} fa^{42}	荷花
t^{h}iɛu^{24} kaŋ^{42}	调羹	p^{h}ɔ^{24} ka^{42}	婆家
ts^{h}u^{24} sɿ^{42}	厨师	hɔŋ^{24} ka^{42}	行家

(6) 24 + 45,这类音高值组合占全部双音节词的 1.18%(7/591)。词例[t^{h}ɔŋ^{24} lɔŋ^{45}]螳螂,此音高值组合的轻重模式如图 19。

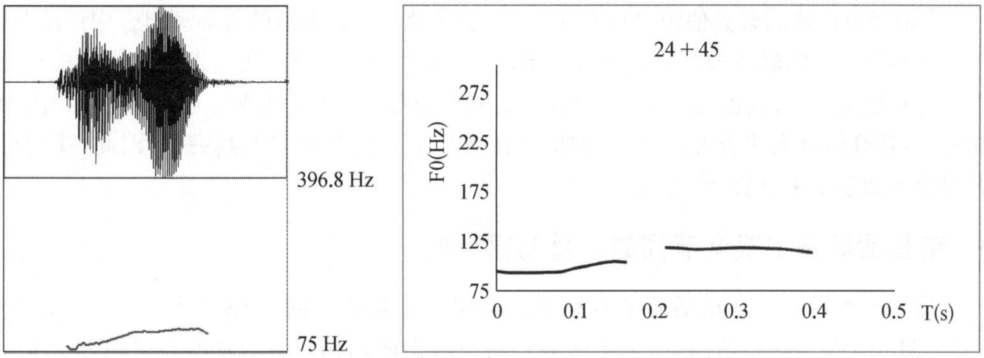

图 19　音高值组合 24 + 45 的词例和轻重模式

从图 19 可以看出,24 + 45 的音高值组合前后字音高接近,后字略高于前字,前字音高值高点 104 Hz,后字高点 118 Hz,接着我们观测了前后字的时长值,发现后字(182 ms)长于前字(162 ms)。音高值前后字接近时,时长值的前短后长对应了我们听感上前轻后重的韵律模式。例词具体如下:

tɕ^{h}iu^{24} lau^{45}	酬劳(报酬)	p^{h}iɛn^{24} i^{45}	便宜
tɕ^{h}i^{24} kuai^{45}	奇怪	tɕ^{h}iɛu^{24} tsɿ^{45}	乔治
lai^{24} tɕi^{45}	来记(忘记)	t^{h}ɔŋ^{24} lɔŋ^{45}	螳螂

(7) 213 + 5,这类音高值组合占全部双音节词的 1.18%(7/591)。词例[ma^{213} tɕiɔk^{5}]马脚,此音高值组合的轻重模式如图 20。

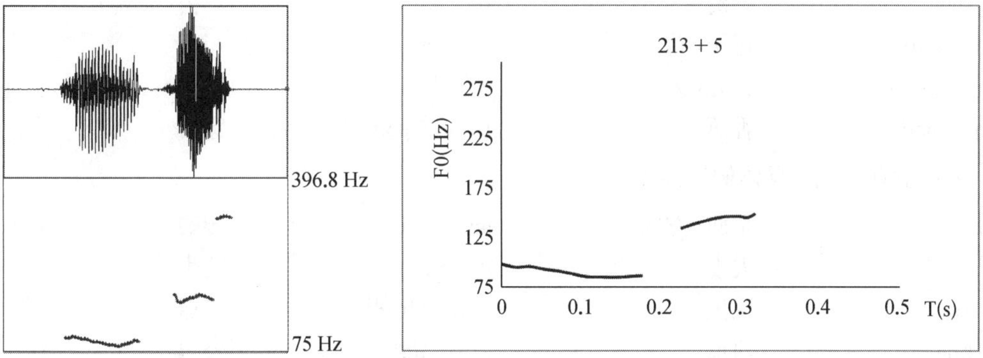

图 20　音高值组合 213 + 5 的词例和轻重模式

从图 20 可以看出,213 + 5 的音高值组合明显后字较高,前字音高值高点 98 Hz,后字高点 148 Hz,这样前低后高的音高值组合对应了我们听感上前轻后重的 LH 型韵律模式。例词具体如下:

k^{h}uai^{213} fuɔt^{5}	快活(高兴)	ɕiɔŋ^{213} fat^{5}	想法

lau^{213} sət^{5}	老实	ȵiu^{213} iɔk^{5}	纽约
ma^{213} tɕiɔk^{5}	马脚	ȵy^{213} k^{h}aʔ^{5}	女客(老婆)

LH 型轻重模式的音高值组合还有 42＋42，我们将在 3.3 小节的等高型组合中详细介绍。

通过对南昌话的轻重型和重轻型双音节词进行语音实验分析，我们发现韵律模式和音高值之间的对应关系，音高值高的对应了重，音高值低的对应了轻；但是在前后音节音高值相等或相近时，音高值就无法表现轻重，这种情况在等高型双音节词中尤其突出，因此，我们将这一类组合单独拿出来分析，作为 3.3 小节。

3.3　南昌话等高型双音节词的轻重韵律类型

等高型双音节词是指前后音节音高值大致相似的双音节词，如南昌话的 42＋42、45＋45、21＋21、5＋5 等音高值组合，从上文我们可以看出南昌话双音节词有两种听辨结果 LH 型和 HL 型，但是有的等高型音高值组合既出现在 LH 型的听辨结果中，又出现在 HL 型的听辨结果中，那么下面我们将借助语音实验的方法来分析这些组合在声学表现上的差异。

首先，我们对所有等高型组合中例词数量大于 2 个的组合，分别取一词例，列出其声波和音高图，如下图左。接着，我们再从每个音高值组合中抽取一定数量的词例(8 个以上的取 8 个，8 个以下的全取)，手动标注音高的始末位置，用 Praat 脚本提取时长和音高数据，取其平均值，画出音高曲线，如下图右。

(1) 42＋42，这类音高值组合占全部双音节词的 6.1％(36/591)，听辨结果既有 HL 型也有 LH 型。

LH 型有 10 个，具体例词如下：

tɕi^{42} k^{h}uɔ^{42}	鸡窠(鸡窝)	tsu^{42} kɔn^{42}	猪肝
tɕi^{42} uɔ^{42}	鸡窝	tɕi^{42} kuŋ^{42}	鸡公(公鸡)
tɕiɔŋ^{42} tɕyn^{42}	将军(动词)	sɿ^{42} tci^{42}	司机
t^{h}iɛn^{42} kuɔŋ^{42}	天光(天亮)	u^{42} u^{42}	呜呜
ɕiɔŋ^{42} tɕiɛu^{42}	香蕉	ts^{h}ɔn^{42} pɔŋ^{42}	穿帮

HL 型有 26 个，具体例词如下：

tuŋ^{42} ɕi^{42}	东西(方向)	iɛu^{42} sɔn^{42}	腰酸
fu^{42} tɕ^{h}i^{42}	夫妻	i^{42} sɛn^{42}	医生
fa^{42} sɛn^{42}	花生	kau^{42} t^{h}uŋ^{42}	交通
ɕi^{42} kua^{42}	西瓜	kuŋ^{42} tɕi^{42}	公鸡
ɕin^{42} ɕiɛn^{42}	新鲜	fəi^{42} tɕi^{42}	飞机

我们按照 LH 型和 HL 型轻重模式分别做出两类的音高曲线图，如图 21。

从图 21 可以看出，LH 型的 42＋42 组合，前后字音高值接近，前字音高值高点 141 Hz，后字高点 134 Hz。然后观测前后字的时长值，前字时长 123 ms，后字时长 204 ms，后字长于前字，联系轻重听辨结果发现，音高值接近的情况下，前短后长的时长分布对应了前轻后重的 LH 型韵律模式。

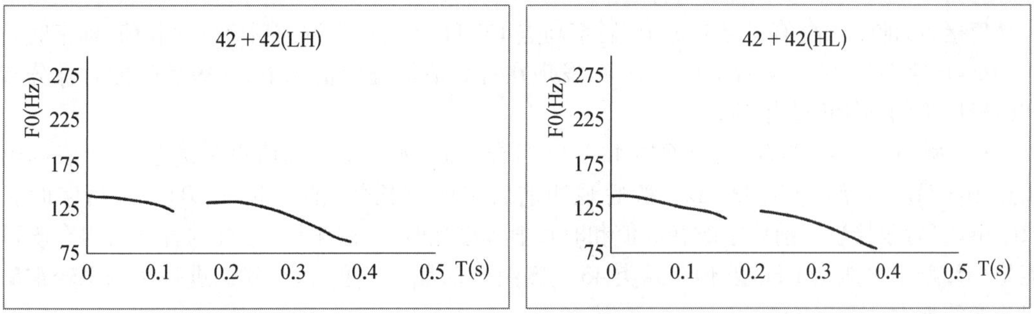

图 21　南昌话 42 + 42 组合 LH 型和 HL 型轻重模式

HL 型的 42 + 42 组合，前后字音高值也是接近，前字音高值高点 141 Hz，后字高点 123 Hz，但是前字已经略高于后字了。然后观测前后字的时长值，前字时长 163 ms，后字时长 168 ms，二者相差 5 ms，很接近了。跟上海话的 33 + 33 组合情况相似，前后字的音高值和时长值都接近时，一般来说，这样的音高值组合既可能是 HL 型也可能是 LH 型，但是这类 42 + 42组合都是 HL 型，由此，我们推测南昌话的轻重韵律模式正处于演变过程中，韵律模式会支配音高值的高低长短逐渐变得“规律”。

(2) 45 + 45，这类音高值组合占全部双音节词的 3.21%(19/591)，听辨结果既有 HL 型也有 LH 型。

LH 型有 3 个，具体例词如下：

pau^{45} kau^{45}	报告	ia^{45} ȵiɔŋ^{45}	爷娘（父母）

HL 型有 16 个，具体例词如下：

fu^{45} li^{45}	狐狸	mi^{45} iu^{45}	煤油
ɕiɔŋ^{45} ɕi^{45}	详细	iɔŋ^{45} ȵi^{45}	洋泥（水泥）
miaŋ^{45} ȵiɛn^{45}	明年	fu^{45} lun^{45}	囫囵
ku^{45} i^{45}	故意	fu^{45} iuŋ^{45}	芙蓉
iɔŋ^{45} iu^{45}	洋油（煤油）	kɔ^{45} ɕin^{45}	个性

我们按照 LH 型和 HL 型轻重模式分别做出两类的音高曲线图，如图 22。

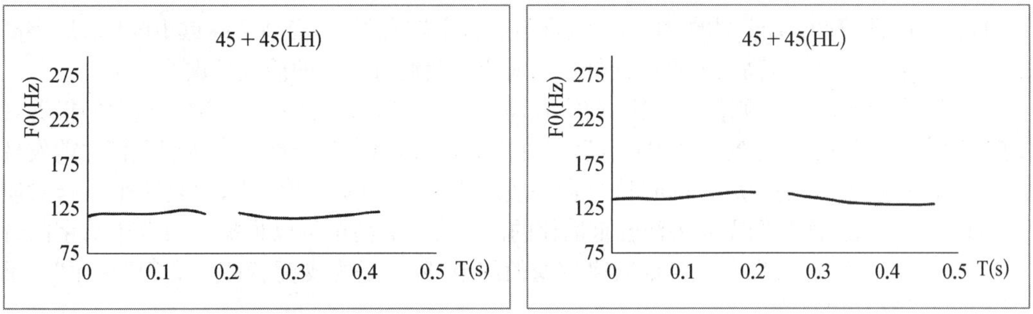

图 22　南昌话 45 + 45 组合 LH 型和 HL 型轻重模式

从图 22 可以看出，45 + 45 组合和上文的 42 + 42 组合很像，LH 型的 45 + 45 组合，前后字音高值接近，前字音高值高点 125 Hz，后字高点 123 Hz。接着观测前后字的时长值，前字时长 168 ms，后字时长199 ms，后字长于前字，发现在音高值接近的情况下，前短后长的时长分布和前轻后重的韵律模式相对应。

HL 型的 45 + 45 组合，与上面的 42 + 42 组合类似，前后字音高值也是接近，前字音高值高点 145 Hz，后字高点 143 Hz。然后观测前后字的时长值，前字时长 204 ms，后字时长 210 ms，二者很接近。前后字的音高值和时长值都接近时，一般来说，这样的音高值组合既可能是 HL 型也可能是 LH 型，但是这类 45 + 45 组合都是 HL 型，值得我们进一步深思轻重韵律演变的方向。

(3) 21 + 21，这类音高值组合占全部双音节词的 1.52%(9/591)，听辨结果既有 HL 型也有 LH 型。

LH 型有 4 个，具体例词如下：

tɕia$^{213-21}$ məi^{21}	姐妹	ma$^{213-21}$ li^{21}	玛丽
tsɿ$^{213-21}$ məi^{21}	姊妹(姐妹)	ma$^{213-21}$ fuŋ^{21}	马蜂

HL 型有 5 个，具体例词如下：

li^{21} hai^{21}	利害	ts^{h}ɿ^{21} t^{h}uŋ^{21}	自动
ia^{21} fan^{21}	夜饭	t^{h}i^{21} ə^{21}	第二

我们按照 LH 型和 HL 型轻重模式分别做出两类的音高曲线图，如图 23。

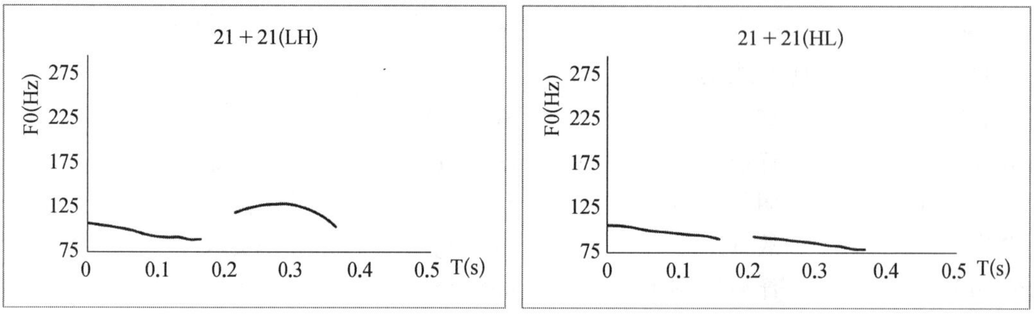

图 23　南昌话 21 + 21 组合 LH 型和 HL 型轻重模式

从图 23 可以看出，LH 型的 21 + 21 组合明显后字较高，前字音高值高点 108 Hz，后字高点 130 Hz。由此发现，音高上典型的前低后高对应了我们听感上的前轻后重。

HL 型的 21 + 21 组合则前字较高，前字音高值高点 106 Hz，后字高点 94 Hz，我们接着观测了前后字的时长值，前字时长 160 ms，后字时长 176 ms，后字长于前字。按照我们之前发现的规律音高值接近时，前短后长的时长组合一般对应 LH 型的听辨结果，但是这个组合对应的是 HL 型，再次提醒我们需要关注轻重韵律的演变方向，甚至可以根据此组合中前字的音高值已经大于后字，进一步推测轻重韵律演变的细节，究竟是先支配音高值变得“规律”还是先支配时长值变得“规律”。

(4) 5 + 5，这类音高值组合占全部双音节词的 1.35%(8/591)，听辨结果既有 HL 型也有 LH 型。

LH 型有 2 个,具体例词如下:

mɛt^{5} pit^{5}	墨笔(毛笔)	lɔk$^{2\text{-}5}$ ɕyɔt^{5}	落雪

HL 型有 6 个,具体例词如下:

uat$^{2\text{-}5}$ tɕit^{5}	滑稽	sɔk$^{2\text{-}5}$ iɔk^{5}	芍药
tɕiɛt^{5} sɔt^{5}	结实	lat^{5} t^{h}at^{5}	邋遢
lat^{5} tsuk^{5}	蜡烛	uɔt$^{2\text{-}5}$ lɔk^{5}	活络

我们按照 LH 型和 HL 型轻重模式分别做出两类的音高曲线图,如图 24。

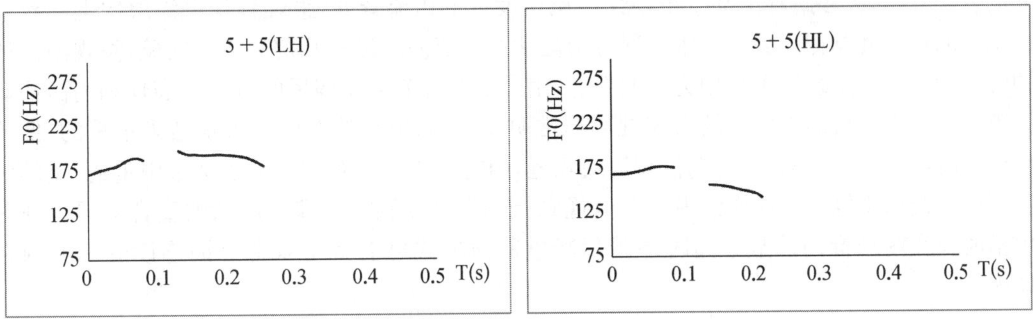

图 24　南昌话 5 + 5 组合 LH 型和 HL 型轻重模式

从图 24 可以看出,LH 型的 5 + 5 组合前后字音高值接近,前字音高值高点 190 Hz,后字高点 198 Hz。我们接着观测了前后字的时长值,前字时长 78 ms,后字时长 251 ms,发现后字明显长于前字。音高值接近的情况下,时长上前短后长的分布造成了我们听感上前轻后重的 LH 型韵律模式。

HL 型的 5 + 5 组合明显前字较高,前字音高值高点 177 Hz,后字高点 156 Hz。音高值高者重,音高值低者轻,这样前高后低的音高值组合造成了我们听感上前重后轻的 HL 型韵律模式。

通过对南昌话的轻重型和重轻型双音节词进行语音实验分析,我们发现韵律模式和音高、时长之间的对应关系,音高值高的对应了重,音高值低的对应了轻;音高值相等或相近的时候,时长值长的对应了重,时长值短的对应了轻。统计数据显示 90%左右的南昌话双音节词都存在这种对应关系。

表 5　南昌话的轻重韵律模式和音高、时长的对应关系

韵律模式	对应于音高值的组合比例	对应于时长值的组合比例	没有对应的组合比例①
LH 型	20%	3.9%	
HL 型	70.5%	2.9%	2.7%

① “没有对应的组合比例”一般指“与音高值和时长值相反”的组合,也包括“没有明显对应”的组合,其中“没有明显对应”的组合有 16 个例词,占比 2.7%。

3.4　南昌话轻重韵律类型与传统双音节词连读变调的关系

传统的连读变调研究多是基于和单字调的比较来总结规律，探索原因，但是双字调和单字调的形成机制不相同(武波、江荻 2018)，单字调的调型和数量受到单字音节构成音段的性质和结构制约而产生，双音节词的音节轻重则可能主要受制于该语言的词韵律模式。例如粤语开建话(侯兴泉 2016)，该方言单字词有 10 个声调(含入声调)，进入双音节词之后，前一音节仅有 32 和 21 两种声调(或变调)，除了少量类型，大部分词都呈低—高或轻—重双音节韵律模式，这是该方言(粤语)双音节词总体前轻后重韵律模式决定的(侯兴泉 2011a)。反观历来的变调分析，大多解释为基于单字词声调所发生的语流音变，很难解释更深层次上导致这种结果的音高和韵律现象。而本文通过南昌话双音节词的轻重听辨和声学实验，发现南昌话的轻重韵律模式呈现以 HL 型为主的状态，南昌话双音节词变调后的音高值表现和南昌话双音节词的轻重听辨结果之间的对应规律非常明显，音高值高的对应了听辨结果中重的，低的对应了听辨结果中轻的，若音高值相等或相近，则时长值长的对应了听辨结果中重的，短的对应了听辨结果中轻的。这样清晰的对应规则，证实我们的假设，即南昌话的重音主要表现为包括时长在内的音高凸显。同时还暗示轻重韵律模式可能就是双音节词连读变调的内在动因。

4. 小　　结

我们对南昌话双音节词进行了轻重听辨调查，从听辨结果上可以看出，南昌话双音节词既有 LH 型韵律模式，又有 HL 型韵律模式，但是以 HL 型为主。在我们调查的 591 项词汇中，HL 型有 450 项，LH 型有 140 项。

在轻重听辨的基础上，我们对 LH 和 HL 两种轻重模式进行了语音实验，发现 LH 型在音高值上主要实现为组合 21 + 42、21 + 45、13 + 45、42 + 42、45 + 5、24 + 42、24 + 45、213 + 5 等，HL 型的音高值组合主要为 42 + 42、24 + 213、42 + 213、5 + 42、45 + 42、45 + 21、45 + 213、45 + 45、42 + 21、42 + 45、21 + 213、5 + 213、24 + 21、42 + 24、5 + 5、5 + 21 等，联系轻重听辨的结果，我们发现前后音节的音高对比，LH 型表现为前低后高，HL 型表现为前高后低，但都是音高值高的对应了重，音高值低的对应了轻；前后音节音高值相等或相近时，LH 型表现为时长上的前短后长，HL 型表现为前长后短，但都是时长长的对应了重，时长短的对应了轻。

由此，我们发现 LH 型和 HL 型的轻重都集中体现在前后音节的音高值对比上(包含时长因素)，南昌话的实验数据证实了我们的假设：重音主要表现为包括时长在内的音高凸显，变调后结果的一致性也说明了轻重音是变调的内在动因。而南昌话的丰富的轻声现象，也恰好验证了南昌话的以 HL 型为主的轻重韵律模式。

参考文献

北京大学中国语言文学系语言学教研室.汉语方音字汇(第二版重排本)[M].北京：语文出版社，2003.
曹剑芬.普通话轻声音节特性分析[J].应用声学，1986(4)：3—8.
陈明，王安红，肖娜，郭丽芬，吕士楠.普通话中相邻两音节音高分析[C].第六届全国现代语音学学术会议，

2003：155—160.
初敏，吕士楠，周同春.汉语轻声音节合成规则研究[C].第六届全国语音图像通讯信号处理学术会议论文，1993：B9—107—110.
郭承禹，江荻.声调的社会群体约定性——来自跨方言单字调辨认实验的启示[J].语言科学，2020(6)：623—639.
侯兴泉.勾漏片粤语的两字连读变调[J].方言，2011a，(2)：132—141.
侯兴泉.广东开建话的轻重音节步[J].暨南学报(哲学社会科学版)，2011b，33(4)：117—124.
侯兴泉.粤语勾漏片封开开建话语音研究：兼与勾漏片粤语及桂南平话的比较[M].上海：中西书局，2016.
胡伟湘，董宏辉，陶建华，黄泰翼.汉语朗读话语重音自动分类研究[J].中文信息学报，2005，19(6)：78—83.
蒋平，谢留文.南昌话(蒋巷)方言的轻重音与变调[J].方言，2001(2)：152—160.
蒋平.荔浦方言的轻重音与连读变调[J].方言，2005(3)：198—208.
李荣.南昌方言词典[M].南京：江苏教育出版社，1995.
林茂灿.汉语语调实验研究[M].北京：中国社会科学出版社，2012.
林茂灿，颜景助，孙国华.北京话两字组正常重音的初步实验[J].方言，1984，(1)：57—73.
林焘.探讨北京话轻声性质的初步实验[J].语言学论丛，1985(10)：227.
刘娟，李如龙.衡山方言的轻重音及与其有关的变调[J].湘潭大学学报(哲学社会科学版)，2014，38(2)：113—117.
倪崇嘉，刘文举，徐波.汉语韵律短语的时长与音高研究[J].中文信息学报，2009，23(4)：82—87.
王蓓，杨玉芳，吕士楠.汉语语句中重读音节音高变化模式研究[J].声学学报，2002，27(3)：234—240.
王晓君.江西新余方言的轻重音和轻声[J].中国方言学报，2010(1)：100—111.
王韫佳，初敏.关于普通话词重音的若干问题[J].中国语音学报，2008(1)：141—147.
武波.上海话双音节词的轻重韵律模式[J].韵律语法研究，2019(1)：41—64.
武波，江荻.二声调语言呈现的轻重韵律模式[J].南开语言学刊，2018(2)：24—31.
熊正辉.南昌方言的声调及其演变[J].方言，1979(4)：275—283.
曾晓渝，牛顺心.六甲话两字组连读的韵律变调及其原因初探[J].方言，2006(4)：290—308.
张吉生.绍兴方言右重韵律结构的表现形式——连读变调、韵律结构、句法结构的相互关系[J].语言科学，2013，12(3)：269—276.
赵元任.中国话的文法[M].香港：中文大学出版社，1980.

怎样构拟上古汉语*

［法］奥德里古尔　撰
华东师范大学　郑伟　译

内容提要　由于汉字的特殊性质，早期汉语的构拟面临着诸多困难，因为汉字无法直接提供语音的信息。本文系统地讨论了高本汉和马伯乐的构拟，并涉及其他东亚语言的比较材料，尤其是注意到了借入越南语和泰语的汉语借词，它们提供了构拟唐以前的上古汉语的精确证据。

关键词　上古汉语；越南语；泰语；构拟

1. 引　　言

1.1　东亚和欧洲语言的历史研究

汉语的历史在某种程度上和罗曼语有些相似①：官话、粤方言、吴方言（长江下游）和闽方言（福建）对应于罗曼语族语言；古汉语、朝鲜文、日文、越南文，扮演了跟中世纪拉丁文（德语、匈牙利语和西部斯拉夫国家的书面语言）一样的角色；从汉语进入苗（Miao/Hmong）、泰、越南和高棉语（Khmer）的早期借词对应于德语、阿尔巴尼亚语（Albanian）、巴斯克（Basque）和Berber语里的古代拉丁语借词②。

然而也有两点重要的不同。第一，拉丁语是屈折语，可以直接被归入印欧语系，日耳曼语、斯拉夫语和阿尔巴尼亚语也属于该语系，但Basque语和Berber语则不是。而汉语是一个没有词形变化（缺少屈折形态）的语言，较难划分其系属：它属于藏缅语一系，但是长久以来被

---

* 【本文译注】该文译自：Haudricourt André - G（奥德里古尔）："Comment reconstruire le chinois archaïque," *Word* 10. 351 - 364，1954。此文增订本重印于 *Problèmes de phonologie diachronique*，161—182页。本译文据该文的英译本（André - Georges Haudricourt. *How to reconstruct Old Chinese*. 2017.＜halshs - 01631479＞，translated by Guillaume Jacques）译出；英译本除了给原文添加了章节名称，将原文所引语料用表格加以呈现，还增加了不少脚注，在文章末尾添加了对此文的长篇评论（comment）及相关附录，并补充了有用的参考文献。为了让读者更容易阅读原文，本译文根据英译文译为中文（因为评论和附录与原文没有直接关系，故略去不译），中文提要也是根据英译本译出，英译本缺关键词，我们已斟酌补入。另外，奥氏原文已有一中译本，出版信息如下：André G. Haudricourt作，马学进译《怎样拟测上古汉语》，幼狮月刊社编《中国语言学论集》，台北：幼狮文化事业公司，1979年，198—226页（原载《幼狮月刊》第43卷第2期）。

① 【英译本注】1972年增订重印本给文中的例子都增加了之前没有的手写体汉字（除了1.2小节的例子）。1954年的原文并没有这些汉字。

② 关于此话题，最有价值的近期研究是Forrest（1948）。

认为和台语(Tai)[1]相近。这类语言的相关性只能建立在词汇基础上,汉语借词的数量往往被低估[2]。此外,“混合语”的概念广为接受:当C语言具有与A语言和B语言共同的词汇,那么可以说语言C来自A语言某方言与B语言某方言的混合[3]。

现在看来,最好的假设似乎是语言A、B和C同属一个语系。在东亚地区,各种语言被串成一个大的语群,藏缅(Tibeto-Burman)、汉语可以将苗语、南亚语(Austroasiatic)这两组语言和台语(Tai)、马来—波利尼西亚语(Malayo-Polynesian)联系在一起。

第二点不同,在于文字类型:拉丁语是表音文字,其拼写包含了随时代流转而不变的语音信息,而来自拉丁语的早期借词在欧洲诸语言里随着可观的语音演变而演变。在与保留了拉丁文拼法的近期借词比较后,可以看到这些早期借词被侵蚀得厉害。另一方面,汉字是表意性的,因此对语音演变比较麻木。官方语言随时代不同而不同,或者变化剧烈,比如当首都发生更易,另一个不同的方言被确立为标准语;或者变化缓慢,随着语音的自然演化而变。实际上,自从都城位于中国北方,该区域便曾遭受突厥人、蒙古人、满人的入侵,他们建立朝代后,经过一段时间的双语制后被同化,首都的语言和中国南部方言和东南亚的语言比起来,变得更加迅速。来自最早借用层次的汉语词的土俗音,和较晚近从表意字的官方读音中习得的借词,两者相比,前者更优。类似的情况在欧洲倒是例外,比如在德语里,*Kaiser*[ˈkʰaɪzɐ]“帝国”,是来自拉丁语*Caesar*的早期借词,保留了古代的读音,比正名*Cäsar*[ˈtsɛzɐ](同个词的后来习得的借词形式)更好。

1.2 上古汉语构拟的材料

对于汉语早期阶段语音的构拟,我们可使用的工具首先是比较语言学:汉语方言间的比较、利用其他语言中的汉语早期借词,以及观察与汉语有亲属关系的邻近语言到多大程度上保留了汉语的古音构拟。

另一种材料是文字系统。大部分汉字是形声字。例如象形字“巴”[4]被用作“把靶耙疤”等字的声符。然而,汉字体系追溯到公元前2世纪,有些字在当时发音通常是相似的,而现在却非常不同。如果我们比较一下象形字和形声字,会满怀信心地觉得可以获得跟原始读音相关的有价值的线索。但不幸的是,不是那么回事。例如,“肥”字包括了象形字“巴”;很难确知“肥”字表示的是肥胖义得名于有这种类型的蛇(会意字),还是说指的是唇音声母加低元音的读音(形声字),或者二者皆是。

很明显,到了公元3世纪,人们开始利用反切来分析汉字字音:一个汉字的发音用其他两个字的表示,反切上字和被切字有相同的声母,反切下字和被切字有相同的韵母。比如说,

---

① 【英译本注】在翻译中,泰国的官方语言称为“泰语”(Thai),而“台语”(Tai)指的是奥氏称为“共同台语”的语言,或者是“台语群”(Haudricourt 1956, 1970),包括了泰语、老挝语(Lao)、掸语(Shan)等,但是不包括壮语(及Dioi语)等。这个下位语群如今学界用台语或原始台语(Proto-Tai)来命名它。

② 【英译本注】奥德里古尔遵从Benedict(1942)的看法,在此对汉、台同属藏缅语群(或“汉藏语系”)的说法提出了质疑(Maspero 1920: 22,注1)。奥氏提出的语言关系图(见下文)完全将台语从藏缅语排除了出去,这个观点得到了广泛的赞同,虽然汉台同源的说法仍然被一些学者所坚持(尤其是中国学者,参看Luo 2008)。

③ 确切的例子在马伯乐(Maspero 1912: 117)里表述为“原始越南语脱胎于某个孟高棉语(Mon-Khmer)方言、某台语方言,可能还包括第三种未知语言的混合。”

④ 【英译本注】可参看英译文所附的几种语音转写系统(包括汉语拼音)。【本文译注:本译文未附。】

"巴"字的发音，由两个汉字"伯"pǎk 和"加"ka 来表示①。马伯乐（Maspero Henri）、高本汉（Kalgren Bernhard）尝试在反切分析、日语和越南语里的汉字音读②、中古韵书（尤其是编于601 年，而为人所知的是 1008 年版本的一部韵书③，直到最近这种情形才有所改变）等材料的基础上，构拟中古汉语，也就是唐代（公元 7 世纪至 9 世纪）的语音面貌④。马伯乐和高本汉观点不完全一样，不过高氏的构拟更细密，也更系统，他的观点被大多数汉学家所采纳⑤。另外，通过将中古音的构拟往前追溯，利用谐声字和《诗经》（公元前 11 世纪至公元前 8 世纪），高氏尝试构拟孔子时代，即周朝（公元前 11 世纪至公元前 3 世纪）的汉语音读⑥。高氏的两个构拟是相关的，我们将先从声母、再从韵母，这两个方面加以检视。

2. 声　　母

2.1　马伯乐的三分和高本汉的四分系列

马伯乐和高本汉都给中古汉语构拟了三套塞音：一套是普通清塞音[p t k]，一套是送气清塞音[ph th kh]，第三套的音值拟测就存在不同意见。马伯乐认为第三套应是普通浊塞音[b d g]，高本汉则认为是送气浊塞音[bh dh gh]。前两套在所有汉语方言中得以保留。第三套的区分，仅在吴语里以浊送气音的形式存在。马伯乐利用梵汉对音，指出浊塞音变送气从唐末（8 至 10 世纪）才开始，普通的浊塞音必须被构拟，在其变送气音之前（Maspero 1920：27）。从不送气浊塞音到送气清塞音的变化在其他东南亚语言，如泰语⑦、克伦语（Karen）里也能见到（Haudricourt 1946，1953），浊塞音变成不送气清塞音还是送气清塞音，要看不同的方言来定。

我们暂且忽略马伯乐和高本汉的意见不一致的地方，把塞音声母写成如下形式：

p	*t*	*k*
ph	*th*	*kh*

---

① 【英译本注】反切规则是：巴，伯加切。"把"的读音被分成"伯"和"加"两部分，即"巴"的读音由"伯"字的声母加上"加"字的韵母构成。

② 【英译本注】中古时期汉字音读的系统被其他邻近的国家所采用，包括日本汉字音（Sino-Japanese）、汉越语（Sino-Vietnamese）等，发展成为与中国国内的本土汉字音读比起来相对独立的体系，同时也可以用来构拟再早一点的汉语语音。

③ 近年来在北京发现了数种可溯至 706 年的《切韵》版本；王联曾关于此话题的论文发表于通报（*T'oung-pao*）。【英译本注】，该文在奥德里古尔的文章发表后的三年才发表，即王联曾（1957）。

④ 【英译本注】高本汉将隋唐时期的汉语称作"古代汉语"（Ancient Chinese）。

⑤ 马伯乐两部中古音方面的著作是 Maspero（1916）和 Maspero（1920）。高本汉在相同论题方面的研究是 Karlgren（1915—1926）和 Karlgren 的《分析字典》（*Analytic Dictionary of Chinese and Sino-Japanese*，1923）。后者所涉及的汉字都是带数字编号的；我们引用这些数字时的格式是"AA…"。【英译本注】该部字典的内容是按谐声系列来安排的，比如上引的"巴"系列就是 AA683。

⑥ 这一时期所有汉字的音读构拟均见于 Karlgren 的《汉文典》（*Grammata Serica*，1940）。我们采用此书的汉字编号时写作"GS"。【英译本注】这一时期的汉语，高本汉、马伯乐、奥德里古尔都称其为"上古汉语"（Archaic Chinese），现在常常翻译成"Old Chinese"。

⑦ 泰文用的是印度系文字，文字创制者可能在普通浊塞音和送气浊塞音之间做了选择。【英译本注】不送气浊塞音字母 b、d 被用来表示古泰语的浊声母系列。可参看 Haurdricourt 1948、1949a。

b(*h*)　　*d*(*h*)　　*g*(*h*)

对于浊音而言，只论清浊与否，具体是普通浊音还是送气浊音，只是在音位如何实现的看法不同而已。

但实际上，此种细节对于高本汉的拟音来说至关重要。高氏在他的那个时代，率先用音位学的方法审视他提出的辅音系统，在他构拟的辅音声母表里，普通浊塞音的结构性空缺需要填充①。他为汉语周代音构拟了以下的系统：

*p　　*t　　*k

*ph　　*th　　*kh

*b　　*d　　*g

*bh　　*dh　　*gh

高氏认为，到了唐代，上古音的*b、*d、*g 失落了，而*bh、*dh、*gh 保留了下来②。之所以构拟另外一套浊塞音，是因为某些不带塞音声母的字跟带塞音声母的字有谐声关系，例见下表 1a③。【本文译注：以下各个表格的名称都是英译本所加】

表 1a　用不带塞音声母字作谐声声符的带塞音声母字举例④

字典	汉字	高氏拟音	白氏拟音	谐声字	高氏拟音	白氏拟音
264	用	i̯ʷong’	yowngH	筩	꜀dʻung	duwng
				通	꜀thung	thuwng
				桶	‘thung	thuwngX
				诵	zi̯ʷong’	zjowngH
292	匀	꜀i̯uěn	ywin	均	꜀ki̯uěn	kjwin
249	又	ji̯ə̯u’	hjuwH	求	꜀gʻji̯ə̯u	gjuw
				灰	꜀xuâi	xwoj
239	炎	꜀ji̯äm	hjem	谈	꜀dʻâm	dam
				毯	‘tʻâm	thamX
184	台	꜀i	yi	治	dʻhi’	driH

① 关于音系结构“填空”的概念可参看 Martinet (1939, 1952)。

② 从语音学观点来看，送气浊塞音比普通浊塞音更难发生演变是不太可能的。

③ 我们沿用高本汉的转写习惯，用符号(ʻ)而非[h]来表示送气。【英译本注】奥氏的原注本打算是为了解释和消除撇号的歧义；在英译稿中我们已经把之前原文的转写符号做了改动。特别是高氏所用的平上去声的发圈标调，我们将其恢复了；奥氏使用前、后单引号来表示上、去声，平声则不加标记。奥氏关于越南文的转写规则已由之前的脚注移到了引言部分的表 2 中。

④ 【英译本注】表中的“字典”指的是高本汉的《分析字典》(1923)，下文同此。每个字头包含了一个谐声系列，既有字头，也有字形中包含该字头的一系列谐声字，所以字头是标明语音的“声符”。对于每个所引的字，《字典》都给出了义项、现代北京话和粤语的读音，高本汉的中古拟音。我们还另外增加了白一平(Baxter 1992)的中古拟音。

续　表

字典	汉字	高氏拟音	白氏拟音	谐声字	高氏拟音	白氏拟音
				治①	˛d'hi	dri
				始	'śi	syiX
				胎	˛thâi	thoj

相反地，还有些带塞辅音声母的汉字，被用作不带塞辅音声母字的谐声声符，例见下表 1b。

表 1b　用带塞音声母字作谐声声符的不带塞音声母字举例

字典	汉字	释义	高氏拟音	白氏拟音	谐声字	释义	高氏拟音	白氏拟音
425	谷	山谷	kuk	kuwk	欲	想要	i̯ʷok	yowk
					裕	富裕的	i̯u'	yuH
1006	多	许多	˛tâ	ta	爹	父亲	˛t'i̯a	trjæ
					移	移动	˛i̯ę	ye

高本汉(1923：18—27)认为这个"零"声母是浊塞音 *g 或 *d 失落后产生的，所以"用"(《字典》264，中古音*i̯ʷong'*)字在唐代以前的上古音应该拟作 *di̯ʷong，"匀"(《字典》292，中古*˛i̯uĕn*)的上古音是 *gi̯uĕn 等，谐声字之间的语音关系也能得到合适的解释。上表 1 所涉谐声字用高氏的拟音来描述：

《字典》264：甬 *di̯ʷong　作为以下字的声符：筩 *dhung*、通 *thung*、诵 *zi̯ʷong*

《字典》292：匀 *gi̯uĕn　作为以下字的声符：均 *ki̯uĕn*，等。

至于塞擦音，高氏主张中古的 *z* 来自上古的 *dz，*ź*[ʑ]来自 *dź[dʑ]，看起来是合理的。不过，他接着推断上古音阶段存在不送气浊塞音 *dz、*dź 和送气浊塞音 *dzh、*dźh 的区分，并且为某些谐声系列的中古"零"声母字构拟了上古音 *z、*ź。如此，唐代时期相关谐声字之间的语音关系可参看表 1c。【英译本按：和"零声母"字谐声的字读咝音声母】唐代以前的读音可参看表 1d。

表 1c　唐代：唐代的"零声母"字作为塞擦音、擦音声母字的声符

字典	汉字	释义	高氏中古拟音	白氏中古拟音	谐声字	高氏中古拟音	白氏中古拟音
211	羊	绵羊	˛iang	yang	祥	˛ziang	zjang
187	亦	也	i̯äk	yek	跡	tsi̯äk	tsjek
					夜	i̯a'	yæH

① 【英译本注】"治"字有两个读音：治疗(白氏中古拟音 driH)、治理(白氏中古拟音 dri)，在现代汉语里这两个合并了。

表 1d　高本汉对表 1c 所涉例字的唐代以前读音的构拟

字典	汉字	释义	高氏中古拟音	谐声字	释义	高氏中古拟音
211	羊	绵羊	zi̯ang	祥	吉利的	dziang
187	亦	也	zi̯äk	跡	足迹	tsi̯äk
				夜	夜晚	zi̯ag

我们要问的是，按照马伯乐的主张，如果浊送气塞音声母 *bh*、*dh*、*gh*、*dzh*、*dźh* 古已有之【英译本按：由此，便有送气和不送气两套浊辅音的对立】，那么就得重新检视整个构拟的合理性。

高本汉建立在语音演变的规则性假设之上，且倾向于将结构性空格填满，其研究方法严缜细密；高氏处理语音史材料，主张汉语是直线式发展，两三千年间没有方言影响。

2.1.1　浊擦音和浊塞擦音对比的缺失

我们先看浊塞擦音和浊擦音的区分。在字典所能找到的声母的基础上，高本汉区分了中古汉语的 *dz* 和 *z*，dź[dʑʱ]和 *ź*[ʑ]，但他没有认识到浊卷舌擦音ẓ[ʐ]的存在，只构拟了浊送气塞擦音 *ḍẓh*[ɖʐʱ]。

2.1.1.1　高本汉构拟的中古卷舌浊塞擦音声母 *ḍẓh*

表 2 显示了高本汉构拟的中古声母 *ḍẓh*[ɖʐʱ]在北京话、广州话和汉越语里的反映形式。①

表 2　高本汉所拟卷舌塞擦音声母字在北京话、汉越语和广州话中的读音

字典	释义	汉字	高氏中古拟音	白氏中古拟音	汉越语	广州话	北京话
1096	薪柴	柴	꜀dẓhai	dzrɛɨ	*sài*	ṣāi	tʂʰai
1024	豺	豺	꜀dẓhai	dzrɛj	*sài*	tshāi	tʂʰai
1170	诽谤	馋	꜀dẓham	dzrɛm	*sàm*	tshām	tʂʰan
1259	孱弱	孱	꜀dẓhi̯än	dzrɛn	*sàn*	ṣān	tʂʰan～tʂʰuan
1062f	床	床	꜀dẓhi̯ang	dzrjang	*sàng*	tshōng	tʂʰuaŋ

---

① 关于越南语，我们用的是官方的越文拼写法（Emeneau 1951 亦采用之）。正字法的ư 和ơ（带角的）分别表示央元音[ɯ]和[ə]。请注意 b 和 đ 分别是前喉塞辅音[ɓ，ɗ]（参看 Haudricourt 1950），而 d 和 g 分别是擦音[ð，ɣ]。【英译本注】汉越语（Sino-Vietnamese）指的是公元第二个千年以后出现在越南语里、由官方及文士所用的汉字读音。红河三角洲（the Red River delta）地带自公元 10 世纪其脱离中国中央政府所辖后，获得了政治独立，成为大越（Đại Việt）国，汉越语即为该地区中国人，同时也是城市居民被孤立后所操的中古汉语的变体，它的整个音系最终被吸收进了早期越南语（南亚语的越芒语支），在红河三角洲地带使用（Nguyễn Tài Cẩn 1979；Ferlus 1992：114）。一套完整的汉字读音就是这样塞进越南语里的。越南语和汉越语词使用同样的转写方式，这是因为汉越语已被整合为越南语的一部分了，自 10 世纪以后，它跟越南语的固有词经历着相同的语音演变。国际音标（IPA）将用来表示其读音，加在越南文转写后面，沿用了 Ferlus 对韵母的分析，Haudricourt（1949b）对声母的分析。请注意，这也构成了越南语 17 世纪的语言状况（Rhodes 1651），它已经比较接近现代方言了，但没有一个现代方言能够反映越南文的所有语音对立。

续　表

字典	释义	汉字	高氏中古拟音	白氏中古拟音	汉越语	广州话	北京话
386	山峰	岑	˛dẓhi̯əm	dzrim	*sầm*	ṣăm	tsʰən①
1088	担心	愁	˛dẓhi̯əu	dzrjuw	*sầu*，*xầu*	ṣău	tʂʰou
1114	崇敬	崇	˛dẓhi̯ung	dzrjuwng	*sùng*	ṣung	tʂʰoŋ
834	食物	馔	dẓhwan˙	dzrjwenH	*soạn*	tsān	tʂuan
877	学者	士	˙dẓhi	dzriX	*sĩ*	ṣi	ʂʅ
889	服务	事	dẓhi˙	dzriH	*sự*	ṣi	ʂʅ

我们发现，该声母在越南语里的读音是规则的，具体表现是擦音 *s*[ʂ]，在北京话里也基本上是规则的，具体表现是塞擦音（拼音 ch[tʂʰ]或 zh[tʂ]），再加两个例外（拼音 sh[ʂ]）。北京话的塞擦音在平声调中是送气的（用"˛"来标记），其他声调字则不送气（比较"馔"[tʂuan]），这是中古浊塞音和浊塞擦音声母字到北京话的一般性演变规律。另一方面，我们在广州话里可以看到两种反映形式，似乎是中古音*ẓ*、*ḍẓh* 之别的证明。但是广州话前两个字"柴""豺"的声母不同显然不足以证明两者在汉语里总是能够相区分。实际上，文献证据表明这种区分在唐代并不存在，上表 2 之所以出现例字间声母的不同表现，原因很简单，是因为方言间的变异而已：广州话本地的演变是 *ḍẓ*>*ṣ*，如"柴"字；而"豺"字的读音是中原官话或北方标准音 *ḍẓ*>tsh 的演变结果。

2.1.1.2　*高本汉构拟的中古前腭塞擦音和擦音声母*

唐代声母 dźh、ź 之别可以追溯到更早期的汉语史阶段吗？此点应存疑，因为这种语音区别在现代方言中尚未见到，请看表 3②。

表 3　中古 *ź* 和 *dźh* 在北京话、广州话和汉越语中的反映形式

字典	汉字	词义	高氏中古拟音	白氏中古拟音	汉越语	广州话	北京话
856bd	常裳	经常；裙子	˛źi̯ang	dzyang	*thường*[tʰɯəŋ²]	ṣöng[ʃœŋ¹¹]	tʂʰaŋ
857d	偿	补偿	˛źi̯ang	dzyang	*thường*[tʰɯəŋ²]	ṣöng[ʃœŋ¹¹]	tʂʰaŋ
1196	晨	早晨	˛źi̯ĕn	dzyin	*thần*[tʰɤ̆n²]	ṣăn[ʃɐn¹¹]	tʂʰən
1203	丞	辅助	˛źi̯əng	dzying	*thừa*[tʰɯə²]，*thằng*[tʰăŋ²]	ṣing[ʃiŋ¹¹]	tʂʰəŋ
1144g	纯	纯粹	˛źi̯uen	dzywin	*thuần*[tʰʷɤ̆n²]	ṣun[ʃøn¹¹]	tʂʰun

① 【英译本注】奥德里古尔给出的这个字的读音是[tʂʰən]，今改。

② 【英译本注】白一平用的写法是船母 *ź*、禅母 *dź*（高本汉分别是 *dźh*、*ź*），这是由陆志韦（1947）提出的修改，现在已被广泛接受，这两个声母的中古拟音沿用了传统汉语历史音韵学的一般性认识，高本汉、奥德里古尔也采用了。这一明显的错误源自中古汉语晚期的韵图（参看 Baxter 1992：52—53）。

续 表

字典	汉字	词义	高氏中古拟音	白氏中古拟音	汉越语	广州话	北京话
1267	垂	垂下	꜀źwi̯ĕ	dzywe	*thùy*[t^{hw}i^{2}]	ṣui[ʃøy^{11}]	tʂ^{h}uei
1247hi	殊	特殊	꜀źi̯u	dzyu	*thù*[t^{h}u^{2}]	ṣu[ʃy^{11}]	ʂu
1129	社	社会	꜂źi̯a	dzyæX	*xã*[ɕa^{6}]	ṣe[ʃɛ^{23}]	ʂə
228b,1187r	墅,曙	别墅;曙光	꜂źi̯^{w}o, ꜂źi̯^{w}o	dzyoX, dzyoH	*thự*[t^{h}ɯ^{4}]	ṣü[ʃy^{23}]	ʂu
897,1265n	受	接受	꜂źi̯əu	dzyuwX	*thụ*[*t^{h}u*^{4}]	ṣau[ʃɐu^{22}]	ʂou
1220	植	种植	꜂źi̯ək	dzyik	*thực*[t^{h}ɯk^{8}]	tsik[tsik^{2}]	tʂʅ
860d	芍	芍药	źi̯ak	dzyak	*thược*[t^{h}ɯək^{8}]	tsök[tsœk^{2}]	ʂao
1207	乘	乘坐	꜀dźhi̯əng	zying	*thừa*[t^{h}ɯə^{2}]	ṣing[ʃiŋ^{11}]	tʂ^{h}əŋ
232d	船	船	꜀dźhi̯^{w}än	zywen	*thuyền*[t^{hw}iən^{2}]	ṣün[ʃyn^{11}]	tʂ^{h}uan
868e	神	精神,神灵	꜀dźi̯ĕn	zyin	*thần*[t^{h}ɤ̆n^{2}]	ṣan[ʃɐn^{11}]	ʂən
865	射	射击	dźhi̯a꜄	zyæH	*xạ* [ɕa^{4}]	ṣe[ʃɛ^{22}]	ʂə
1261	顺	遵顺	꜀dźhi̯uen	zywin	*thuận*[t^{hw}ɤ̆n^{4}]	ṣun[ʃøn^{22}]	ʂun
862	舌	舌头	dźhi̯ät	zyet	*thiệt*[t^{h}iət^{8}]	ṣit[ʃit^{2}]	ʂə
445	实	真实的	꜀dźhi̯ĕt	zyit	*thật*[t^{h}ɤ̆t^{8}], *thực*[t^{h}ɯk^{8}]	ṣat[ʃɐt^{2}]	ʂʅ
891	食	吃	dźhi̯ək	zyik	*thực*[t^{h}ɯk^{8}]	ṣik[ʃik^{2}]	ʂʅ
632	绳	绳子	꜀dźhi̯əng	zying	*thằng*[thăŋ^{2}]	ṣing[ʃiŋ^{11}]	ʂəŋ

从表 3 来看,北京话把中古的 *ź* 和 *dźh* 读成了同个声母。但我们不能说北京话的读音反映了上古音 *dź 和 *dźh 的分别,因为高本汉构拟的中古浊塞音声母字 *bh*、*dh*、*gh* 到了北京话,平声字①皆送气。

汉越语和广州话将来自中古的 *dźh* 和 *ś* 声母的字都混同了。汉越语里,中古的 *ś*[ɕ]读成 *th*[t^{h}]②【英译本按:这是阴调类字,他们和阳调类的中古 *dźh* 演变到汉越语读 *th*[t^{h}]属平行演变,可参看上表 3】。相反地,中古清塞擦音 *tś*[tɕ]和 *tśh*[tɕ^{h}]分别变作汉越语的 *ch*[c]和 *x*[ɕ]③。Maspero

① 【英译本注】高本汉的中古音声调符号在奥氏原稿的表 3 中省略未写;此处已将其恢复,包括平声调的左下发圈符号,奥氏将其默认为无标记的了。

② 【英译本注】该音变是发生在越南语里更大范围的链式音变的一部分,它影响了汉越语的读音层和越南语的固有词的读音:原始越语(Proto-Vietic)的 *t 和 *d 变成了[ɗ],*s 则变作[t],可参看 Ferlus(1992)。

③ 在这一点上,我们必须对 Maspero(1912: 26, 53)有所纠正,他援引的汉字都是生僻字,其读音应存疑。

(1920：15)援引公元6世纪颜之推的话，南方方言将禅母字"石"*ẓi̯äk*(《字典》883，白氏中古拟音 *dzyek*)和船母字"射"*dẓi̯äk*(《字典》865，白氏中古拟音 *zyææH*)、禅母"是"*źi̯ę*(《字典》890，白氏拟音 *dzyeX*)和船母"舐"*dźi̯ę*(《汉文典》867f，白氏拟音 *zyeX*)相混了。

2.1.1.3　高本汉构拟的中古舌齿塞擦音和擦音声母

颜之推还提到，南方人"钱"*dzhi̯en*(《字典》1072e，白氏拟音 *dzjen*)"涎"(《字典》235d，白氏拟音 *zjen*)不分。这个现象实际上还见于广州话(请看表4)。

表4　高本汉所拟中古 z 声母在广州话中的塞擦音形式

《字典》	汉字	释义	高氏中古拟音	白氏中古拟音	广州话
211j	祥	吉利的	˛zi̯ang	zjang	tshöng[tsʰœŋ¹¹]
810c	祠	祠堂	˛zi	zi	tshi[tsʰi¹¹]
787	像	图像	˛zi̯ang	zjangX	tsöng[tsœŋ²²]
811	寺	寺庙	zi˒	zijH	tsi[tsi²²]
253k	袖	袖子	zi̯əu˒	zjuwH	tsau[tsɐu²²]
775，779	夕席	晚上；坐席	zi̭äk	zjek	tsik[tsik²]
781	习	练习	zi̯əp	zip	tsap[tsap²]

为了解释这些语言事实，需要对不同方言做深入研究。从语言地理学的角度进行观察，以及需要对历代首都和行政中心的方言及其对其他方言的影响进行历史性的研究。总之，浊塞擦音和浊擦音的区别能否追溯到上古音阶段，还远没有研究清楚；汉语最早阶段*dz与*dzh、*dź与*ź的分别是否存在，也缺乏确实的证据①。

2.1.2　"零"声母音值的讨论：比较语言学的证据

现在我们看一下高本汉的第二个观点：上古"零"声母*b、*d、*g、*z系列的构拟。在高本汉拟音体系里，"空格填补"只是保持系统平衡的需要。如果环顾与汉语有发生学关系的语言，比如藏缅语，我们会发现，高本汉所拟*g-和这些语言的 w-、sw 和 rw 形成规则对应，他构拟的*d-和*z-，与 j-形成对应[在卢舍依语(Lushai)语里，藏缅语的*y-[j]都有规律地变作了 z-：参看 Benedict(1948：205)]②。

如果我们审视接受汉语借词的语言，会发现其音位系统并没有相应的塞音出现。比如，泰语、Dioi 语(Li 1945③)和北部南亚语④ Lamet 语(Izikowitz 1951：171)、克木语(Khmu)

① Martin(1953：13)提到中古 *dźh*[dʑʱ]不应该计算在唐代汉语声母之内。我们可以认为，*ź*[ʑ]、*dźh*[dʑʱ]在当时并不能分开。【英译本注：高本汉和奥德里古尔关于 *ź*[ʑ]、*dźh*[dʑʱ]有别的分析目前来看都不能被接受。不过，奥氏的观点关系到普通浊塞音和送气浊塞音的对立是否成立，以及擦音/塞擦音的次序是否可以作为支持的证据。】

② 但是 Benedict 不敢批评高本汉，而假设 g、z 在汉语中出现得较晚。Shafer(1940，1944，1950)则没有将高本汉的上古音构拟纳入考虑。

③ 李方桂在这篇文章中对高本汉明确提出了批评。

④ 【英译本注】原文此处写的是"Austronesian"，明显是错误的。

(Roux and Tran 1927：184)都借用了汉语的传统纪年法①。其中两个字的声母表现我们比较感兴趣(请看表 5)。

表 5　十二地支中的第三、第十在越南语和部分侗台、南亚语里的读音

汉字	汉文典	高氏上古拟音	字典	高氏中古拟音	白氏中古拟音	汉越语	泰语	Dioi 语	克木语	Lamet 语
寅	450	*di̯ər	283	˛i̯ĕn	yin	*dần* [ðɤ̆n^{2}]	ñi	ñien	ñi	ñi
酉	1096	*zi̯og	258	ˋi̯ə̯u	yuwX	*dậu* [ðɤ̆^{w4}]	rau	ru	rau	rau

泰语的 ñ-[ɲ]可能来自更早的 j-,但 r-则是古老的形式。

越南语 *thừa*[t^{h}ɯə^{2}]很明显是个汉语早期借词,来自“馀”(《字典》1322b ˛i^{w}o,《汉文典》GS821 dio;汉越语 *dư* [ðɯ^{1}])。

越南语作为低调类的 th-只能来自更早的 *ź[ʑ]。【英译本：表明这个词在借源语言即某汉语方言里一定是擦音声母 *ź 而不是塞音。】

即使是高本汉构拟的相对晚近的唐代音,看起来也是不妥当的,因为和汉越语显示的证据相矛盾,后者表明,浊擦音到公元 10 世纪才存在。可以表 6 的材料为证：

表 6　与高本汉构拟有违的汉越语例子

字典	汉字	释义	高氏中古拟音	白氏中古拟音	汉越语
1348c	越	逾越,渡过	ji^{w}ɒ̯t	hjwot	*việt*[viət^{8}]
1345b	园	花园	˛ji^{w}ɒ̯n	hjwon	*viên*[viən^{1}]
1345e	远	遥远	ˋji^{w}ɒ̯n	hjwonX	*viễn*[viən^{6}]
118b	域	区域	ji̯^{w}ək	hwik	*vực*[vɯk^{8}]
524y	位	位置	j^{w}i̯ˀ	hwijH	*vị*[vi^{4}]
183	矣	语助词	ˋji	hiX	*hĩ*[hi^{6}]
249	又	又	ji̯əuˀ	hjuwH	*hựu*[hɯ^{w4}]
1267e	邮	邮寄	˛ji̯əu	hjuw	*bưu*[bɯ^{w1}]
239	炎	灼热	˛ji̯äm	hjem	*viêm*[viəm^{1}]
1138de	悦	愉悦	i̯^{w}ät	ywet	*duyệt*[ð^{w}iət^{8}]
	阅	通过			
232b	沿	沿着	˛i̯^{w}än	ywen	*duyên*[ð^{w}iən^{1}]
425bc	浴	洗浴	i̯^{w}ok	yowk	*dục*[ðuk^{8}]
	欲	欲望			

① 【英译本注】也被称作“十二地支”。

续　表

字典	汉字	释义	高氏中古拟音	白氏中古拟音	汉越语
1265Agh	惟	唯一	꜀ʷi	ywij	*duy*[ðʷi^{1}]
	维	维系			
1811	以	用	꜂i	yiX	*dĩ*[ði^{6}]
259c	遊	旅游	꜀i̯əu	yuw	*du*[ðu^{1}]
1327g	愈	治愈，变好	꜂i̯u	yuX	*dũ*[ðu^{6}]
247	阎	姓	꜀i̯äm	yem	*diêm*[ðiəm^{1}]

越南语的 *d*-是更早 *j-的反映（高氏所拟的*i̯*-）和 *ð-。【英译本：所以高本汉在表 6 给那些词项构拟的 *j 是可以接受的。】另一方面，高氏构拟的 *ji̯*-很明显是不合理的，而应该采纳中国学者赵元任（Chao 1941）和罗常培（Lo 1951）的研究，构拟一个 *ɣ-①。

所有这些证据都一致显示，这些应该构拟为"零"声母的辅音，都不能是塞音，而是浊擦音。高本汉的第二个观点，构拟了以下的上古辅音系统：

*t	*th	*dh	*d
*tś	*tśh	*dźh	*dź
*k	*kh	*gh	*g

这是不合理的，而以下的构拟方案才是可取的②：

*t	*th	*d	*ð，j
*tś	*tśh	*dź	*ź，r
*k	*kh	*g	*ɣ，w

2.2　复辅音声母

马伯乐和高本汉之间的另一个分歧，是复辅音声母的构拟。当同个声符既用于 l-声母字，又用于 k-声母字时，两位学者都同意 k-是上古 kl-的反映。马伯乐的看法，*k-是前缀，*l-才是声母。高本汉则提出现代汉语 l-声母字源自上古的 *gl-声母。

马伯乐有效地利用了台语的证据③（参看 Maspero 1930）。早期汉语借词的研究实际上

---

①　不过要注意，我们不应该像 Kennedy（1952）那样，就此得出结论说这个 *ɣ 可以追溯到更早的 *g。

②　【英译本注】这个问题的解决方案在奥氏这篇论文出版五年后，由 Yakhontov（1960b）提出。具体的细节可参看这篇论文所附的评论。

③　【英译本注】马伯乐（1930：321）指出："和泰语群语言的比较，只是仅仅建立在暹罗语（Siamese，即泰语）的基础上而已，因为它是该语群唯一保存了 kl，pl 等复声母的语言（除了 Ahom 语，其他语料为人所知的太少了）。这种方法从理论上说完全是站不住脚的，但也是唯一可能比较实际的方法"（The comparisons with the Thai languages are made on the sole basis of Siamese，because it is the only language of the group（apart from Ahom，too poorly known to use）which preserved the initial consonant clusters kl，pl，etc. This method，totally indefensible from the theoretical point of view，[...] was the only one practically possible.），"暹罗语用的是书面泰语（即泰文）记载的材料（Siamese is given in a transliteration of the written form.）"。

是解决此问题的唯一方法。比如，高氏把“剥”（剥皮，《字典》574f，中古音 *pȧk*）看作由“彔”（雕刻，《字典》574，中古音 *luk*）和“刀”（《字典》975，中古音 *tâu*）组成的表意字，而 Maspero（1930：321）通过比较台语的 plɯək（树皮），把“剥”解释成形声字（含声符“彔”），并且构拟了上古音 *plɔk。就这个例子来说，马伯乐的判断似乎是有误的，因为“剥皮”在原始台语的形式是 *pɔk，在越南语里读 bóc [ɓɔk⁷]①。

复杂声母 *kl-和 *pl-直到晚近还在越南语里有所保留，但在具有汉语来源的越南语词中还没有看到。台语的证据更加明显。可看表 7 所举的一些例子。

表 7 高本汉构拟有误的四个复辅音词词例

释义	原始台语	汉字	字典	高氏中古拟音	汉文典	高氏上古拟音	白氏中古拟音
改变	plien᾽	變	590j	pi̯ʷän᾽	1780	pli̯an	pjenH
蜜蜂	ʻphrɯng	蜂	31e	˛phiʷong	1197s	pʰi̯ung	phjowng
地支二	ʻplaw	丑	1242	ʻt̑hi̯əu	1076	tʰni̯ôg	trhjuwX
地支四	ʻhmaw	卯	602	ʻmaw	1114	mlôg	mæwX

高本汉和马伯乐在第一个词例上的看法一致。第二个词两家的构拟不同，后面两个高氏的拟音和李方桂（Li 1945）不同，这都显示了高氏的拟音缺乏实据。

区分带-l-和带-r-的复辅音很可能是有必要的，因为从台语和越南语来看，虽然现代汉语和汉越语②里都是 l，但最早层的汉语借词有带 r 或 l 的不同。

表 8 反映汉语 r、l 之别的越南语和台语中的早期汉借词

	汉字	释义	高氏上古音到中古音	越南语	台语	白氏中古拟音
汉文典 1193	龙	龙	liung>li̯wong	*rồng*[roŋ²]		ljowng
汉文典 185f	闌	拦住	glân>lân	*ràn*[ran²]		lan
汉文典 185i	练	训练	glian>lien	*rèn*[rɛn²]		lenH
字典 552	簾	帘布	gli̯am>li̯äm	*rèm*[rɛm²]		ljem
字典 576	辘	轱辘	（中古）luk	*rọc*[rɔk⁸]	rɔk（泰语）	luwk
汉文典 1032	六	六	li̯ôk>li̯uk		*hrŏk（原始台语）	ljuwk

当 *r 前面有个塞音时，越南语就读成 *s*[ʂ]。例如松鼠的叫法，Bahnar、克木、泰语的 prɔk，

---

① Wulff（1934）认为，在这个比较的基础上，他已经证明了汉语和台语里有前缀存在。

② 【英译本注】表 8 中汉越语的形式作为晚期借词，显示“龙”是 *long*，“闌”是 *lan*，“练”是 *luyện*，“帘”是 *liên*，“辘”是 *lộc*。

到了越南语就变成了[ʂɔk⁷]。它在汉语里的来源可参看表 9。

表 9　反映汉语 r 音素的越南语里的汉借词

	汉字	释义	高氏中古拟音	白氏中古拟音	越南语
汉文典 928	力	力量	li̯ək	lik	*sức*[ʂuk⁷]
字典 550	蜡	蜡	lâp	lap	*sáp*[ʂap⁷]
字典 551	莲	莲花	lien	ljen	*sen*[ʂɛn¹]

只有唐以前反切的研究才能看出上古汉语 *l 与 *r 的分别，正如大多数汉藏系语言一样。

2.3　上古小舌音系列

原始台语可以区分软腭塞音 *k、*g 和小舌塞音 *q、*ɢ，有些汉借词显示声母是小舌音，例如 *ɢam“金的”、*qaŋ“生铁”，这就提出了一个问题，上古音是否也有这两组声母的对立呢？汉借词虽然不能用作决定性证据，但它们提供了不可忽略的有价值的研究线索。

3. 韵　　母

高本汉对元音的构拟引起了更多严肃的批评。

3.1　介音

我们知道，现代汉语的音节结构允许一个介音音位存在：半元音 j、w 或 ɥ 放在声母辅音和主元音之间。马伯乐和高本汉在开始构拟的时候，相信现代汉语的-w-能够和韵图时代的“合口”【英译本：即圆唇(rounded)】①相联系，而-j-可作为“等”的不同的标志②。马伯乐把 ẅ[ɥ]分析为 w 和 j 的复合形式，而高本汉则将其分析为“j + w”。高氏根据该音位是否属于韵(rhyme)的一部分为条件，区分了中古音的 *w* 和 *u*、*i̯*[-ĵ-]和 *i*。高本汉 1915 年将等的分别之一用“软化”(mouillure，即腭化)与否来解释：“巾”kji̯ən(方巾，《字典》384；白氏中古拟音 kin)、“斤”(斧斤，《字典》385；白氏中古拟音 kjɨn)，但到了 1923 年的论著中，则将其改为元音音质的区别：“巾”ki̯ĕn、“斤”ki̯ən。不过，高氏并没有将元音区别的原则一直贯彻下去，而仍然将介音区别追溯到了上古音的阶段。

相反，马伯乐用复元音化(diphthongizations)来解释这些介音的来源，其证据是泰语中的汉借词③，例子如下：

---

① 【英译本注】汉语传统音韵学的术语，圆唇韵类叫作“合口”，不圆唇韵类叫作“开口”。【译者按：实际上英文译本混淆了“圆唇”“合口”两个概念，在汉语音韵学的框架里，“合口”和“圆唇”是不同的概念，“合口”指有没有-u-做介音或主元音；圆唇可以是-u-，也可以是其他圆唇元音，比如[o ɔ y]等。】

② 【英译本注】关于中古汉语的“等”可参看 Branner (2006)、Ferlus(2009)及其参考文献。

③ 当然，马伯乐认为台语和汉语有发生学关系，但如果我们同意 Benedict(1939)的看法，即那些相关词都只是借用关系的话，那么拿这些词作为上古汉语构拟的证据会更有价值。

汉字	释义	汉文典	上古音到中古音	白氏中古拟音	原始台语
兼	收集	627a	kliam>*kiem*	kem	*kɛm
天	天	361a	thien>*thien*	then	*tʰɛn
凡	所有的	625a	bhi̯wam>*bhi̯wɒm*	bjwom	*ˀbrɔm

复元音*ie出现在原始台语里;前两例表明汉语有*ɛ>ie的演变①。越南语中的汉借词相对较晚,但也显示出同样的演变(比较表8越南语*rèn*"练"和表9越南语*sen*"莲")。上面的第三个例子,让我们看到了*ɔ>*uo>wɒ和*-r->-i̯-[-j-]的演变(后者可参看上文表7的"蜂")。

介音-*w*-的另一个来源可以在更早唇化软腭音声母(软腭音+*w*)中找到。学者们在研究中忽略了一个现象,那就是《字典》提到的有些带软腭音声母[*k kh g x ng*]②的韵类③,比如-*iʷei*、-*ʷɒng*、-*iʷäng*、-*ʷâk*、-*iʷet*等④。如果我们接受马伯乐关于复元音化的解释,那么高本汉所说的基于韵类的-*w*-、-*u*-之别,可能只是简单的唇音音位和唇化特征的区别。汉越语材料支持这一观点。在公元706年的《切韵》系韵书中,有两个-u-韵:-uậi和-uən,两者都可以跟相应的开口韵相区别。带-u-的这两个韵后来在汉越语里变作-*ôi*[-oj]和-*ôn*[-on],而相应的开口韵则变成-*ơi*[-ɤj]和-ăn[-ăn]。相反,带-u-的韵只在后来的韵书中才和带-w-的韵区别开来,如-uâ、-iuən和-ʷa、-ʷai,到了汉越语里,分别变作了-*oa*[-ʷa]、-*uân*[-ʷɤ̆n]、-*oa*[-ʷa]和-oai[-ʷaj]⑤。

---

① 【英译本注】法文原文此处的演变方向弄反了,写成了"ɛ<ie",奥氏在1972年此文再版时做了修正。

② 【英译本注】在汉语传统音韵学的框架里,中古汉语的每个声母辅音类和每个韵类(主元音+韵尾)都用一个汉字来命名。韵目的名称可参看下文的脚注或本节括号内所注有关汉字。

③ 【英译本注】这是一个非常重要的观察,五年后由Yakhontov(1960a)就此问题做了全面的探索。大部分拟音体系都不包括唇化软腭辅音系列。

④ 【英译本注】分别是:齐韵(白氏中古拟音-wej)、唐韵(白氏中古拟音-wang)、清韵(白氏中古拟音-jweng)、铎韵(白氏中古拟音-wak)、屑韵(白氏中古拟音-wet)。

⑤ 【英译本注】为了方便参考,下表归纳了上文提到的一些中古韵类,并加上了用汉字代表的传统韵目的名称。

材料来源	高氏中古拟音	白氏中古拟音	韵目	汉越语
早期韵书	-uậi	-woj	灰	-*ôi*[-oj]
	-uən	-won	魂	-*ôn*[-on]
	-ậi	-oj	咍	-*ơi*[-ɤj]
	-ən	-on	痕	-*ăn*[-ăn]
后期韵书	-uâ	-wa	戈	-*oa*[-ʷa]
	-i̯uən	-jwin	谆	-*uân*[-ʷɤ̆n]
	-ʷa	-wæ	麻	-*oa*[-ʷa]
	-ʷai	-wɛɨ	佳	-*oai*[-ʷaj]

除了马伯乐利用的台语和汉越语材料，我们现在回到越南语的早期借词层（比汉越语更早的读音层），而该层次几乎尚未被人注意①。虽然它们不比汉语借进台语的时间早，但词例的数量更可观，由此可以在汉语与古汉越语之间建立可靠的对应。

让我们从越南语复元音-*ia*[iə]，-*ưa*[ɯə]和-*ua*[uə]各韵的汉借词开始，并将其与对应的汉语做比较（参看表 10）。

表 10　越南语里读-ia、-ưa、-ua 的汉借词和高本汉的汉语拟音

序　号	汉字	高氏上古拟音	高氏中古拟音	白氏中古拟音	越南语	释义
汉文典 23f	離	lia	˛lji̯e	lje	*lìa*[liə^{2}]	离开
汉文典 2ru	義儀	ngia	ngjie̯ʼ	ngjeH，ngje	*nghĩa*[ŋiə^{6}]	正义
汉文典 358j	紫	tsiar	ʻtsie̯	tsjeX	*tía*[tiə^{3}]	紫色
字典 890b	匙		˛zi̯e̯	dzye	*thìa*[t^{h}iə^{2}] *chìa*[ciə^{2}]	汤匙 钥匙②
汉文典 25a	皮	bhia	˛bhjie̯	bje	*bìa*[ɓiə^{2}]	皮
汉文典 874d	碑	pi̯ĕg	˛pjie̯	pje	*bia*[ɓiə^{1}]	石碑
汉文典 49s’	锯	ki̯o	ki̯woʼ	kjoH	*cưa*[kɯə^{1}]	锯子
汉文典 579j	驴		˛li̯^{w}o	ljo	*lừa*[lɯə^{2}]	驴
汉文典 84g	貯	ti̯o	ʻȶ i̯wo	trjoX	*chứa*[cɯə^{3}]	贮藏
汉文典 82l	餘	di̯o	˛i̯wo	yo	*thừa*[t^{h}ɯə^{2}]	其余，剩余
汉文典 60i	许	xi̯o	ʻxi̯wo	xjoX	*hứa*[hɯə^{3}]	允许
汉文典 46z	助	dẓhio	dẓhi̯woʼ	dzrjoH	*chữa*[cɯə^{6}]	辅助
汉文典 60p	御	ngio	ngi̯woʼ	ngjoH	*ngừa*[ŋɯə^{2}]	抵御
汉文典 102h	斧	pi̯wo	ʻpi̯u	pjuX	*búa*[ɓuə^{3}]	锤子，斧子
汉文典 136c	府	pi̯u	ʻpi̯u	pjuX	（*chợ*）*búa* [ɓuə^{3}]	市场
汉文典 136m	符	bhi̯u	˛bhi̯u	bju	*bùa*[ɓuə^{2}]	灵符
汉文典 1001	妇	bhi̯ŭg	ʻbhi̯ə̯u	bjuwX	（*goá*）*bụa*	寡妇③
汉文典 101f	扶	bhi̯wo	˛bhi̯u	bju	*vùa*[vuə^{2}]	扶持

---

① 起初马伯乐并不认为有比汉越语更早的从汉语借入越南语的层次。到了 Maspero（1916）才改变这一看法，Maspero（1920：61，93 注 2）对此也有所涉及。自此以后便没有关于该问题的研究成果问世了。【英译本注】奥氏写作此文时，并没有注意到王力（1948）的可靠研究，王文鉴别出数十个古汉越语词，也包括了奥氏在本文中提出的相同的一些词。在奥氏以后，很少有文章谈到越南语里中古以前的借词问题。Michel Ferlus（私人交流）提到了 Nguyễn Khắc-Kham（1971）和 David Tryon Ray（1979）两篇相关文献。

② 【英译本注】奥德里古尔把这个词翻译成了法文“耳挖子”。

③ “婦”本身的意思是“妻子，已婚妇女”。“寡妇”是个复合词，是“妇”加上“寡”（缺少的，极少的，丧偶的）。早期越南语的借词 *goá bụa*[ɣ^{w}a^{3} ɓuə^{4}]（寡妇）有一个后起的汉越语同义词 *quả phụ* [k^{w}a^{5} fu^{4}]。

续 表

序 号	汉字	高氏上古拟音	高氏中古拟音	白氏中古拟音	越南语	释义
汉文典 129	主	t̑i̯u	ʻtśi̯u	tsyuX	*chúa*[cuə³]	主人
汉文典 129d	註	t̑i̯u	tśi̯uʾ	trjuH	*chua*[cuə¹]	作注
汉文典 1109j	務	mi̯og	mi̯uʾ	mjuH	*mua*[muə¹]	得到①
汉文典 1028e	繡	si̯ôg	si̯ə̯uʾ	sjuwH	*thùa*[tʰuə²]	绣

越南语读-*ia*[iə]的汉借词和高本汉构拟的介音*-i-有很好的对应。类似的,上表 10 第二类韵-*ưa*[ɯə],如果我们考虑到越南语的*ư*[ɯ]兼有 i 和 w 的舌位,也可以将其与汉语*-i-相联系。不过,第三类韵-*ua*[-uə]是有点问题的【英译文按:因为高本汉给这些汉字构拟的上古音是 j-类介音,而越南语则表现为 w-类韵母】。上表 10 所见古汉越语的几种介音在汉越语里也有平行的表现,依次分别是 -*i*[i]、-*ư* [ɯ]和-*u*[u]。在高本汉看来,他构拟的第三类韵母是比第一、二类要晚起,但这种判断是错误的②。我建议将其分别改拟为*-ie、*-iʷə 和*-wu③。

高本汉可能会以越南语汉借词所代表的方言属于南方方言这一理由而表示反对,就像日语里最早的汉字音读吴音(Go-on),是来自中古以前的吴语一样④。实际上汉越语代表的方言和唐代首都的方言很可能是不同的,但还是很难理解,为什么高本汉在构拟上古音时会忽略这一点,在大多数的例子中,高氏都把-*i̯u* 推至上古音阶段。

3.2 后元音

众多早期汉借词可见的另一个韵是-*ô*[o],越南文写作-o[ɔ],例见表 11a。

表 11a 高本汉构拟的上古汉语韵母*o/â 在越南语里读作[ɔ]的词例

汉文典	汉字	高氏上古音	高氏中古拟音	白氏中古拟音	越南语	释义
74e⑤	库	kho	khuoʾ	khuH	*kho*[kʰɔ¹]⑥	车库
49u	苦	kho	ʻkhuo	khuX	*khó*[kʰɔ³]	苦难

---

① 【英译本注】上古及现代汉语中,"務"字都跟两套词义相联系,一是"力求,尽力,务必",二是"任务,事务",但并非"得到"。越南语里"務"的意思是"购买"。

② 【英译本注】这就是说,高本汉为前两类韵构拟了正确的上古音,但对于第三类韵,他也把它追溯到了上古汉语,但实际上该类韵母代表的是中古以后的晚近层次。

③ 【英译本注】此文最初在 *Word* 刊行时,写的是 *wơ*,1972 年重印时改作了 *wu*。

④ 高本汉(Karlgren 1940: 71 - 72)承认他的构拟没有很好地顾及古吴语的资料("Go"是"吴"字日本吴音的读法),但他也指出古吴语带有混合性质。公元 6 世纪时第一次进入日语的汉字音读是不是比 8 世纪进入日语的长安方言更具有混合特点呢?戴密微(Demiéville 1946)说:"Hypothesizing the existence of several Wu dialects to explain the incoherence in the Go-on readings is entirely ad hoc and utterly questionable. It has no support whatsoever in what we know from Japanese sources concerning the historical conditions in which Go-on was formed(日本吴音内部不一致是因为中古以前的吴语有多个方言这个假设,完全是不可取的,是颇有疑问的。从日语资料来看,并没有任何证据表明日本吴音形成时的历史背景是什么)。"

⑤ 【英译本注】原稿误作 GS75e,今改。

⑥ 【英译本注】越南文 kh 在现代越南语里的发音是[x]。

续　表

汉文典	汉字	高氏上古音	高氏中古拟音	白氏中古拟音	越南语	释义
60	午	ngo	ʻnguo	nguX	*ngọ*[ŋɔ^{4}]	地支七
63	兔	tho	thuoʼ	thuH	*thỏ*[t^{h}ɔ^{5}]	兔子
801b	渡	dhâg	dhuoʼ	duH	đò[ɗɔ^{2}]	渡口
53	户	gho	ʻɣuo	huX	*hộ*[hɔ^{4}]	家庭
94z	弩	no	ʻnuo	nuX	*nỏ*[nɔ^{5}]	箭
792j	诉	sâg	suoʼ	suH	*tỏ*[tɔ^{5}]	表达
691	炉	lo	luo	lu	*lò*[lɔ^{2}]	炉子
766t	露	ʻglâg	luoʼ	luH	*lō*[lɔ^{6}]	揭露

不过，越南语除了这些读[ɔ]韵的形式，也有一些读作[a]的，例见表 11b。

表 11b　高本汉构拟的上古汉语韵母 *o/â 字在越南语和其他语言里的借词形式

汉文典	汉字	高氏上古拟音	高氏中古拟音	白氏中古拟音	越南语	原始台语	释义
802f	墓	mâg	muoʼ	muH	*mả*[ma^{5}]		坟墓
58	五	ngo	ʻnguo	nguX		*ʻ*hŋa*	五
94z	弩	no	ʻnuo	luX	*ná*[na^{3}]	*ʻ*hna*（比较 Khmer 语 sna）	箭
60	午	ngo	ʻnguo	nguH		*saŋa（比较 Khmu 语 sŋa）	地支七 枝条

汉藏语比较的证据显示，高氏所拟的汉语韵母-o 应来自更早的 *-a①。看起来这个韵在上古汉语里应读作-a，直到汉代（公元前 2 世纪至公元 2 世纪）（箭弩在这一期间已经被发明，且已广泛使用），到了公元 6 至 7 世纪，[a]逐渐高化变作中低元音[ɔ]，随后到了 9 世纪变作中高的[o]，最后到现代汉语里变作[u]。

这就给上古汉语元音的整个拟音系统带来了问题。比如说，《诗经》里“马”（白氏中古拟音 *mæX*）字和高氏所拟的-o 韵字相押韵，马伯乐、高本汉认为这个-o 韵字应该是一个较开的-ɔ或者-å [ɒ]；然而，既然上古音阶段的所谓-o 应该改拟作-a，那么就没有理由不为“马”字构拟-a 韵音读。保留在朝鲜语里的韵尾辅音可以解释为什么汉语里这个“马”字还保留了-a 韵

---

① 比如藏文 *lnga*、缅文 *nga*“五”。

音读，而没有发生元音后高化①。

汉藏比较的材料证明，有些元音的舌位构拟得更高了一点，比如“三”：藏文 *gsum*，《汉文典》648 *səm>*sâm*②。

高本汉给汉语中古、上古音都构拟了-ək 韵。但是，这个韵的反映形式在汉越语及更早的古汉越语中有不一样的表现③。请看表 12：

表 12　高本汉构拟的 *-ək 在古汉越语、汉越语两个历史层次上的对应词例

汉文典	汉字	高氏上古拟音	高氏中古拟音	白氏中古拟音	越南语	释义
905	得	tək	tək	tok	汉越语*đắc*[ɗăk7]	得到
919k	德	tək	tək	tok	*đức*[ɗɯk7]	道德
961h'	特	dhək	dhək	dok	*đực*[ɗɯk8]	公的(动物)④
904c	墨	mək	mək	mok	*mực*[mɯk8]	墨水

这可能可以支持 *u>*ɯ>*ə>a 的音变假设。

以上的观察可以帮助我们完善前人已经提出的上古汉语拟音系统；因为高本汉构拟的五个后元音 *u、*o、*ɔ、*ɒ、*ɑ⑤，且开音节中没有出现前元音。

3.3　开音节中的央元音和前元音

高本汉认为上古汉语的前元音的后面总跟着辅音韵尾。而古汉越语显示，-i 韵【英译本按：中古之韵】字的一部分是从来自一个央元音⑥(请看表 13)。

---

① 【英译本注】奥氏关于汉语上古音 *-a 的想法已经被广泛接受，除了这里的最后一句话。现在的一般共识是，上古音“马”应构拟 *-r-介音；此介音阻止了后面的主元音变作-u。

② 【英译本注】此处奥氏指出的事实是，数词“三”在汉语里属于不规则的演变。《诗经》时代“三”和 *-ɨm 韵字相押；按理中古音应读作 som，但是白一平的中古拟音是 sam，和高本汉构拟的 sâm 类似。对这个不规则变化，目前还没有很好的解释。

③ 【英译本注】奥氏认为，汉越语的元音是ă，然而更早期则是 ɯ。表 12 所列材料之后可以证明这一点。汉越语“特”字读*đặc*[ɗăk8](有“特别”的意思，不是“公的”；参看下一条脚注)，“墨”字读 *mặc*[măk8]，都带元音ă。“德”字读*đức*[ɗɯk7](道德)，奥氏认为它是一个古汉越语词，即早期汉借词，因为其元音是 ɯ；如果是个汉越语词，它应读-a 韵。有意思的是，*đức*[ɗɯk7]是“德”字相应的汉越语形式；按照奥氏的观点，“道德”的早期汉借词进入了后来的汉字音系统(即汉越语)之中。汉借词不同的时代层次间的混并研究，可参看 Nguyễn Tài Cẩn(1979)。奥氏的第一个例子初步地展示了越南语里不同历史层次汉字音的复杂重叠，“得”(得到)早于汉越语的借词形式是*đắc*[ɗăk7]，这个词进入越南语后的另一个形式(既不是-ă也不是-ɯ)是*được*[ɗɯək8]。

④ 【英译本注】奥氏引用的汉语义项反映的是词源的最早释义，即“公牛，雄性(动物)”，该义项昂在汉语和古汉越语里均能得到印证。现代汉语里，“特”的词义是“特别，特例”(汉越语里亦如此，读作 đặc [ɗăk8])。从“雄性(动物)”到“特别”的词义演变在上古汉语的末期以后有明显的文献记载。

⑤ 【英译本注】奥氏原文提到有五个元音，但只列了 u、ô、o、å 四个。

⑥ 【英译本注】在白一平的拟音系统中，中古之韵字的上古音是 *-ɨj。

表 13　古汉越语读央元音的词例

汉文典	汉字	高氏上古拟音	高氏中古拟音	白氏中古拟音	越南语	释义
956	疑	ngi̯əg	꜀ngji	ngi	*ngờ*[ŋɤ^{2}]	怀疑
976n	似	dzi̯əg	꜂zi	ziX	*tợ*[tɤ^{4}]	像
963	市	d̑i̯əg	꜂źi	dzyiX	*chợ*[cɤ^{4}]	市场
971	事	dẓhi̯əg	ḍẓhi꜄	dzriH	*thờ*[t^{h}ɤ^{2}]	服务
972j	词	dzi̯əg	꜀zi	zi	*tờ*[tɤ^{2}]	文档
974	丝	si̯əg	꜀si	si	*tơ*[tɤ^{1}]	丝绸
961z	时	d̑i̯əg	꜀źi	dzyi	*giờ* [ʒɤ^{2}]	小时，时间
961d'	诗	śi̯əg	꜀śi	syi	*thơ* [t^{h}ɤ^{1}]	诗
952v	旗	ghi̯əg	꜀ghji	gi	*thơ*[t^{h}ɤ^{1}]	旗帜

以上所见越南语里的读音形式和原始台语所见三个地址名的读音保持一致(Li 1945)，请看表 14。

表 14　原始台语里的三个地支名称的读音

汉文典	汉字	高氏上古拟音	高氏中古拟音	白氏中古拟音	原始台语	释义
937	亥	ghəg	꜂ɣâi	hojX	*꜂gəɯ	地支十二
964	子	tsi̯əg	꜂tsi	tsiX	*꜂*čəɯ*	地支一
967	巳	dzi̯əg	꜂zi	ziX	*꜂səɯ①	地支六

其他的-i 韵【英译本按：中古脂韵】②很可能是个前元音，跟高本汉的构拟相反(参看表 15)。

表 15　上古汉语应拟作前元音的词例

汉字	汉文典	高氏上古拟音	高氏中古拟音	白氏中古拟音	越南语	释义
几	602	ki̯ɛr	kji	kijX	*ghế* [ɣe^{3}]	椅子
眉	567	mi̯ər	꜂mj^{w}i	mij	*mầy*[mɤ̆j^{2}]③	眉毛
尸	561	śi̯ər	śi	syij	*thây*[t^{h}ɤ̆j^{1}]	尸体

---

① 台语*s-和汉语 z-的对应是可以想见的，因为原始台语缺少*z-，后来出现的 z-是由复辅音声母*dr-变来的。另一个有关的例子是“十”(《汉文典》686)*d̑i̯əp>ži̯əp，原始台语*sip。

② 【英译本注】在白一平的拟音系统中，中古脂韵字的上古音是*-ij。

③ 【英译本注】越南语的-*ây*[ɤ̆j]代表了更早时期的复元音*-ei。比如“西”(《字典》776)的越南语读音是 *tây*[tɤ̆j]。

高本汉为中古汉语以 *-n 收尾的开音节字构拟上古音 *-r 尾。越南语没有提供这方面的任何证据，因为原始南亚语的 *-r 和 *-l 尾在越南语里都变成了-j 尾或零韵尾。

在有些例子里，汉语借词到了越南语里带-j 尾【英译本按：中古汉语里已经看不到了】，例字参看表 16。

表 16　上古汉语应拟作前元音的词例

汉字	释义	汉文典	高氏上古拟音	高氏中古拟音	白氏中古拟音	越南语
蛾	飞蛾	2q	ngâ	˛ngâ	nga	*ngài* [ŋaj²]
摩	摩擦	17e	mwâ	˛muâ	ma	*mài* [maj²]
瓦	瓦片	20	ngwa	ˊngʷa	ngwæX	*ngói* [ŋɔj³]
移	移变	3q	dia	˛i̯ę	ye	*dời* [ðɤj²]
骑	骑乘	lu	ghia	˛ghi̯ę	gje	*cưỡi* [kɯəj⁶]①
寄	寄送，给	lx	kia	ki̯ęˋ	kjeH	*gởi* [ɣɤj⁵]，*gửi* [ɣɯj⁵]

这里的韵尾-j 可能是高本汉未曾构拟出来的汉语上古韵尾 *-l 或 *-r 的遗迹②。

3.4　高本汉构拟的上古 *-g 韵尾

一个更为复杂的问题是贯穿高本汉上古音构拟的 *-g 尾问题。高本汉和马伯乐都注意到了中古的四声③在同个谐声系列的谐声字中【英译本按：构成某个谐声系列的那些字】，缺少均衡的分布。平、上声字属于一派，入声字属于另一派，两派字不会都在同个谐声系列里出现。这个并不奇怪，因为入声字只能是那些带-p、-t、-k 尾的字，其他平、上两类字，要么是个开音节，要么以响辅音(sonorant consonant)收尾。至于去声字，则在两派声调字里头都会出现。如果其谐声声符为入声字，就一定不会有鼻音韵尾。例子请看下面的表 17。

表 17　以入声字作为谐声声符的中古去声字

词例					谐声声符字		
汉字	释义	字典	高氏中古拟音	白氏中古拟音		高氏中古拟音	白氏中古拟音
裕	财富，富裕	425	iuˋ	yuH	谷	kuk	kwuk
夜	夜晚	187	iaˋ	yæH	亦	i̯äk	yek
懿	美丽的，非凡的	201	ʔiˋ	ʔijH	壹	ʔi̯ĕt	ʔjit

① 【英译本注】该古汉越语形式被奥德里古尔写作 *cỡi* [kɤ⁶]、*cũi* [kɯj⁶]；这两个形式现在都很少见，常见的形式是 *cưỡi* [kɯəj⁶]。该词的汉越语形式是 *kị* [ki⁴]。

② 【英译本注】上古汉语的歌部如今普遍被拟作 *-aj，遵循了奥德里古尔的卓见。

③ 根据韵书的记载，唐代时期的汉语只有四个声调。清浊对立的消失继续变成阴、阳两个调是从公元 9 世纪开始的。参看 Martin(1953：10—13)所做的比较明确的概述。

高本汉和马伯乐都同意，上表所见这类去声字，必须给它们的上古音构拟一个塞韵尾，而且是个浊塞尾；表 17 三个例字的上古音应分别拟作 *iug、*iag、*ʔid。

高本汉又向前迈了一步。他注意到，《诗经》押韵材料里，与入声字谐声系列（可构拟 *-g 尾）属同类的去声字可以和属平、上声一类的去声字完美相押，于是高氏给这些字都构拟了 *-g 尾。这么一来，就给他上古音系统里所有可能应该是个-j 尾或-w 尾的字带来了疑问。比如“猫”【英译本按：高氏中古拟音 *mi̯äo*，白氏中古拟音 *mæw*】，其读音很明显是个象声词，照高氏的构拟，上古音就成了 *miog（《汉文典》1159c）！即使是从《诗经》押韵模式的角度来看，构拟的结果也是不能让人满意的，因为导致了高氏构拟 *-o 和 *-âg 需要互相押韵，而只好假设最古老的文学典籍里有着方言演变的现象（Karlgren 1940：31）。

越南语的材料让我们做出了另一种假设。越南语里最早的汉借词层显示，汉语的去声字与越南语的问声（*hỏi*）和跌声（*ngã*）字形成对应（Haudricourt 1954），例见表 18。

表 18　汉语去声字与越南语问声、跌声字的对应词例

汉字	释义	汉文典	高氏上古拟音	高氏中古拟音	白氏中古拟音	越南语
寄	邮寄，给	1x	kia	kjĭẹ̆ˀ	kjeH	*gởi*［ɣɤj⁵］
義	正义	2ru	ngia	ngji̯ẹˀ	ngjeH	*nghĩa*［ŋiə⁶］
露	露珠	766t'	glâg	luoˀ	luH	*lõ*［lɔ⁶］
诉	表达	792j	sâg	suoˀ	suH	*tỏ*［tɔ⁵］
墓	墓地，坟墓	802f	mâg	muoˀ	muH	*mả*［ma⁵］

马伯乐（Maspero 1912：102）指出，这两个越南语的声调来自更早期的 *-s 韵尾，后来一度变为擦音尾 *-h。

3.5　上古汉语后缀 *-s 的构拟

现在让我们看一看上古汉语的 *-s 尾假设。该韵尾可以加在任何词的后头：阴声韵、阳声韵（平上声）字或者入声韵字。对于入声韵字，韵尾由 *-ks、*-ts、*-ps 变作了 *-gs、*-ds、*-bs，然后又变作 *-js、*-ws 和 *-s。韵尾 *-ks 的元音化似乎在上古音阶段就发生了，因为它在《诗经》里可以和带 *-ws、*-js 尾（*-s 后缀附加于 *-w、*-j 尾之后）字相押。

韵尾 *-ts 反而存在了较长的时间。地支之一的“未”字，属于最早借进台语的层次（也是地支名里唯一的去声字），高本汉的上古拟音是 *mi̯wəd＞*mjwẹi*【英译本按：白氏中古拟音 *mjijH*】。这个借词也出现台语、克木语（Khmu）和 Lamet 语，读音为 mot。按照我们的假设，应构拟 *mwəts 或 *mots。韵尾 *-ts 的弱化一定是在有唐一代开始前不久才出现的，因为当时还有一部分字只有去声而无平上声：《字典》写作-âi、-uâi、-iʷäi、-iʷei 等①。

*-s 后缀的功能仍需要进一步研究。在我们来看，应该避免高本汉那种过于主观的研究方法，他说：“We have the word pair âk ‘bad’ and âg ‘to hate’. Here the voiced final -g

---

① 【英译本注】白氏中古拟音：泰-ajH、夬-wajH、祭-jejH、廢-jojH。

indicates a verb. But we also had the word pair dhâk 'to measure' and dhâg 'a measure'. Here the voiced final indicated a noun(有一对词'恶入声'âk(坏的)、'恶去声'âg(厌恶)。这时浊的-g 尾表示它是个动词。但我们也有一对词是'量入声'dhâk(度量)、'量平声'dhâg(量器)。这时浊尾表明它是个名词。)"(Karlgren 1949: 96)

这一问题的最好解决办法,不是按照某个词翻译成某种欧洲语言后的词性来决定它到底属于什么词。要紧的是,应鉴别出该词的基本义【英译本注:以及将其与派生义区分开来】。因此,按我们的观点,高本汉提到的两对词,它们的两两派生关系,可以表述为下表 19:

表 19 上古汉语基本式和派生式的几对词

汉字	基本式		汉字	带 *-s 的派生式	
恶	*âk	坏的,丑恶的	恶	*âks	厌恶
好	*xâu	好的	好	*xâus	喜爱
度	*dâk	度量	度	*dâks	量器
使	*ṣi	出使	使	*ṣis	使者

如此一来,高本汉提出的"丑恶的/厌恶"就和"好的/喜爱"是平行的了,而"度量/量器"和"出使/使者"也相平行。由于在上古音构拟中没有考虑到中古声调这一因素,高本汉无法区分形容词"好"(上声)和动词"好"(去声)(《汉文典》1004,高氏上古拟音 *xôg)或者"使"(上声)和"使"(去声)(《汉文典》975n,高氏上古拟音 *ṣḷi̯əg),而只能给每一对词构拟一个上古音形式①。

---

① 【英译本注】在《汉文典》中,高本汉省略了中古汉语和现代汉语的标调符号,理由是他觉得构拟上古音时用不到中古的声调(Karlgren 1940: 15)。这些词的带声调符号的中古汉语构拟出现在《字典》(Karlgren 1923)中。这些词的读音构拟可见下表。

汉字	释义	汉文典	高氏上古音到中古音	字典	高氏中古拟音	白氏中古拟音
恶	丑恶的	805h	ˈâk>ˈâk	209	ˈaʾ<*ˈag	ak
恶	正义	805h	ˈâg>ˈuo	209	ˈuoʾ<*ˈuog	ʔuH
好	露珠	1044a	xôg>xâu	1089	ʿxau	xawH
好	表达	1044a	xôg>xâu	1089	xauʾ	xawH
度	度量	801a	dhâk>dhâk	1128	dhâk	dak
度	量器	801a	dhâg>dhuo	1128	dhuoʾ<*dʰuog	duH
使	出使	975n	sli̯əg>ṣi	526	ʿsi	sriX
使	使者	975n	sli̯əg>ṣi	526	siʾ	mả [ma^5]

高本汉在《修订汉文典》(Karlgren 1957)里恢复了声调标号,但是在构拟上古音时还是没有利用声调的材料。他确信上古汉语有声调,但认为它不能作为构拟的现实证据。

参考文献

陆志韦.古音说略[M].北京：哈佛燕京学社，1947.

王力.汉越语研究[J].岭南学报，1948，9(1).

郑张尚芳.上古音系[M].上海教育出版社，2003.

Benedict，Paul K(本尼迪克特). Semantic differentiation in Indo-Chinese[J]. Harvard Journal of Asiatic Studies 4，1939：213 - 229.

Benedict，Paul K. Archaic Chinese g and d[J]. Harvard Journal of Asiatic Studies 9，1948：197 - 206.

Chao，Yuen-ren(赵元任). Distinctions within Ancient Chinese[J]. Harvard Journal of Asiatic Studies 5，1941：223 - 227.

Demiéville，Paul(戴密微). Review of The Chinese Language (Forrest 1948)[J]. Bulletin de la Société de Linguistique de Paris，1946，43(2)：267 - 281.

Demiéville，Paul. Matériaux pour l'enseignement élémentaire du chinois [M]. Paris：Adrien Maisonneuve，1953.

Emeneau，Murray Barnson. Studies in Vietnamese Grammar [M]. Berkeley：University of California Press，1951.

Forrest，Robert A.D. The Chinese Language[M]// "The Great Languages" series. London：Faber and Faber，1948.

Haudricourt，André-Georges(奥德里古尔). Restitution du karen commun[J]. Bulletin de la Société Linguistique de Paris 42，1946. 103 - 111.

Haudricourt，André-Georges. Les phonèmes et le vocabulaire du thai commun[J]. Journal Asiatique 236，1948：197 - 238.

Haudricourt，André-Georges. La conservation de la sonorité des occlusive du thai commun dans le dialecte de Cao-bang. [J]. Actes du XXIe Congrès des Orientalistes. Paris，1949a：251 - 252.

Haudricourt，André-Georges. Les consonnes préglottalisées en Indochine [J]. Bulletin de la Société Linguistique de Paris 46，1950：172 - 182.

Haudricourt，André-Georges. A propos de la restitution du karen commun[J]. Bulletin de la Société Linguistique de Paris 49，1953：129 - 132.

Haudricourt，André-Georges. De l'origine des tons en vietnamien[J]. Journal Asiatique 242，1954：69 - 82.

Izikowitz，Karl Gustav. Lamet Hill Peasants in French Indochina [M]. Göteborg：Ethnografiska Museet，1951.

Karlgren，Bernhard(高本汉). Études sur la phonologie chinoise[M]// Archives d'études orientales 15(1 - 4). Leiden：Brill，1915 - 1926.

Karlgren，Bernhard. Analytic Dictionary of Chinese and Sino-Japanese[M]. Paris：Geuthner，1923.

Karlgren，Bernhard. Grammata Serica：Script and Phonetics in Chinese and Sino-Japanese[J]. Bulletin of the Museum of Far Eastern Antiquities 12，1940：1 - 471.

Karlgren，Bernhard. The Chinese language：an Essay on its Nature and History[M]. New York：Ronald Press，1949.

Kennedy，George A(金守拙). Voiced gutturals in Tangsic[J]. Language 28，1952：457 - 464.

Li Fang-kuei(李方桂). Some old Chinese loanwords in the Tai languages[J]. Harvard Journal of Asiatic Studies 8，1945：333 - 342.

Lo Ch'ang-p'ei(罗常培). Evidence for amending B. Karlgren's Ancient Chinese -j- to -ɣ-[J]. Harvard

Journal of Asiatic Studies 14，1951：285 - 290.

Martin，Samuel Elmo. The phonemes of Ancient Chinese[J]. Supplement to the Journal of the American Oriental Society 16，1953.

Martinet，André. Rôle de la corrélation dans la phonologie diachronique[J]. Travaux du Cercle Linguistique de Prague 8，1939：273 - 288.

Martinet，André. Function，structure and sound change[J]. Word 8，1952：1 - 32.

Maspero，Henri(马伯乐). Etudes sur la phonétique historique de la langue annamite：les initiales[J]. Bulletin de l'École Française d'Extrême-Orient 12，1912：1 - 127.

Maspero，Henri. Quelques mots annamite d'origine chinoise[J]. Bulletin de l'École Française d'Extrême Orient 16，1916：35 - 39.

Maspero，Henri. Le dialecte de Tch'ang-Ngan sous les T'ang[J]. Bulletin de l'École Française d'Extrême-Orient 20，1920：1 - 124.

Maspero，Henri. Préfixes et dérivation en chinois archaïque[J]. Mémoires de la Société de Linguistique de Paris 23，1930：313 - 327.

Roux，Henri & Tran Vân-Chu. Les Tsa Khmu[J].Bulletin de l'Ecole française d'Extrême-Orient 27，1927：169 - 222.

Shafer，Robert. The vocalism of Sino-Tibetan[J]. Journal of the American Oriental Society 60(3)，1940：302 - 337.

Shafer，Robert. Problems in Sino-Tibetan phonetics[J]. Journal of the American Oriental Society 64(3)，1944：137 - 143.

Shafer，Robert. The initials of Sino-Tibetan[J]. Journal of the American Oriental Society 70(2)，1950：96 - 103.

Wulff，Kurt. Chinesisch und Tai：sprachvergleichende Untersuchungen [M]// Det Kongelige DanskeVidenskabernes Selskab. Historik-filologiske Meddelelser 20，3. Copenhagen：Levin & Munksgaard，1934.

补充参考文献(英译本注提及的文献)

Baxter，William H.(白一平). A Handbook of Old Chinese Phonology [M]. Berlin：Mouton de Gruyter，1992.

Benedict，Paul K. Thai，Kadai，and Indonesian：a New Alighment in Southeastern Asia [J] American Anthropologist，1942，44：576-601.

Branner，David P. (ed.). The Chinese Rime Tables[M]// Linguistic Philosophy and Historical-comparative Phonology. Amsterdam：John Benjamins，2006.

Ferlus，Michel. Spirantisation des obstruantes médiales et formation du système consonantique du vietnamien[J]. Cahiers de linguistique Asie Orientale 11(1)，1982：83 - 106.

Ferlus，Michel. Histoire abrégée de l'évolution des consonnes initiales du vietnamien et du sino-vietnamien [J]. Mon-Khmer Studies 20，1992：111 - 125.

Ferlus，Michel. What were the four divisions of Middle Chinese? [J]. Diachronica 26(2)，2009：184 - 213.

Haudricourt，André-Georges. L'origine des particularités de l'alphabet vietnamien[J]. Dân Việt-Nam 3，1949b：61 - 68.

Karlgren，Bernhard. Compendium of Phonetics in Ancient and Archaic Chinese[J]. Bulletin of the Museum of Far Eastern Antiquities 26，1954：211－367.

Karlgren，Bernhard. Grammata Serica Recensa：Script and Phonetics in Chinese and Sino-Japanese. Bulletin of the Museum of Far Eastern Antiquities 29，1957：1－332.

Luo，Yongxian(罗永羡). Sino-Tai and Tai-Kadai：another look[M]// A. Diller，J.A. Edmondson & Y. Luo (eds.). The Tai-Kadai languages. London：Routledge，2008：9－28.

Nguyễn Tài Cẩn. Nguồn gốc và quá trình hình thành cách đọc Hán Việt[M]. Hà Nội：Nxb Khoa học Xã hội，1979.

Nguyễn Khắc-Kham. Influence of Old Chinese on the Vietnamese Language[M]// Area and Culture Studies 21. Tokyo University of Foreign Studies，1971：153－181.

Pulleyblank，Edwin(蒲立本). The consonantal system of Old Chinese[J]. Asia Major 9，1962：58－144，206－265.

Pulleyblank，Edwin. Middle Chinese：a Study in Historical Phonology[M]. Vancouver：University of British Columbia Press，1984.

Ray，David Tryon. Sources of Middle Chinese phonology：a prolegomenon to the study of Vietnamized Chinese[M]. M.A.，Southern Illinois University，1979.

Rhodes，Alexandre de. Dictionarium Annamiticum Lusitanum et Latinum[M]. Rome，1651.

Starostin，Sergej A(斯塔罗斯金).(Старостин，Сергей Анатольевич). Реконструкция древнекитайской фонологической системы[M]. Moscow：Nauka，1989.

Wang Lien-Tseng(王联曾). Un dictionnaire phonologique des T'ang，le Ts'ie yun corrigé et complété de Wang Jen-hiu[J]. T'oung Pao 45，1957：51－150.

Yakhontov，Sergej E.(Яхонтов，Сергей Евгеньевич)(雅洪托夫). Фонетика китайского языка I тысячелетия до н. э.(система финалей)[J]. Проблемы востоковедения 2，1959：137－147.

Yakhontov，Sergej E. Фонетика китайского языка I тысячелетия до н. э.(лабиализованные гласные)[J]. Проблемы востоковедения 6，1960a：102－115.

Yakhontov，Sergej E.(Яхонтов，Сергей Евгеньевич). Consonantal combinations in Archaic Chinese[C]. In Papers presented by the USSR delegation at the 25th International Congress of Orientalists. Moscow：Oriental literature publishing house，1960b.

广西桂平社步白话同音字汇*

广西大学　唐七元　陈婷

内容提要　社步镇为广西桂平市的南部下辖镇，社步白话是当地主要交际用语，属于勾漏片粤语。文章基于传统田野调查和实验语音软件分析，得到桂平社步白话有声母 18 个，韵母 86 个，声调 12 个，并列出了同音字汇。

关键词　社步；白话；音系；同音字汇

1. 概　　说

社步镇位于广西桂平市境东南面，东北面与油麻、寻旺、西山乡镇为邻，南面与麻垌镇交界，西面与下湾、蒙圩镇相邻。镇人民政府所在地距桂平市区 15 千米。全镇总面积 126 平方千米，现辖 15 个行政村，1 个居委会，120 个自然屯，335 个村民小组，总人口5.4 万人。社步镇是一个以汉族为聚居地的地方。民国时期发展成圩，以担水步头旁有社坛，故名。

社步白话一直以来都是当地的强势方言，当地人称自己所说的话为村话或土白话，属于粤方言勾漏片。目前学界还没有对社步白话语音系统进行详细调查和描写，本文以社步白话为研究对象，进行田野调查，描写了其音系，并记录同音字汇，为后续研究提供参考资料。调查时间为 2019 年 7 月和 2019 年 10 月。

发音合作人：① 莫林松，男，58 岁，桂平社步镇榕罗村人，务农，初中文化水平，没有长时间外出经历，只会说社步白话。

② 莫兆志，男，57 岁，桂平社步镇榕罗村人，小学教师，无长期外出史，会说社步白话、桂平白话。

③ 黄清航，男，20 岁，桂平社步镇新民村人，大一学生，能熟练使用社步白话。社步镇各村口音基本一致。

* 国家社科基金项目“广西汉语方言综合调查与语料库建设”（12XYY006）；广西高校人文社科重点研究基地“广西大学文学与文化研究中心”重点项目“广西汉语方言语音地图集”（编号 XDWX202101）。

2. 社步白话音系

2.1 声母(18 个)

p 八爬病皮	p^h派片跑品	m 麦明味问	f 飞风副肥	
t 多甜毒答	t^h天刺草清	n 脑南年泥	θ 丝租字谢	l 老蓝连路
tʃ 张茶争主	$tʃ^h$抽抄车春	ȵ 热月软玉	ʃ 事顺十城	
k 高九共权	k^h抗区靠筐	ŋ 熬牙硬牛	h 开轻好吃	
ø 灰王县响				

说明：
1. 声母 tʃ $tʃ^h$ ʃ 在开口呼和合口呼韵母前，舌位略为靠前。
2. 声母 ȵ 的实际发音是 ɲ。
3. 齿间音 θ，不是标准的齿间音，舌尖略伸向齿间。

2.2 韵母(86 个)

	i 师戏二飞	u 普粗卢孤	y 取虚猪雨
a 怕家茶牙	ia 下	ua 瓜话花挂	
ɛ 写车爹姐	iɛ 惹夜野爷	uɛ□婴儿	
ø 朵坐阻靴			
ɔ 波多初过		uɔ 禾窝课火	
ai 排呆猜鞋	iai□嚼	uai 怪快歪坏	
ɐi 米低制鸡	iɐi□差	uɐi 龟围鬼跪	
ɔi 台开孩最			
	iui 乳锐	ui 赔对虽回	
au 饱走找交	iau 爪		
ɐu 豆宝修高	iɐu 油牛优有		
ɛu 猫苗鸟条	iu 标照笑桥		
am 三南站岩	iam□跨、迈		
ɐm 心林深今	iɐm 音阴饮任		
ɛm 贬减			

øm 甘含敢暗	im 甜尖严盐		
an 班单山艰		uan 关弯惯环	
ɐn 宾吞新春	iɐn 人印引隐	uɐn 滚云军裙	
ɛn 扁乾绑翻		uɛn□翻找	
ɔn 干安汗案			
	in 变仙年建	un 半官寸权	yn 沿圆圈专
ɐŋ 朋灯唱肯	iɐŋ 让样秧响		
ɛŋ 冷想争讲		uɛŋ 横梗	
eŋ 清星病升	ieŋ 认影形莹	ueŋ 永荣泳兄	
øŋ 帮糖桑床		uøŋ 王黄慌旺	
oŋ 梦东中公	ioŋ 用容拥凶		
ap 杂纳鸭塔			
ɐp 十粒急汁	iɐp 入□眨		
øp 盒鸽蛤合			
ɛp 镊夹~菜	ip 碟接贴叶		
at 辣达杀发	iat□粗糙	uat 刮滑	
ɐt 笔出七佛	iɐt 日一逸	uɐt 骨屈忽熏	
ɛt 八茄夹插			
ɔt 割渴			
	it 必节铁热	ut 活泼夺雪	yt 月血阅粤
ɐk 北墨得脚	iɐk 药约若弱	uɐk□锄	
ɛk 学白锡百		uɛk 或划	
ek 碧敌直色	iek 忆抑译翼		
øk 托郭壳国	iøk 跃	uøk 获镬	
ok 复谷六局	iok 育肉郁玉		
ŋ̍ 五吴午误			

说明：

1. aŋ 主元音 a 的实际发音舌位略靠后。
2. yn 和 yt 主元音较为松弛，有时接近为 iun 和 iut。

3. u、i 开头的零声母音节，有轻微摩擦，实际音值是 w、j。
4. oŋ ok 的主元音 o，其实际音值是 ʊ。
4. 部分人-m 韵尾读成 n。

2.3　声调(12 个)

阴平	次阴平	阳平	阴上	次阴上	阳上	阴去	次阴去	阳去	阴入	次阴入	阳入
55	24	213	53	33	22	45	35	44	5	3	2
东该	通开	门龙	懂古	统苦	买老	冻怪	痛快	卖路	北骨	百搭	六毒
灯风	天春	铜皮	鬼九	讨草	罪后	半四	寸去	洞地	笔谷	塔切	月白

说明：
1. 阳平调 213 调有时曲折并不明显，表现为略升调。
2. 阳去调后半部分略降，其实际音值为 442。
3. 阴入有次阴入调，主要以声母送气为其主要条件。

3. 社步白话同音字汇

本同音字汇以《方言调查字表》为蓝本，并结合词汇、语法的调查补充部分例字，共收约 3 600 字。同音字汇按韵母次序编排，同一韵母内按声母次序编排，同一声母内按声调阴平、次阴平、阳平、阴上、次阴上、阳上、阴去、次阴去、阳去、阴入、次阴入、阳入为序，释义、举例以小字下标，同字的用"～"表示，有音无字的用"□"表示。

i

p　[55]碑卑悲 [213]皮疲 [53]鄙比畀 [22]脾琵枇被～子婢 [45]臂髀大腿秘～书泌庇痹蓖 [44]被～打避备篦鼻

pʰ　[24]胚坯丕披 [35]屁

m　[213]眉楣微 [22]美尾 [45]沕潜水 [44]媚未味

f　[55]非飞妃 [213]肥 [53]匪 [45]废肺费 [44]吠狗叫

t　[44]地

tʰ　[33]此 [35]刺次

n　[213]倪姓 [22]尔你拟 [44]腻

θ　[55]斯厮撕资姿咨私兹滋司丝思 [213]瓷餈慈磁辞词祠伺饲 [53]紫姊死子梓 [22]似祀巳寺自 [45]四肆 [44]字

l　[55]璃 [213]离篱梨狸厘 [22]李里理鲤 [44]利痢

ʧ　[55]知蜘支枝肢栀脂之芝 [213]池驰迟持 [53]纸只～有旨指止趾址 [22]痔恃 [45]智致至置志痣稚 [44]治

ʧ^h [24]眵嗤 [33]侈齿始 [35]厕翅
ȵ [213]儿宜仪谊而疑 [22]耳 [44]义二贰议
ʃ [55]师施尸诗 [213]匙时 [53]屎 [22]是士市 [45]试 [44]氏豉示视事
k [55]饥肌几茶~基箕几~乎机讥 [213]奇骑岐祁鳍其棋期旗祈 [53]已纪杞几~个 [22]徛站立技 [45]寄冀记既 [44]忌
h [24]嬉希稀牺欺熙 [33]起喜岂异 [35]戏器弃气汽
ø [55]医衣依 [213]移夷姨遗~产饴 [53]椅 [22]已以 [45]意 [44]易肄

u

p [213]蒲脯胸~浮 [53]补 [22]葡 [45]布怖 [44]部簿步埠
p^h [24]铺~盖 [33]谱普浦 [35]铺店~
m [55]模~子模~范摹模仿 [213]无 [22]武舞鹉母拇 [44]暮慕墓募幕务雾戊
f [55]夫肤敷孵 [213]符扶芙 [53]府腑斧 [22]傅父妇阜 [45]富副 [44]付赋腐附负
t [55]都~城 [213]徒屠途涂图 [53]堵赌 [22]肚猪~肚~饿 [44]杜度渡镀
t^h [24]粗 [33]土吐 [35]兔醋
n [213]奴 [22]努 [44]怒
θ [55]租苏酥 [53]祖组 [45]做素诉塑嗉~囊漱~口
l [55]□东西开胶,裂开 [213]卢炉芦鸬庐 [22]鲁滷 [44]路赂露鹭
ȵ [53]□看 [35]□嗅、闻
ʃ [53]数动 [45]数名
k [55]姑孤估 [53]古牯股鼓 [22]□瞪 [45]故固锢雇顾□瞪
k^h [24]箍
ø [55]呼乌污坞巫诬 [24]枯 [213]鬍湖狐壶葫糊 [33]虎浒苦 [22]户沪互 [35]库裤 [44]护

y

t [45]□蜇,蜜蜂蜇,蚊虫叮咬 [44]□人称代词复数标记
t^h [24]蛆趋 [33]取娶 [35]趣
n [22]女
θ [55]须必~鬚胡须需 [213]徐 [22]序叙绪聚 [45]絮赐
l [213]驴 [22]吕旅缕屡履 [44]虑滤
ʧ [55]猪诸诛蛛株朱珠朱 [213]除厨 [53]煮主 [22]储柱苎 [45]著注蛀铸 [44]箸筷子驻住
ʧ^h [33]处相~ [35]处到~
ȵ [213]鱼渔愚虞 [22]语 [44]遇御娱
ʃ [55]书舒枢输 [213]薯殊如 [53]鼠 [22]竖儒 [45]暑庶恕署 [44]树
k [55]居车~马炮拘驹俱 [213]佢他瞿 [53]举矩 [22]渠巨拒距 [45]据锯句 [44]具惧
k^h [24]区驱
h [24]墟虚嘘 [33]许 [35]去

ø　[55]于盂 [213]余榆逾愉 [22]雨宇禹羽 [45]淤 [44]誉预豫芋愈喻裕

a

p　[55]巴芭爸疤 [213]爬杷钯琶耙犁~ [53]把 [45]霸欛壩堤~ [44]罢
p^h　[35]怕
m　[55]妈 [213]麻 [22]马
t　[53]打
t^h　[24]他其~
n　[55]□粘贴，和……一起 [53]乸雌
ʧ　[55]楂渣 [213]茶搽查调~ [45]诈榨炸
ʧ^h　[24]叉杈差~不多岔钗
ȵ　[55]□抓、握
ʃ　[55]沙纱 [22]□祭祀或者拜神的动作 [45]洒
k　[55]家加痂嘉傢佳 [53]假真~贾姓假放~ [45]架驾嫁稼价 [44]尬
ŋ　[55]椏 [213]牙芽衙涯崖 [22]雅 [45]□张开嘴
h　[24]虾哈 [44]夏厦~门
ø　[55]鸦丫 [213]霞瑕遐 [53]亚 [33]阿~哥

ia

ø　[55]呀 [22]下

ua

k　[55]瓜 [213]□扒 [53]寡剐 [45]褂卦
k^h　[24]夸跨
ø　[55]蛙洼 [24]花 [213]华中~华姓桦 [45]化 [44]画话

ɛ

p　[55]□啤酒的别称
m　[45]孖双
t　[55]爹
t^h　[33]且
n　[55]□一些、哪里
θ　[55]些 [213]邪斜 [53]姐 [45]借藉泻卸 [44]谢
ʧ　[55]遮 [53]者 [45]蔗
ʧ^h　[24]车 [33]扯
ʃ　[55]奢赊畲佘 [213]蛇 [53]捨舍得 [22]社 [45]舍宿~ [44]射麝
k　[55]□交叉，跨两边 [213]茄
ŋ　[24]□触碰

iɛ

pʰ [24]□聊、说
ȵ [22]惹嘢东西
ø [55]椰爷 [22]野 [44]夜

uɛ

ø [55]□拨开 [213]□婴儿

ø

t [213]驼 [53]朵躲 [45]剁 [44]舵椭惰
tʰ [24]□吐,吐口水,吐痰 [33]妥错白读
n [55]挼 [22]糯
θ [53]锁琐 [22]坐座
l [213]螺脶指纹 [53]□捣乱
ʧ [53]阻
ŋ [213]讹 [45]□割的动作
h [24]靴

ɔ

p [55]波菠玻 [213]婆菩 [45]簸动词
pʰ [24]坡 [35]破
m [55]摩摸 [213]魔磨~刀 [44]磨推~卧
t [55]多
tʰ [24]拖 [35]措错文读
n [213]挪
θ [53]所 [45]左佐
l [55]啰 [213]罗锣箩 [53]攞买 [22]□叠层
ʧ [44]助
ʧʰ [24]初 [33]楚础
ʃ [55]梳疏蔬 [44]傻
k [55]歌哥锅戈 [53]果裹个 [45]过
ŋ [213]蛾鹅俄 [22]我 [44]饿
h [33]可 [44]贺
ø [55]屙~屎 [213]荷薄~荷~花河何

uɔ

ø [55]窝蜗 [24]科 [213]和~气禾 [33]火伙 [22]祸 [45]涴弄脏 [35]课货

ai

p　[213]排牌簰竹筏 [53]摆 [45]拜 [44]稗败

p^h　[33]派

m　[213]埋 [22]买 [44]卖

t　[55]呆 [45]戴带 [44]大～夫

t^h　[33]态贷太泰

n　[22]奶牛～乃

θ　[55]□浪费 [53]洗

l　[22]攋～尿 [44]赖癞

ʧ　[55]斋 [45]债

$ʧ^h$　[24]猜差出～□揉面，揉菜

ʃ　[213]柴 [45]赛晒日～晒助词 [44]寨

k　[55]皆街阶 [53]解 [45]介界芥届戒

k^h　[35]楷

ŋ　[55]挨～近埃 [22]挨～打 [44]砑硙

ø　[213]鞋 [53]矮 [22]谐械蟹

iai

ȵ　[33]□踩、嚼

uai

k　[55]乖 [53]拐 [22]□舀水的容器 [45]怪

ø　[55]歪 [213]怀槐淮 [35]块快 [44]坏

ɐi

p　[55]□左撇子跛 [45]蔽敝闭 [44]弊币毙

p^h　[24]批捭削

m　[55]捭削 [213]迷谜 [22]米

t　[55]低堤 [213]题提蹄啼 [53]抵值[22]弟第 [45]帝 [44]递隶

t^h　[24]梯妻 [33]体睇看 [35]替剃砌

n　[213]泥尼～姑 [45]□小、小的

θ　[55]剂西犀 [213]齐脐 [53]崽 [45]祭际济细婿

l　[213]犁黎 [22]礼荔 [44]例厉励丽

ʧ　[45]制 [44]滞

$ʧ^h$　[24]□拉扯的动作

ȵ　[55]□拧、捏、掐

ʃ　[55]筛狮 [53]使 [45]世势誓逝史驶

k　[55]鸡 [45]计继髻

k^h [24]溪 [33]启契
ŋ [55]□悬求、哀求 [22]危蚁 [44]艾艺毅
h [24]□女阴 [44]繫联系 系

iɐi

ø [213]□质量差

uɐi

k [55]龟归圭闺 [213]奎葵逵 [53]轨鬼 [22]癸 [45]鳜桂季贵 [44]跪柜
k^h [24]规亏窥盔
ø [55]麾挥辉威 [213]为作~维惟违围 [53]毁萎委 [22]卫伟苇纬胃谓猬唯 [45]秽污~ 餧喂畏 [44]惠为~什么 位慰

ɔi

t [213]台~州 台~面 苔青~ 抬枱桌 [22]待怠殆 [44]代袋
t^h [24]胎 [33]彩采睬 [35]菜蔡
n [44]耐奈内
θ [55]灾栽腮鳃 [213]才材财 [53]嘴 [22]在 [45]载年 再载~重 载满~ 最岁
l [213]来
ʧ [55]追锥 [213]槌锤 [44]缀赘坠
$ʧ^h$ [24]吹炊
ʃ [55]衰 [213]垂谁 [53]水 [45]税帅 [44]睡
k [55]该 [53]改 [45]盖
k^h [24]概溉
ŋ [44]外艾
h [24]开 [33]海
ø [55]哀 [213]孩亥 [53]蔼 [45]爱 [44]碍害

ui

p [55]杯 [213]培陪赔裴姓 [22]倍 [45]贝辈背~脊 [44]背~诵 焙
p^h [35]佩沛配
m [213]梅枚媒煤霉 [22]侮每 [44]妹昧寐魅
t [55]堆 [213]□呆傻 [45]对碓兑 [44]队
t^h [24]推催崔姓 [33]腿 [35]脆褪退/蜕 退
θ [55]虽 [213]髓随遂隧 [22]罪 [45]碎醉粹翠 [44]穗瑞
l [213]雷 [22]儡累~积 类 [45]累连~ [44]泪
ø [24]恢灰徽 [213]回茴 [33]贿悔晦 [22]会~说 会~计 [44]汇会开~ 绘绘彙汇合

iui

ȵ [22]乳蕊

ø　[44]芮鋭

au

p　[55]包胞 [213]刨挖 [53]饱 [45]豹 [44]刨~木
p^h　[24]泡灯~抛 [33]跑 [35]炮泡动
m　[213]茅锚矛 [22]卯冇无 [44]貌
n　[45]□神经(骂人) [44]闹
θ　[53]走 [22]□吃、打
l　[55]捞
ʧ　[213]巢 [53]找 [45]罩 [44]骤
$ʧ^h$　[24]抄钞 [33]炒吵
ʃ　[55]梢捎 [53]稍 [45]潲猪食□龅牙
k　[55]交郊胶跤 [53]绞狡铰搅较搞 [45]教觉睡~，又读$kɐu^{45}$
k^h　[24]靠
ŋ　[213]淆 [22]咬
h　[24]烤酵敲 [33]考巧效校学~ [45]孝
ø　[45]□争辩

iau

ȵ　[53]爪

ɐu

p　[55]褒煲 [213]袍 [53]保堡宝 [22]抱爆瀑 [45]报 [44]暴菢~鸡仔
p^h　[24]□形容食物粉
m　[55]踎蹲□发霉 [213]毛谋 [22]某亩牡 [45]谬 [44]冒帽茂贸
f　[53]否
t　[55]刀兜 [213]桃逃淘陶萄头投 [53]岛倒打~倒~车斗量具抖陡 [22]导 [45]到斗~争窦鸟窝 [44]道盗豆逗稻
t^h　[24]滔掏操偷秋糙 [33]讨草 [35]套透
n　[55]嬲恼怒 [53]扭 [22]脑恼纽 [44]骂
θ　[55]遭糟骚臊修搜馊 [213]曹槽 [53]早枣嫂酒 [22]造 [45]灶扫奏凑秀绣宿星~锈 [44]就袖
l　[55]□搅动唠~叨 [213]劳牢楼流刘留榴硫琉 [53]佬 [22]老姥搂柳 [45]□叫，邀请 [44]漏陋
ʧ　[55]邹周舟州洲 [213]绸稠筹酬售涛 [45]咒昼 [44]宙纣
$ʧ^h$　[24]抽 [33]丑 [35]臭
ʃ　[55]收 [213]愁仇~恨 [53]手首守 [22]受授 [45]瘦兽 [44]寿
k　[55]高膏羔糕沟 [213]囚泅球求 [53]稿狗苟九久韭灸 [22]臼舅 [45]告够构购勾~当救究 [44]旧

kʰ [33]抠 [35]叩扣寇犒
ŋ [55]勾钩 [213]熬 [22]藕偶 [44]傲
h [24]薅锄草 [33]好~坏口 [35]好喜~
ø [55]欧瓯区姓殴打 [213]豪壕毫蚝侯姓喉猴 [53]袄懊奥澳呕 [22]浩后厚 [45]坳沤怄 [44]号~数候

iɐu

ȵ [213]牛 [45]皱
ø [55]丘邱休忧优悠幽 [213]柔揉尤邮由油游犹 [22]有酉 [45]幼诱 [44]友又右佑釉

ɛu

p [213]□浮萍 [22]瓢瓜~
m [55]猫 [213]苗 [22]渺秒描 [44]庙
t [213]条
n [22]鸟
k [45]觉睡~，又kau45
ŋ [53]掰
ø [55]□叫

iu

p [55]标表手~彪 [53]表~格裱
pʰ [24]飘漂漂~亮 [35]漂~白票
t [55]刁貂雕丢 [53]□交媾 [45]钓吊唁 [44]调~整调音~调~动
tʰ [24]锹 [35]俏跳粜卖出
n [44]尿
θ [55]焦蕉椒悄消宵霄硝销萧箫屑不~屑木~楔 [53]小 [45]笑
l [213]疗聊辽 [44]燎燎料廖
ʧ [55]朝~夕昭招 [213]朝~代潮 [22]赵沼 [45]照 [44]召诏
ʧʰ [24]超 [33]□咳嗽
ȵ [213]饶尧 [22]扰绕晓
ʃ [55]烧 [53]少多~ [45]少~年韶绍邵兆
k [55]骄娇浇纠 [213]乔侨桥荞 [53]矫缴 [45]叫 [44]轿
ø [55]邀腰要~求 [24]嚣妖 [213]摇谣窑姚 [22]舀 [45]要~强 [44]耀

am

t [55]耽担挑 [53]胆 [22]淡 [45]担~子
tʰ [24]贪参坍 [33]惨毯
n [213]南男
θ [55]三 [213]蚕 [44]暂

l　[213]篮 [44]舰
ʧ　[53]斩 [22]站 [45]蘸
ʧʰ　[24]杉
ʃ　[55]衫 [213]馋 [45]渗
k　[55]监牢 [45]鉴
ŋ　[55]啱合适 [213]岩
h　[45]喊

iam

ø　[45]□跨、迈

ɐm

t　[213]□盖
n　[213]脸黏而软 [53]谂思考 [22]□形容市场不景气、生意惨淡
θ　[55]心 [213]寻 [45]浸
l　[213]林淋临
ʧ　[55]针斟 [213]蟾沉 [33]枕
ʧʰ　[24]侵
ʃ　[55]森参人~深 [213]岑 [53]沈审婶 [44]甚
k　[55]今金 [213]琴禽擒 [53]锦 [22]妗舅母 [45]禁~止 [44]揿按
kʰ　[24]□耐用 [33]冚盖
ŋ　[213]吟
ø　[53]揞动

iɐm

ȵ　[53]饮 [44]任纫壬任姓
ø　[55]音阴荫 [213]淫

ɛm

p　[53]贬
m　[55]□翻书
k　[213]钳 [53]减
ŋ　[33]□啃

øm

k　[55]甘 [53]感敢橄
h　[24]堪龛
ø　[213]含 [45]暗

im

t [55]掂 [213]甜 [53]点 [45]店

tʰ [24]签添

n [55]黏 [44]念

θ [55]尖歼

l [213]廉镰帘 [22]敛殓

ʧ [55]沾瞻毡 [45]占

ȵ [213]严 [22]染冉验

ʃ [53]陕闪

k [55]兼 [22]俭 [45]剑

kʰ [33]检

ŋ [44]炎

ø [55]阉 [24]谦轩 [213]盐檐嫌阎 [53]掩 [33]险 [45]厌欠歉 [44]艳焰

an

p [55]班斑颁 [53]板版扳 [45]□抽打 [44]扮瓣办

pʰ [24]攀 [35]盼

m [213]蛮 [22]晚挽 [44]慢馒漫幔万蔓

f [55]藩翻番 [213]烦藩矾繁凡 [53]反 [22]犯 [45]贩泛范 [44]饭

t [55]丹单 [213]檀坛弹~琴□发懵,抖 [45]诞 [44]但弹子~蛋

tʰ [24]餐 [33]坦 [35]炭叹灿

n [213]难~易 [44]难患~

θ [213]残 [53]攒 [45]赞伞散分~散~架

l [213]兰拦 [22]懒 [44]烂栏

ʧ [53]盏

ʧʰ [33]产铲

ʃ [55]珊山删闩门~拴 [45]疝

k [55]艰间奸 [53]简柬拣茧碱

ŋ [213]颜顽~强 [22]眼 [44]雁谚

h [55]悭节省

ø [213]闲 [22]限 [45]晏晚/迟

uan

k [55]关 [45]惯

ø [55]剜弯湾 [213]还~原环 [44]幻患宦

ɐn

p [55]彬宾槟鬓奔殡 [213]贫频 [22]□转 [44]笨

p^h　[33]品 [45]喷
m　[213]民文纹蚊闻 [22]闽悯敏抿吻刎 [44]问
f　[55]分芬纷 [213]焚坟 [53]粉 [22]愤忿奋 [45]粪 [44]份
t　[55]敦墩 [213]豚 [22]囤 [44]顿扽屯钝遁盾
t^h　[24]吞亲 [35]□移动
n　[53]□弄;打扮;做作
θ　[55]津辛新薪 [213]秦荀旬循巡 [53]笋榫 [22]尽 [45]进晋信讯俊迅浚 [44]殉
l　[213]邻鳞磷论~语仑伦沦轮 [44]论议~
ʧ　[55]珍榛臻真 [213]陈尘 [53]准 [45]镇振震 [44]阵
$ʧ^h$　[24]春椿 [33]诊疹蠢 [35]趁衬
ʃ　[55]身申伸娠 [213]神辰晨臣唇 [53]□拴 [22]肾 [45]舜 [44]慎纯醇顺
k　[55]跟根巾斤筋 [213]勤芹 [53]紧谨 [22]近
ŋ　[213]银
h　[24]欣垦恳 [33]很 [44]恨
ø　[55]恩殷 [213]痕□手痒

iɐn

ȵ　[213]人仁 [22]忍 [44]刃韧润闰
ø　[55]因姻□冷 [213]寅匀 [53]隐 [22]引孕 [45]印

uɐn

k　[55]均钧君军 [213]裙群 [53]滚 [45]棍 [44]菌郡
k^h　[24]昆崑~仑坤 [35]困
ø　[55]瘟 [24]荤昏婚温 [213]魂浑云晕 [53]稳揾找 [22]允尹 [45]训 [44]混韵运

ɛn

p　[53]扁匾
m　[53]□躲
f　[55]翻
n　[55]□桃金娘果 [22]撵撵走
l　[55]□痒□形容生意好,人满的样子 [45]□打滚
$ʧ^h$　[24]□叉取
ø　[53]□挺(胸、肚子)

uɛn

ø　[55]□翻找

ɔn

k　[55]干肝竿干旱 [53]杆赶

ŋ [44]岸
h [24]看~守 [45]汉看~见 [44]汗焊翰刊罕
ø [55]安鞍 [213]寒韩 [22]旱 [45]按案

in

p [55]鞭编边蝙 [22]便~宜 [45]变 [44]辨辩便方~遍
pʰ [24]篇偏 [35]骗片
m [213]绵棉 [22]免勉娩缅 [44]面
t [55]颠 [213]田填 [53]典腆 [44]电殿奠佃垫
tʰ [24]迁天千牵 [33]浅
n [213]年研 [53]捻以指捻碎
θ [55]煎仙鲜先 [213]钱前 [53]剪癣 [45]箭溅线羡荐推~ 荐稿~;垫:~住 [44]贱
l [213]连怜莲 [44]练链楝
ʧ [53]展 [45]战颤 [44]缠
ȵ [55]烟咽 [213]然燃言 [53]□变形(刀、铲)
ʃ [45]扇 [44]善
k [55]肩坚 [213]乾 [22]件 [45]建见 [44]键健腱
ø [55]燕~山 [213]贤弦 [33]宪显 [22]延筵演涎 [45]献堰燕~子宴 [44]现砚

un

p [55]般搬 [213]盘盆 [53]本 [22]伴拌 [45]半 [44]绊胖
pʰ [24]潘 [35]判叛
m [213]门瞒 [22]满 [44]闷
t [55]端 [213]团 [53]短 [22]断~裂 [45]断决~锻 [44]段缎
tʰ [24]村 [35]寸
n [22]暖 [44]嫩
θ [55]酸宣喧尊孙遵 [213]全泉存 [53]选损 [45]钻名算蒜逊 [44]旋~转旋发~
l [213]联 [22]卵 [45]恋 [44]乱
k [55]官观~察冠帽绢捐 [213]拳权颧 [53]管馆卷倦厌~ [45]贯灌罐观道~冠~军
ø [24]宽欢 [213]桓 [53]碗腕 [33]款 [22]玩缓皖援 [44]换

yn

ʧ [55]专砖 [213]传~染 [45]转~身转~圈 [44]传~记
ʧʰ [24]川穿 [33]喘 [35]串窜
ȵ [213]缘沿铅原源袁辕 [22]软阮 [44]愿
ʃ [213]船
ø [55]冤渊 [24]圈圆~ [213]完丸圆员元园玄悬 [53]宛 [22]远 [45]劝 [44]院县眩怨

ɐŋ

p [55]崩 [213]朋

m　[33]□要不
f　[45]□乱花钱
t　[55]登灯 [213]腾誊藤 [53]等 [45]凳 [44]邓澄~清
n　[213]能 [53]□未曾 [45]□连着、关系 [35]□掉
θ　[55]曾姓增僧 [213]曾~经层 [44]赠蹭
l　[55]□毛线、毛衣 [22]□吃(贬义)
ʧ　[55]□很，非常张章樟姜 [213]长肠场 [53]长生~掌 [22]丈仗 [45]帐账胀障瘴~气杖涨
ʧʰ　[24]昌 [33]厂畅 [35]唱
ʃ　[55]商伤 [213]常尝裳偿 [53]奖赏 [22]上动 [44]尚上~面
ŋ　[213]□稠蝇
h　[24]烹亨 [33]肯 [44]杏享
ø　[213]恒衡盈

iɐŋ

ȵ　[213]壤 [33]□外向、喜交际(贬义) [22]仰 [44]让酿豆腐~
ø　[24]香乡央秧殃 [213]羊洋烊杨阳扬疡 [33]响晌 [22]养 [45]向 [44]样

ɛŋ

p　[213]庞彭膨棚 [22]棒蚌
pʰ　[24]□搪瓷、金属大碗
m　[22]猛孟
t　[44]□丢，扔
tʰ　[24]枪 [33]抢
n　[55]娘
θ　[55]将浆箱厢湘襄镶相 [213]墙详祥 [53]蒋桨想 [22]象像橡 [45]酱将~领相~貌 [44]匠
l　[213]良凉量粮梁粱 [53]两斤~□酸 [22]两~个冷 [45]靓漂亮亮 [44]谅量辆
ʧ　[55]争筝睁踭脚后跟 [213]橙锃
ʧʰ　[24]撑 [45]□吵架、顶嘴
ʃ　[55]生牲笙甥 [53]省~长
k　[55]江粳庚耕更三~□勺子 [213]强 [53]讲 [45]降~低虹更~加
kʰ　[24]疆僵羌
ŋ　[44]硬
h　[55]坑 [33]幸 [44]巷
ø　[213]行~为行品~

uɛŋ

k　[53]梗
ø　[213]横~直 [33]横蛮~ [22]晃

eŋ

p [55]冰兵 [213]凭平坪评瓶萍屏 [53]丙秉饼并合~ [22]並 [45]柄 [44]病
pʰ [24]拼打~ [35]聘
m [213]鸣明名铭 [22]皿 [44]命
t [55]丁钉靪疔 [213]亭停廷庭蜓艇 [53]顶鼎 [45]订 [44]定锭
tʰ [24]清厅青蜻 [33]请挺 [35]听~话听~任
n [55]□奶、乳房 [213]凝宁安~ [44]宁~可
θ [55]精晶睛星腥 [213]情晴 [53]省反~醒井 [22]静靖 [45]性姓 [44]净
l [213]陵凌菱灵零铃伶翎 [22]领岭 [44]令另
ʧ [55]征~求蒸贞侦正~月征惩 [213]逞呈程 [53]拯整 [45]证症正~确政 [44]郑
ʧʰ [24]称~呼 [35]称对~秤
ʃ [55]升声 [213]乘绳塍承丞成城诚盛形 [45]胜胜任胜圣 [44]剩
k [55]京荆惊鲸经 [213]琼 [53]境景警竟颈 [22]竞 [45]敬镜 [44]茎竞劲劲敌径
kʰ [33]顷倾
ŋ [213]仍迎
h [24]兄~弟卿兴~旺轻馨 [35]庆兴~致磬
ø [55]鹰莺鹦樱英婴 [213]赢

ieŋ

ȵ [44]认
ø [55]应~该 [213]营茔萤荥形型刑 [53]影映 [45]应~付

ueŋ

ø [24]兄~长 [213]荣 [53]苘颖 [22]泳咏永

øŋ

p [55]帮邦 [213]旁傍 [53]榜绑 [45]谤
pʰ [24]滂
m [55]芒~果 [213]忙茫芒~种亡蒙盲虻 [22]莽蟒网 [44]忘妄望
f [55]方肪芳 [213]妨~害房防 [53]仿~效纺仿相似访 [45]放
t [55]当应~ [213]堂棠螳唐糖塘 [53]党挡 [22]□田地的出水口 [45]当~铺 [44]荡放~
tʰ [24]仓苍汤劏宰杀
n [213]囊
θ [55]桑丧~事 [213]藏匿 [45]葬 [44]藏西~脏内~
l [55]□刺眼 [213]郎廊狼 [44]浪朗
ʧ [55]庄装 [45]壮 [44]状撞
ʧʰ [24]窗疮 [33]闯创
ʃ [55]霜孀双 [213]床 [53]爽□干

k　[55]冈岗刚纲缸光 [213]狂□怕 [53]广港 [45]钢杠
kʰ　[24]匡筐眶 [35]矿抗旷扩
ŋ　[22]昂 [45]□傻
h　[24]康糠慷 [35]□慢火边煎边压
ø　[213]行银~航杭 [22]项

uøŋ

ø　[55]汪 [24]荒慌谎 [213]黄簧皇蝗王 [53]枉 [22]往 [44]旺

oŋ

p　[53]捧 [44]□串,簇
pʰ　[33]□掊
m　[53]懵发~ [44]梦
f　[55]风枫疯丰封峰蜂锋 [213]冯逢缝动词篷蓬缝~隙 [53]讽 [44]凤奉俸
t　[55]东冬 [213]同铜桐筒童瞳 [53]董懂 [22]动 [45]冻 [44]栋洞
tʰ　[24]通聪怱葱囱 [33]桶捅统 [35]痛
n　[213]农脓侬浓 [44]弄
θ　[55]棕鬃宗综松~散嵩踪 [213]丛从松~树 [53]总怂 [45]粽宋纵送 [44]诵颂讼
l　[213]笼聋隆龙 [22]拢陇垄
ʧ　[55]中忠终钟盅舂 [213]虫重~复 [53]种~子肿 [22]重轻~ [45]中~奖众种动 [44]仲重还/再
ʧʰ　[24]充冲 [33]宠
ȵ　[55]□蹲着
ʃ　[213]崇熊
k　[55]公蚣工功攻弓躬宫恭供~给 [213]穷 [53]拱巩 [45]贡供上~ [44]共
h　[24]轰掏~出去空~间空~着烘胸 [33]孔控哄骗恐
ø　[213]弘宏红洪鸿虹雄 [45]瓮

ioŋ

ø　[55]拥~军壅塞,培土翁 [24]凶雍痈毒疮 [213]戎绒融茸容蓉 [53]拥~挤涌 [22]甬勇冗 [44]用

ap

t　[5]答搭 [2]沓一~纸
tʰ　[3]踏搨塔榻塌
n　[2]纳
θ　[2]杂
l　[2]腊蜡镴
ʧ　[2]闸

ʧʰ [3]插
k [5]甲胛肩~
ø [5]鸭

ɐp

t [2]□捶打
tʰ [3]缉通~□套(动词)
n [5]粒
θ [5]□零碎、琐碎□安静(拟声词) [2]集习袭
l [2]立
ʧ [5]执汁
ʃ [5]湿 [2]十拾收~
k [5]急 [2]及
kʰ [3]级吸□盖
ŋ [5]□胡说、乱说
h [3]□吓唬、恐吓

iɐp

ȵ [2]入
ø [2]□眨眼、闪烁

øp

k [5]蛤~蜊鸽
h [3]磕~头
ø [2]合量㧁佮合盒

ɛp

n [5]镊夹~菜

ip

t [2]迭碟牒蝶谍秩
tʰ [3]妾帖请~贴
n [2]聂蹑
θ [5]接 [2]捷
l [2]猎
ʧ [5]折~叠
ʃ [5]摄涉协胁
k [5]涩劫
ø [5]腌 [2]叶页业

at

p　[2]拔
m　[5]抹~布 [2]袜
f　[5]法发头~ 发~财 [2]伐筏罚乏
t　[2]达
n　[2]捺撇~
θ　[5]萨撒~手
l　[2]辣邋~遢
ʧ　[5]札扎 [2]铡~刀
ʧʰ　[3]察刷擦
ʃ　[5]杀 [3]□煞气,伤脑筋
k　[2]□爬起来的动作
ŋ　[3]□擦着(不小心摩擦到的) [2]□拖延、磨蹭
ø　[5]压押

iat

ȵ　[3]□粗糙

uat

k　[5]刮
kʰ　[3]括
ø　[5]挖 [2]滑猾

ɐt

p　[5]笔毕不 [2]鼻
pʰ　[3]匹
m　[5]乜什么 [3]□霉、霉味 [2]密蜜物勿
f　[2]佛
t　[5]□往下扯、往下放 [2]突
tʰ　[3]七漆
n　[5]□用指尖摘取
θ　[5]悉膝卒率蟀戌
l　[5]□脱落、掉 [2]栗律率效~
ʧ　[5]质 [2]侄
ʧʰ　[3]出
ʃ　[5]瑟虱失室 [2]实术述秫
k　[5]吉橘 [2]□粘稠;滚、走人
h　[3]乞

ø [2]辖管～核～对核果～

iɐt

ȵ [2]日
ø [5]一 [2]逸

uɐt

k [5]骨
kʰ [3]屈
ø [5]忽窟熏

ɛt

p [5]八
pʰ [3]□虫子喷毒汁的动作
m [5]□不饱满
tʰ [3]□拖
l [3]□稻谷壳
kʰ [3]□烧焦的味道

ɔt

p [5]□叠音拟声词(汽鸣声)
pʰ [3]□拟声词,(放屁声)
θ [2]□男性生殖器
k [5]割
kʰ [3]□叠音拟声词(打呼噜声)
ŋ [5]□叠音拟声词,(猪叫声)
h [3]渴喝歆

it

p [5]鳖必 [2]别
pʰ [3]撇～开
m [2]灭篾
t [5]跌
tʰ [3]铁切～开
n [5]捏 [2]孽
θ [5]节薛 [2]截
l [2]列烈裂
ʧ [5]哲折折断浙
ʧʰ [3]彻撤设

ȵ　[2]热
ʃ　[5]赦~免 [2]舌
k　[5]结洁 [2]杰
kʰ　[3]揭
ø　[5]噎乙 [3]歇怯

ut

p　[5]钵拨 [3]勃
pʰ　[3]泼
m　[5]抹 [2]末沫没
t　[2]夺
tʰ　[3]脱
θ　[5]雪 [2]绝
l　[5]劣 [2]捋~袖
k　[5]□打
kʰ　[3]决诀缺
ø　[3]阔豁~达 [2]活

yt

ʧ　[5]拙撮一小丛
ʃ　[5]说~话
ȵ　[2]月
ø　[3]血 [2]悦阅越曰粤穴

ɐk

p　[5]北
m　[5]□量米的器具 [2]墨默
t　[5]得德 [2]特
n　[3]□粘
θ　[5]则塞 [2]贼
l　[5]□用力敲 [3]□铲起来 [2]肋勒簕刺
ʧ　[5]脚 [2]着衣~着睡~
ʧʰ　[3]侧测
ŋ　[5]呃骗 [2]额
h　[3]刻克黑
ø　[5]握

iɐk

ȵ　[3]□踩 [2]若弱

ø [5]约 [2]药

uɐk

k [5]□挂、锄
kʰ [3]□锄
ø [5]□用手撬开 [2]□挥

ɛk

p [5]百柏伯 [2]白
pʰ [3]拍魄
m [2]陌麦脉□丢弃
tʰ [3]雀鹊喜~
l [5]呖~仔□剥开多层外衣(如笋) [2]略掠
ʧ [3]窄摘责 [2]泽择宅
ʧʰ [3]拆策册
k [5]觉~得格革隔角
kʰ [3]却 [2]极屐
h [3]客吓恐~
ø [2]学

uɛk

kʰ [3]□用竹竿打
ø [2]或划惑域

ek

p [5]逼碧璧壁
pʰ [3]辟劈
m [5]觅□剥开
f [5]□用手或器具泼洒液体
t [5]的目~滴嫡 [2]笛敌狄
tʰ [3]踢剔戚
n [2]匿溺~死
θ [5]即鲫息熄媳积迹脊惜昔绩锡析 [2]籍藉席~位夕寂
l [5]□挑出、拉出 [2]历坜畦沥力
ʧ [5]炙织职只量 [2]蛰殖直值殖植
ʧʰ [3]尺赤斥
ʃ [5]色识式饰适释 [2]食蚀石
k [5]击激 [2]极
kʰ [3]剧

ŋ　[2]逆
h　[3]吃

iek

ø　[5]忆亿抑益 [2]译易交~液腋疫役翼亦

øk

p　[2]薄
pʰ　[3]扑仆
tʰ　[3]托
θ　[5]作索 [2]凿柞
l　[2]乐快~落
ʧ　[5]桌琢啄捉
ʧʰ　[3]绰戳卓
ʃ　[5]朔
k　[5]各
kʰ　[3]郭廓霍藿藿~确
ŋ　[2]鄂鳄鹤岳乐音~
h　[3]壳
ø　[5]恶凶

iøk

ø　[5]跃 [2]□钓;引诱

uøk

ø　[2]获镬

ok

p　[2]□串、堆
m　[5]□往下凹 [2]木目穆牧
f　[5]赴讣复~兴福幅蝠复重~腹覆复恢~ [2]服伏
t　[5]笃督 [2]独读牍犊毒
tʰ　[3]秃速促
n　[5]□搓洗;用长条形工具把东西分开□你的,你们的
θ　[5]肃宿足粟 [2]续俗族
l　[5]睩瞪辘轮子 [2]鹿禄六陆绿录
ʧ　[5]竹祝粥烛嘱蜀 [2]逐轴
ʧʰ　[3]畜~生畜~牧蓄储~束触筑
ʃ　[5]缩叔 [2]熟淑属赎

k [5]榖~子谷山~菊 [2]斛局焗
kʰ [3]曲
ŋ [2]□用力摇动
h [3]哭
ø [5]屋

iok

ȵ [5]嘟动 [2]肉玉
ø [5]郁 [2]育狱欲浴

ŋ̍

[213]吴梧 [22]午五 [44]悟误

参考文献

广西壮族自治区地方志编纂委员会办公室.广西重点镇志[M].南宁：广西人民出版社，2010.
桂平县志编纂委员会.桂平县志[M].南宁：广西人民出版社，1993.

《东方语言学》征稿启事

一

《东方语言学》是由上海师范大学语言研究所主办，上海世纪出版集团（上海教育出版社）出版的学术集刊。本刊创刊于2006年，为半年刊，每年6月、12月各出一辑。

《东方语言学》主要以东亚语言为研究对象，其宗旨是用语言学的普遍原理来研究语言，并通过由研究这些语言中的特有现象所得到的规律丰富语言学的普遍原理。本刊为东方语言的研究者提供了一块试验田，它不是封闭的，而是面向世界的。希望投稿者就各种学术问题展开讨论与争鸣，提出新材料、新观点、新理论等，进一步推动语言学学科发展。

本刊刊登对东亚语言的句法、语音、文字、词汇、语义诸问题进行共时描写和历时探讨的研究性论文，同时也刊登包括汉语方言、中国境内的少数民族语言及其他东亚语言在内的调查报告、长篇语料等，本刊也酌情刊登英文稿和译文稿。欢迎广大语言学研究者踊跃投稿。

要求论文投稿符合原创性要求，行文格式和注释体例遵循学术论文规范。

投稿信箱：eastling2010@163.com

联系电话：021－64322897

通讯地址：上海市徐汇区桂林路100号上海师范大学语言研究所《东方语言学》编辑部

邮编：200234

二

为方便稿件的后续处理，请作者来稿时注意以下几点：

1. 研究性论文的篇幅一般控制在10 000字以内（若字数超出此范围，请与编辑部联系），语言调查报告可不受篇幅限制。无须提供英文题目、提要、关键词等。

2. 投稿时，须提供三份电子文档：文稿word、pdf版各一份，以及包含作者姓名、单位、职称、电子邮件、电话、通信地址及邮编等信息的word文档一份。无须邮寄打印稿。

3. 编辑部在收到稿件后三个月内将告知作者是否采用；若不采用，来稿不再退还。论文一经刊登，国内作者即赠刊物两本，并致稿酬，境外作者赠刊五本。

三

1. 稿件若涉及国际音标，请使用IPAPan New字体，若涉及特殊字体（如生僻字、古文字等）、图表时，请另作说明。

2. 附注请一律使用当页脚注的形式，以带圈①……⑩的方式编号，使用每页重新编号的方式。

3. 引用古书、他人文献等原文时，务请仔细核对，确保无误。
4. 参考文献一律附列于正文后面。
5. 若需列出项目资助、致谢等相关内容，均置于首页底部，并于论文题目后标出星号。
6. 稿件务请按照本刊撰稿格式来编排。格式如下。

论文标题(黑体、三号、居中)

□
□

作者单位□□姓名

□
□
□

□□**内容提要(小5号、黑体)**□{提要正文，小5号}

□□**关键词(小5号、黑体)**□{……　……}

□
□

1　一级标题(黑体、四号、居中)

{正文内容}

2　一级标题(黑体、四号、居中)

2.1　二级标题(黑体、小四、顶格)

2.2　二级标题

3　一级标题(黑体、四号、居中)

3.1　二级标题

3.1.1　三级标题(黑体、五号、顶格)

{正文内容}【注意：正文中若需加脚注，请用上标带圈数字表明，编号每页从①开始。正文中需要引用的参考文献出处随文用括号标注，可不采用脚注形式。专著需要列出有关页码，例如“(徐烈炯，刘丹青 1998：54—64)”】

□
□

参考文献(黑体、小四、顶格)

□

徐烈炯.焦点的不同概念及其在汉语中的表现形式[J].现代中国语研究，2001(3).

徐烈炯，刘丹青.话题的结构与功能[M].上海：上海教育出版社，1998.

Bayer，Josef. 1996. Directionality and Logical Form：On the Scope of Focusing Particles And Wh-in-situ. Dordrecht：Kluwer.

Cinque，Guglielmo. 1993. A null theory of phrase and compound stress. Linguistic Inquiry 24：239-298.

Hajičová，Eva，Barbara H. Partee & Petr Sgall. 1998. Topic-Focus Articulation，Tripartite Structures，and Semantic Content. Dordrecht：Kluwer.

Partee，Barbara H. 1999. Focus，quantification，and semantic-pragmatic issues. In Focus：Linguistic，Cognitive，and Computational Perspectives，ed. by Peter Bosch and Rob van der Sandt. 187－212.

Rooth，Mats. 1985. Association with Focus. PhD dissertation. University of Massachusetts. Amherst.

（说明：本刊“参考文献”的编排格式基本按照国际规范，引用各类杂志、会议论文集中的文章等务请尽量给出页码，但正文中引用页码可标可不标。正文中引用文献，如果是书和论文集，一般要注明所引内容的页码。）